U0671308

B

制造亚洲：一部地图上的历史

宋念申——
著

GUANGXI NORMAL UNIVERSITY PRESS
广西师范大学出版社
·桂林·

目 录

序 言

唐晓峰

本书是一部以古地图资料为线索讨论历史的著作，其宗旨，在作者前言开头的两段话中已经讲得很明白，不必重复了。但值得强调的是，从众多相关古地图中提取历史线索，展开对特定问题的深入讨论，这是不多见的，因而具有多方面的学术价值。阅读本书是一个学习过程，包括地图学的、历史地理学的、历史学的，当然，也会引发思考兴趣——读这类书的价值正在这里。本书涉及很多有意味的议题，以下仅就几项谈一点感想。

首先是古地图问题，或者说"以图入史"的问题。近年来，人们对古地图越来越重视，喜爱古地图的人、收藏古地图的人、研究古地图的人越来越多，所出版的关于古地图的书也大量增加。现在，隔不久，我们就会在新书目录中看到又有一部这样的书出来，如果按照过去的习惯，出一本看一本，已经不可能了。

过去研究古地图，按照学术界的分工，主要是测绘学史和地理学史学者的事，其他学者偶尔也会用一下，借助一下，但常常是附属性的。像本书这样，让古地图当主角的，不多见。地图之所以成为主角，是基于对地图性质的重新认识。越来越多的人将古地图视为一类文本，几乎所有涉及文本的复杂性问题都被关注，于是"以图入史"的研究内容越来越丰富，越来越有意思。如本书作者所说："地图研究早已不局限在狭义的地理制图学领域，而是扩散至历史学、社会学、人类学、政治学、艺术史、文学等各个人文和社科领域。"

本书作者进一步指出：地图既是知识也是权力，具有空间解释力。创制地图既是科学行为、艺术行为，更是政治行为。行为，这是本书强调的古地图问题的又一类历史属性。英文中，map 可以是动词，在中文里，"图"也可以是动词。那么研究地图，也要研究这个行为。在历史话语中，行为又可以是事件，所以，本书中，每一幅地图的出现都是一个事件。既然是事件，便有它的来龙去脉、价值观与目标。本书作者表示："对中国地图史研究中常常提及的一些话题，比如利玛窦与欧洲地图学的引入、康熙《皇舆全览图》的测绘等，我着重讨论它们作为'事件'的意义，而不仅是'文化传播'的现象。换言之，本书探寻的是深嵌入'空间'表达形态中的'时间'，借助静态的图像来呈现动态的历史。"

"来龙去脉"意味着历史事件的发展中还包含价值与方向（目标）。以地图形式表达的价值观具有空间形态，将价值观转化为空间形态是地图的特色。它"向观者提供对特定空间的解释，同时也借由解释的权力，改造这个空间的实相"，或者说制造出另一类价值空间。价值空间赋予地图以解释力（the power of map），编制地图的时候，内容选择，形状大小的处理，地名疏密的处理，图面的位置，字体大小，颜色设定等，这些细节上的用心里都包含价值取向。

中国 12 世纪的《华夷图》，在名称上已经设定了价值等级，那么在图面上必定有所表达。另一幅 14 世纪的《大明混一图》的图面设计原则也与此类似。不过有意思的是，今古之间出现了不同，今人对于《大明混一图》的价值评价却不一定围绕"大明"，而是非洲的画法被视为此图的一大亮点，"最让人称奇"，这恐怕是原图作者未曾想到的。当然，这是今人的另一种价值。地图的价值可以是多时多面的。中国古人最在意的是文明地区与要荒地区的差异，地图上的手法基本上是尺度设计。在朝鲜古地图中也是如此，例如《疆理图》中明显夸大了朝鲜的体量，特别是和日本比较之下。"这体现了朝鲜对自身在世界文明体系中的定位——即朝鲜虽然视明朝为上国，但在这个以明朝为中心的世界体系内，朝鲜的地位仅次于大明，但远高于其他。"

但在康熙《皇舆全览图》中，文明地区的标志被换为另一项，即精准测绘，"皇舆"是测绘精准的。相比之下，朝鲜半岛画得并不准，虽然当时的人们未必意识到，但今人很容易判定。在这幅图上，未经精准测绘的朝鲜半岛显得那么不恰合，尽管它的个头很大，却在这张图上失去了价值。这是这幅地图"事件"中的一个"情节"（朝鲜人的敷衍）的痕迹，其历史后果是降低了朝鲜在这幅具有重大历史价值的地图中的地位，这一点在后人的阅览中日益显现。

地图的价值来自作者的设计，也可以是读者的判定。一方面是"让我告诉你"，另一方面是"让我自己读"。许多大图都有居高临下的味道，一般观赏者会欣赏这种感觉。但研究者要化解掉这种感觉，将拜读转为解读、审读。利玛窦用五大州为中国人解释世界，而一些中国人用邹衍大九州化解利玛窦。利玛窦用新的知识将世界向前抬，中国人用旧知识将世界向后拉。这里呈现出一种紧张的态势。

本书书名为"制造亚洲"，具体来说，本书是在展示有关"亚洲"的地理空间是如何被本土以及欧洲的地图学家们制造、重塑并相互影响的。在这里，"制造"成为关键词。"作为一个承载历史的地理单位，被赋予时间性和空间性，这本身就是人为制造的观念。"

在近年的历史类研究中，"制造"这个词似乎用得多了起来。制造这个概念预设了产品与制造者的相对关系，这里有两样东西。过去讲历史结果的出现，常用"形成的""不可阻挡的趋势"等说法，作没有施动者的表述。即使是想表述有个施动者，也是只"看不见的手"。而在"制造论"中，这只手是可以看见的，比如本书中讲的"地图学家们"，这是个很具体的群体，有很具体的工具（地图）。讲制造，只说出那只手是谁，远远不够，还要讲制造过程，"虽然我们大多以为它只是一个自然产物。我试图展现在地图上'制造亚洲'的过程"。讨论制造过程，就会涉及方向、背景、价值形成等。

制造论弱化了盲目性，它揭示出来的是一种历史中的能动力量，有价值目标，有意志方向，有创造力。能动性是人的本质，从制作第一个工具便开始呈现了。人类历史中充满了以各种形式、途径、机制表现出的能动性，这是人类历史的常态。其实，地图本身正是这种能动性的产品。地图是被制造的，不是"形成的"，被制造出来后，它又再制造出一个空间。本书所说的亚洲，最后就是这样一个东西。

在史学话语中，制造，是对自发形态（假如有的话）的改变，使其失去本状，甚至被歪曲，研究者之所以选择制造论，大多是要揭示这类歪曲。这里说的"歪曲"与"不准确"不是一回事，很多所谓不准确，是从科学测绘角度说的。制造论中的歪曲，不是科学测绘问题，而是人文问题。在古地图中制造的时空，不是牛顿的物理时空，是历史时空。对历史时空的表现没有唯一性，从这个解读意义上来说，找不到一幅毫无"歪曲"的地图。

本书提出，亚洲是被"制造"的。亚洲在被制造的过程中，从模糊变得明晰，被赋予整体性。如果相对于某些洲，亚洲的确具有整体性，这种整体性在符合一种时代方向的时候，也构成对亚洲的进一步制造，具有另一种价值，比如在亚洲运动会上的歌："我们亚洲，山是高昂的头；我们亚洲，河像热血流；我们亚洲，树都根连根；我们亚洲，云也手握手。"亚洲这个概念带来的地域认同，在国际生活中也是一份力量。

制造论，讨论的大多是思想史的问题。制造的原动力，可能是政治经济，但操作的时候，往往借助意识形态的力量，似乎是有意识的。"大多数时候，并不单单是现实决定了意识，人们也同时通过自己的意识塑造了'现实'。这个过程永远是双向的。"

由于亚洲概念的出现，许多古地图因为有亚洲的内容而具有了共性，有了互鉴的意义，这是本书立足的基础。不过本书仍然强调另一面，即亚洲有着多元的历史概念。显然，亚洲的多元性在各大洲之上。这里，一方面有众多极具个性的古老文明，各有不同的世界影响热度。而另一方面亚洲内陆似乎一度又是一片未知的冷清地域，是最后一批探险家大出风头的地方。

近代国家边界线，给了地图最容易表达的人文内容，国家边界的确定性追求，给地图带来准确性的需求。大洲的情况与此类似。而一旦离开了边界线的问题，我们会一下子陷入一种极难理清的错综的人文空间中，人文世界有着各种可能的面貌。这时，我们感到了地图呈现能力的有限性。（现在的 GIS 电子地图系统在叠层互见、动态展示等方面，力求改善这一点。）

因为人文历史中的世界有着各种可能的面貌，所以美国地理思想史家杰弗里·马丁给自己的书起名作《所有可能的世界》（*All Possible Worlds*）。他的用意不难理解，不同文明对世界赋予了不同主题：古希腊人画可居世界，中国古人画天朝礼仪世界，基督教画上帝开创的世界，佛的世界不可企及，科学世界是可达的。

近代历史中出现科学革命，几乎一切事物都随之出现科学转向，地理学的科学转向是强劲的。科学追求一致性，科学的自然地理学对地球进行一致性的整体归纳，自然地理体系逐渐完善。人文世界本缺乏一致性，但人们不会放过它，人文世界的一致性、准确性的追求，最早表现在全球国家边界的大系统上。本书对现代国家边界的形成给予了相当到位的评述：所谓国家，在地理形态上，由一系列分散的中心的集合，变成同质的、由边界定义的空间，非领土性的政权不再存在，国与国之间像拼图一样拼合在一起，不再有你中有我、我中有你的"飞地"，不再有两不相属的"缓冲区"，不再有主权相互叠加的共管地，也不再有流动性的政治体（比如游牧帝国）。曾经形态多样的国家，逐渐变成一个个相邻、封闭、连续而又排他的空间。本来并无共同归属感的人群（比如法国巴黎的上层精英与目不识丁的外省农民），现在都要以边界来塑造同一性的身份。

在基本上是由国家拼合构成的现代世界普通人文主题地图上，原来古代人构想出来的世界人文图像很快被忘记。国家分布体系似乎是一切人文地理问题的基础（这很像中国王朝时代郡县分布体系的情况），这一单向度的展示遮蔽了太多其他人文要素，如果作历史回顾，更需要突破这个表面一致化的体系，重返"所有可能的"原状。考察亚洲在古地图中的多样呈现，正是本书的目标之一。

返回所有可能的世界，并非只是复原一种静态面貌，平静的地图中隐含着历史动力和历史成就。"亚细亚"（Asia）一词起源于欧洲，在古希腊—罗马时代，它仅指代土耳其的阿纳托利亚地区，后来才用来指称欧洲以东的一大片陆地。认识东方，在欧洲历史上是一种恒久的动力，这种动力从陆地导向转为海洋导向，马可·波罗、哥伦布是这个历史的实证者。在最早的美洲地图中，北美被标为亚洲的一部分，这被认为是一项历史成就。从这类地图，到"美洲出生证"（瓦尔德泽米勒的地图），则又是一个成就，前后记录的是一个动态的地理认知过程。

与西方地图内容的东拓相对应，"东亚世界地图的演变发展，隐含着一个主题，即视野的不断向西拓展。毕竟，日本以东只是无尽的大海，而西域以西却是不断延展的大地"。东西两方面本来不相干的地图，被本书的主题联结起来。东西方的相互眺望，对于欧洲、亚洲的历史都具有重要意义。"欧洲为何会以它独有的方式走入现代？这是个热闹了一两百年的话题。有人归结于文化秉性，有人归结于宗教伦理，有人归结于国家建构，有人归结于环境和生物资源……而我想强调一个很重要的因素，是欧洲与亚洲的地理关系。"空间的紧张会成为一种历史动力，空间紧张的疏解是重新定义世界，这是后来人文地理学一系列努力的方向。

就地图发展来说，东西方终于相会。东方人、西方人相互进入对方的世界是越来越频繁、越来越深入的事情。在地图制作中，出现了相互"浸入"的情形。"站在世界地图学发展的角度，可以发现一个现象：利玛窦《坤舆万国全图》是一幅以汉文标记、面向中国读者的地图，但资料的来源主要是欧洲地理学；卫匡国—布劳《中国新地图集》是以数种欧洲语言书写的、面向欧洲读者的地图，但其依赖的最主要的数据来自中国的地理书籍。两套地图在各自的传统中都是开创性的新作品。我们似乎很难用'中国'或者'欧洲'这样的定语，去界定这两部地图。它们既是欧洲的，也是中国的。也是从这个时候，欧亚两种地图学传统开始不断融合，你中有我，我中有你。这种文化融合状况，是典型的全球化现象。"这里，我们联想到李希霍芬在其名著《中国》中所附的《中亚图》等，图中标绘的两条东西交通路线（即所称的丝绸之路），就是同时参考中文史料（例如司马迁的）与西方史料（例如马利奴斯的、托勒密的）编绘而成的。

东西两方的人们，"他们并不是简单地传播、复制着已有知识，而是在结合东西方不同地图学传统的前提下，通过富有创造力的翻译、转化，主动创制出对于世界的新解释"。李希霍芬的丝绸之路概念，可算是对世界这个部分的新解释，这一解释与斯文·赫定、斯坦因等人的解释大异其趣，李氏的解释更具有长远意义。

亚洲的概念，乃经历过想象、探险、商贸、战争等一系列历史事件，又在东西互浸中，在科学时代的大转向中，最终出炉。古地图是这个过程的一份见证。一致性，是亚洲概念中不得不具有的现代特性之一，但是，所谓一致性，不应该遮蔽多元性，对它可以是另一种表述：不同个体之间相互理解、彼此尊重的一致性。这是本书最后引用孙歌的话所要表达的："在亚洲不同的宗教、文明、历史形态之间，建立以不追求共相为目标的个殊者连带关系，从而在保障个殊者实现自身的同时，建立多样平等的相互理解。……只有亚洲的历史，提供了个殊者们尊重彼此差异的独特风土。"我们用这一立场观察世界，以地方性浸入世界性的历史，还在路上。

2023 年 11 月 3 日于五道口嘉园

作者前言

地图既是知识也是权力，它向观者提供对特定空间的解释，同时也借由解释的权力，扭曲这个空间的实相。因此，创制地图不只是科学行为、艺术行为，更是政治行为。本书尝试展示，有关"亚洲"的地理知识是如何被本土以及欧洲的地图学家们制造、重塑、相互影响并传播的。

首先交代一下主要观点：

一、对今称"亚洲"（特别是东部亚洲）这一区域的地理想象，自古就很丰富，她像一个巨大的容器，容纳了各种不同宗教、宇宙观、世界观，极为多元。二、现代世界形成的重要契机之一，是西欧"寻路亚洲"的冲动；寻找亚洲（印度、中国、东南亚）是"地理大发现"的最初动力，因此现代与亚洲从一开始就互为内在。三、"地理大发现"以及由现代地理、地图学呈现的关于人类生存空间的知识，并不单纯是科学理性的产物，更是资本主义、殖民主义与帝国争夺的产物。它借助了文艺复兴以来科学精神的力量，并以现代国际法定义了地球的空间秩序。四、由"地理大发现"开启的早期全球化时代，既有文化交融，也有相互竞争，在这个过程中，欧洲与非欧世界共同创制出今日习以为常的空间知识和空间感。因此"现代"情境是一个多维网络结构，由不同行动者相互影响、相互促成。

本书试图反思的，是这样一种"现代化"叙事：优等文明的欧洲／西方"发现—占取—殖民—发展"了次等文明的非西方世界，将人类社会带入现代。我们今天熟知的地理知识、空间秩序，是西方科学理性发展的必然结果，由西方散播到其他地区，也是唯一文明进步的结果。

本书延续了拙作《发现东亚》的部分主题，只不过前书关注现代世界的时间感，这本书更强调其空间感。我想尽量抛开对这些感觉的价值判断，而把这些感觉的成因，放到其产生、发展的历史脉络（context）之下检视。这是我给自己——一名普通的历史教师——所设定的任务。

我们自小学习的历史，都带有很强的价值判断，毕竟这是大众教育最主要的功能之一。深受现代主义历史价值学浸染的我们，可能不太容易去设想：历史不一定是一个朝向文明开化的进化过程，现在不一定比过去"进步"，未来也不一定优于现在，人类的发展方向不一定是以某一既定社会为模板的富有、自由、开放……我当然不能说这个理想不美妙，而只是说，它是人类历史发展的可能描述之一，这一单向度的描述遮蔽了太多其他历史要素，它并不是——也不应该是——人类社会演化的唯一路径和线索。

因为这套历史价值学是习得的，而非经验的，所以它带有很强的意识形态色彩。就像是我们设想的"亚洲"的轮廓，它只能通过学习被告知，而不是任何个人能从实际生活中看到的。"亚洲"——以及拼贴出它的、被边界和色块定义的各个国家——作为一个承载历史的地理单位，被赋予时间性和空间性，这本身就是人为制造的观念，是意识形态的产物——虽然我们大多**以为**它只是一个自然产物。我试图展现在地图上"制造亚洲"的过程。

我们重点关注 16 至 19 世纪这段时期的地图。经由"地理大发现"，全球都被贸易紧密地联系起来，地理知识迅速更新并得到交流，人们对地球空间的认知发生了质变。资本、宗教、殖民和帝国争夺，促发了现代知识体系的产生和发展，亚欧大陆东西两端知识不断交换，传统东亚和欧洲的制图术相互缠绕。"亚洲"——以及其中的中国、朝鲜半岛、日本、西伯利亚、东南业及南业等——因此成为"现代"资本主义体系和知识体系的一部分。通过对亚洲空间的描述、规范和定义，人类对世界的认知逐渐定型，其影响直至今天。

本书是教学的产物，以我在美国和中国先后开设的本科课程"古地图中的东亚"为基本框架。授课指定的阅读材料，是英文或中英双语的。也因此，尽管日本和韩国学界有大量关于古地图的研究，我却没能花更大力气认真收集整理。课程考察的重点，是东亚和欧洲的地图表现，对极为重要的伊斯兰世界的地理地图学，则未能涉及。除了教学功能外，自己的语言和学术能力有限是主要原因——向读者说声抱歉。当然，客观说，中英两种语言的文献是目前数字化做得最好、最易于获取的，对于非专业研究者而言，也算差强人意。

好在这本书并不是专业的地图学史作品。我设定的任务，从来不是全方位整理有关亚洲的古地图，否则的话，十倍于本书的篇幅恐怕也放不下——况且把相关材料都罗列出来，也不见得会多么有趣。这倒不是辩解：因为这本小书是以地图为素材的政治史、社会史和观念史。它利用地图上承载的历史信息，来讨论我们关于地球空间的知识演变，从而反思"现代"的含义。对中国地图史研究中常常提及的一些话题，比如利玛窦与欧洲地图学的引入、康熙《皇舆全览图》的测绘等，我着重讨论它们作为"事件"的意义，而不仅是"文化传播"的现象。换言之，本书探寻的是深嵌入"空间"表达形态中的"时间"，借助静态的图像来呈现动态的历史。

必须指出，以古地图为主要史料的历史叙事，一定存在诸多问题。学者们反复讨论过"以图入史"的话题。图像既丰富了以文字为主体的传统史料，也有自身无法回避的局限性。古地图更是如此。地图最重要的功能是实用，但能够存世的古地图，大多不是实际生产、生活中被反复使用的地图，而要么是刻意收藏的藏品，要么是大量印制、专供欣赏的商品。它们的制作者和阅读对象，也大多是上层精英人士，至少也是有一定财力的商人及市民。所以，古地图作为探索古人空间观念的史料，带有很强的阶层和性别属性。更不要说，很多文化形态，并不以我们熟悉的地图形式表达空间理解。尽管本书已尽可能关注地理空间的多元表达形式——比如佛教地图、藏地地图以及一般以西欧地图史为主线的作品较少谈及的早期俄罗斯地图等，但碍于材料的天然局限，我们不可能真的了解各个族群、各个阶层以及同一社会中的不同群体对大地的多重感受。这点是需要特别提出的。

如果有读者通过本书，对地图历史产生深入阅读的兴趣，我推荐美国芝加哥大学出版社的多卷本《地图学史》(*The History of*

Cartography，目前出版了四卷七册，可在出版社网站免费下载）或者其中译本，以及注释中提及的一些参考文献。

我对古地图的兴趣始于博士论文的写作，后有机会到位于美国威斯康星州密尔沃基市的美国地理学会图书馆（AGSL）研访，这才算是开眼、开蒙，更动了开课的念头。AGSL 丰富的收藏及对研究者的热情帮助令人感动。在备课过程中，我先后得到马里兰大学巴尔的摩郡分校（UMBC）和清华大学的大力资助。本书部分研究，获得国家社会科学基金专项"传统边疆民族社会的空间意义及其现当代变迁"的资助。没有这些资助，我的知识积累和写作不会如此顺利。

书中部分内容，曾以论文形式发表。第四章和第五章的主体内容，分别见于《社会学评论》（2022 年第 1 期）和《北京大学学报（哲学社会科学版)》（2022 年第 2 期）。感谢闻翔、管琴两位编辑和匿名评审的鼓励与支持。受赵现海兄邀约，第八章第 3 节的部分内容，曾发表在《明史研究论丛（总第二十一辑)》。成书过程中，我对这些章节又作了不同程度的修改和补充。杨晓燕女士在本书的构思阶段就给予极大的鼓励，李馨编辑对本书也作了非常详尽的修订。一本新作的出版，离不开这样的专业编辑的努力。

最后，我的研究写作得到许多前辈、老师和朋友的帮助，他们对书的整体或部分提出过重要的批评，或者提供了宝贵的线索和资料。在此特别致谢汪前进、韩昭庆、杨雨蕾、黄义军、吴国盛、董少新、王元崇、丁晨楠、刘晶、杨光、于京东、熊宸、何妍等。感谢我在清华大学的同事：张弢、曹寅、吕昭、李任之、沈宇斌、周思成、夏清以及历史系博士生李静，他们花时间审读、讨论了部分章节，提出了非常有益的修改意见。书稿的不同部分曾在北京大学的区域与国别研究院和义研究院、山东大学、厦门大学、台湾"中研院"、美国曼荷莲学院、南京大学、四川大学、社科院世界史所、中国科学院大学、复旦大学文史研究院及清华大学等组织的会议上报告，得到不少师友的指正鼓励，无法一一感谢。当然，所有观点、叙述或材料的谬误，责任全在我本人。

2023 年 5 月于清华园

一 寻路亚洲：历史、地图与现代世界

MAPPING
ASIA

1. 都是误会：哥伦布与"美洲出生证"

历史，很多时候，是误会的产物。

1492 年 8 月 3 日，克里斯托弗·哥伦布（Christopher Columbus，1451—1506）踏上了他第一次前往"亚洲"的航程。随他一起出航的，包括 3 艘帆船、90 余名船员以及西班牙国王和王后写给"中国大汗"的信和国书 [1]。他还带了一位改宗天主教、会阿拉伯语的犹太人作随行翻译，以备和"中国人"沟通 [2]。哥伦布关于亚洲的知识，主要来源于《马可·波罗游记》以及当时欧洲流行的托勒密地理学。他还看到了意大利学者保罗·托斯卡内利（Paolo dal Pozzo Toscanelli，1397—1482）根据托勒密理论制作的世界地图（图 1）。正是托斯卡内利对地球的计算，让哥伦布坚信，只要从西班牙向西航行，用不了多久就能跨过大西洋，抵达马可·波罗（Marco Polo，1254—1324）描述的、富饶而迷人的东方。

10 月 12 日，正当船队队员开始焦躁不安时，他们看到了陆地。今天的学者们认定，那是巴哈马群岛的某个地方，但具体是哪个岛则有争议。哥伦布相信，这是 Cipangu 的外围岛屿。Cipangu 就是马可·波罗记述的日本，当时已经被标注在欧洲人制作的世界地图中了。于是他再接再厉，继续西行，登陆古巴岛——他觉得这里一定就是"日本"了。但是几天后，他就推翻了自己的猜测，又说他其实已经到达 Cathay，"契丹"——马可·波罗笔下中国北方的王国。很快他掉头向西南，去寻找传说中的著名海港 Zaiton，"刺桐"，也就是泉州。

当然，所有这些地理猜测都没能找到坚实的证据。为此他又展开了三次"亚洲之旅"，直到 1504 年[3]。

今天我们都知道了：哥伦布抵达的并不是亚洲，而是一个欧洲人从来都不知道的新大陆的外缘。哥伦布之前的地理测算，都低估了地球的周长；哥伦布自己的测算更是让地球只有实际大小的四分之三左右。关于这点，人们很久以后才弄清楚。哥伦布至死都固执地认为，他到达的地方，就是印度和中国。

就在哥伦布最后一次远航时，一位和他同龄、同样出生于意大利的航海家有了新的发现。亚美利哥·韦斯普奇（Amerigo Vespucci，1451—1512）声称，经过对今天巴西东北海岸的探险，他认为这片南方土地不是亚洲，而是一个新的、欧洲人未知的大陆。韦斯普奇称之为"新世界"。他的信件在 1501 到 1503 年出版，被迅速翻译成多种语言，一时洛阳纸贵。

而直到晚近，学者们才发现，为了博取眼球以热销，韦斯普奇的原信被出版商添油加醋，加工修改。其中提到的几次航行，韦斯普奇本人恐怕并没有全都参加。而且他本人对于抵达的那片土地究竟是"亚洲"还是新大陆，也语焉不详，前后矛盾[4]。所以，"不是韦斯普奇本人，而是那些热心过头的出版商迫使他声称自己是第一个'发现'美洲的人"[5]。

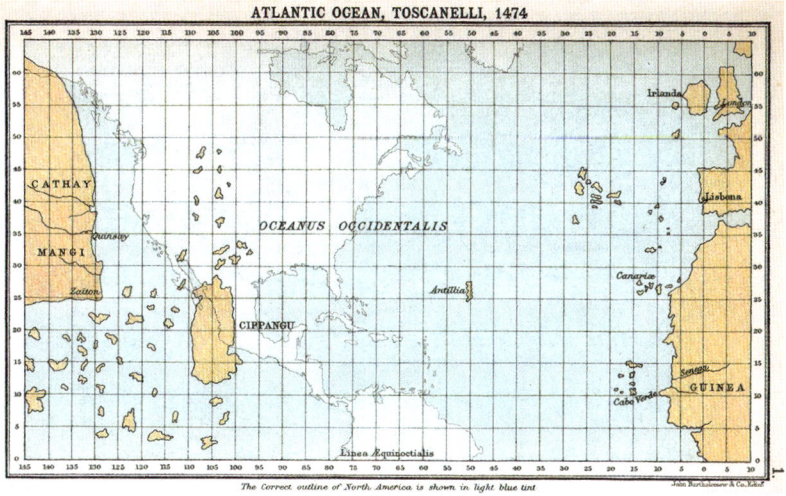

图 1: 1884 年复制的 1474 年托斯卡内利地图，与当代地图位置对比。

但是，当时的人们又哪里知道这些呢？于是，很多事情只能将错就错。

在法国小城孚日圣迪耶，几位德意志的地理学者为韦斯普奇的描述所折服。其中有位叫马丁·瓦尔德泽米勒（Martin Waldseemüller，1470—1520）的制图师（图 4），根据韦斯普奇的理论，在 1507 年出版了一张总面积约 3.34 平方米的大幅世界地图（图 2），题名"根据托勒密传统和韦斯普奇及其他人的发现而作的统一宇宙志"（*Universalis Cosmographia Secundum Ptholomaei Traditionem et Americi Vespucii Aliorumque Lustrationes*），并配之以一本小书《宇宙学入门》（*Cosmographiae Introductio*）[6]。

在南方新大陆的位置，他用韦斯普奇的名字，将它标记为"亚美利加"（America）（图 3）。地图上方，并列着两尊人像，一位是欧洲地

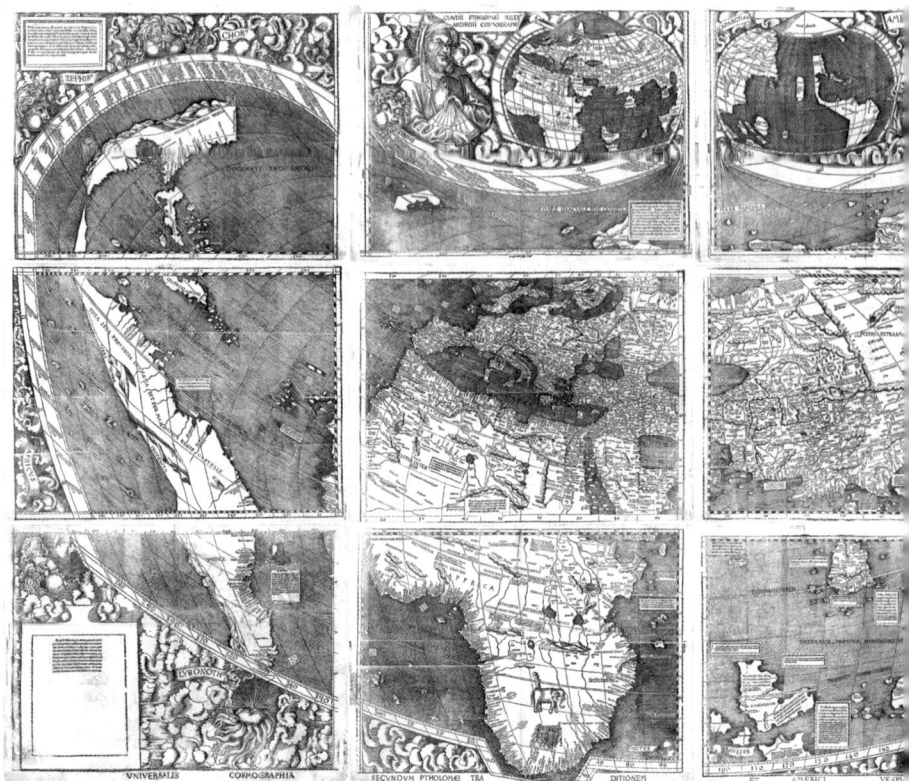

图 2：1507 年瓦尔德泽米勒《世界地图》，第一幅标注"美洲"字样的地图。

理学鼻祖托勒密，一位就是韦斯普奇（图 5）。瓦尔德泽米勒的朋友、地理学者马提亚斯·林曼（Matthias Ringmann，1482—1511）在《宇宙学入门》的序言里解释说，以韦斯普奇的名字命名这块大陆是十分妥当的，因为他是一位天赋异禀的发现者：

> 既然欧罗巴和亚细亚都取自于女子的名字，那么（新大陆）合适的名字就该是亚美利基（Amerige）或者亚美利加（America），

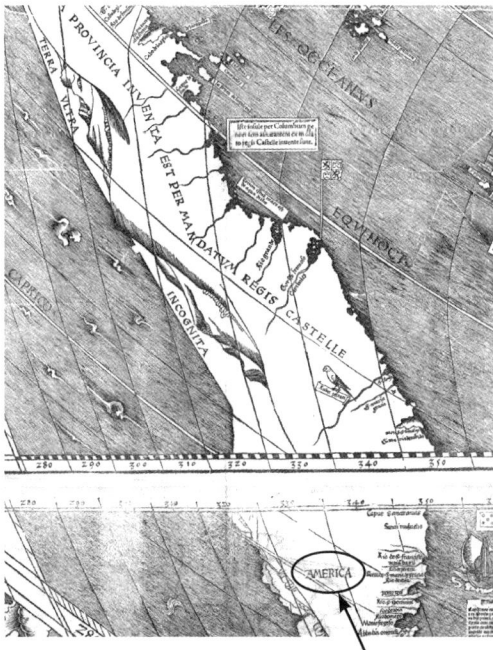

图3: 瓦尔德泽米勒《世界地图》标注"美洲"的局部。

意思是"亚美利哥之地"。[7]

这是欧洲人第一次以"亚美利加",即美洲,称呼新大陆。但请注意,这里的新大陆,仅指今天的南美洲。瓦尔德泽米勒地图上"亚美利加"的北方,只是一条狭长的,如同岛屿般的地带,上面仍然标识着"域外未知之地"(Terra ultra incognita)。未知之地向南延伸出一个半岛(看着有点像墨西哥),标作 Parias。在他 1516 年制作的另一幅地图中,他用"古巴之地"(Terra de Cuba)重新命名了 Parias,并且明确说那是"亚洲的一部分"。也就是说，瓦尔德泽米勒还是觉得这里是哥伦布到达的亚洲。

其实，1507 年地图出版后不久，瓦尔德泽米勒就觉得"亚美利加"的名字不那么妥当了。在他后续制作的世界地图和书籍中，南美大陆又被标记为"未知地"或者是"新世界"，北美大陆仍被认为是亚洲的一部分[8]。韦斯普奇的肖像也再未出现过。或许是他也觉察到，亚美利哥的角色被夸大了，或许是他认为，这块地方的新大陆性质还需要再考察。总之，可以确定的是，瓦尔德泽米勒在后期已经放弃了以"亚美利加"称呼新大陆。

但是，1507 年世界地图出版后，人们觉得这个命名可以接受。于是陆陆续续，有一些出版商在地图上延续了"亚美利加"这个名字。1538 年，杰拉杜斯·墨卡托（Gerardus Mercator，1512—1594）把这个名字延展到北美大陆，从此开始有了两个美洲。但美洲之名真正通行起来，要等到 16 世纪后期尼德兰制图学派的兴起。

标有 America 的 1507 年版地图印刷了 1000 份，随着时间的流逝，它们逐渐散失殆尽。几百年过去了，就在人们以为它早已失传时，1901 年，一位德国的耶稣会士在符腾堡的一座城堡中，重新发现了它——这也是目前人们所知的现存唯一一张[9]。又过了 90 多年，地图的主人瓦尔德堡-沃尔费格伯爵（Prince Johannes Waldberg-Wolfegg）决定出售此图，索价 1000 万美元。

对这个消息最感激动的，是美国人。1999 年，美国的国会图书馆立项购买瓦尔德泽米勒的地图。为了劝说国会出资，图书馆列出了几点理由，其中最重要的是：瓦尔德泽米勒首先用"美洲"指称*克里斯托弗·哥伦布*在 1492 年"发现"的新大陆。在后面的宣传中，国会图书

图4：马丁·瓦尔德泽米勒肖像。　图5：瓦尔德泽米勒世界地图上韦斯普奇的肖像。

馆更给了它一个很有诱惑力的昵称："美洲的出生证"（America's Birth Certificate）。

德国舆论却一片哗然，不少人反对把这幅列为"德国文化财产"的国宝卖给外国。不过，当时正值德国政府换届，经过一番周折与考量，新政府允许国宝易主。这幅史上最贵的地图收购终于在2003年完成了。

2007年4月30日，在瓦尔德泽米勒地图出版500周年之际，国会图书馆举办了隆重的交接仪式。德国总理默克尔（Angela Merkle）亲临现场，在致辞中，她说让地图落户美国是"正确的决定"："这幅地图对America的文化身份十分重要。"她还讲到当代国际关系格局——是美国打败纳粹、帮助德国战后重建并协助两德的和平统一，她本人才可能站在这里。作出转让地图的决定，也因为"美国人民为德国人民提供的非同寻常的服务（outstanding services）"。默克尔甚至说："我坚信，对这幅地图而言，没有更庄重、更合适的地方了。"[10]

从此这幅地图归了华盛顿，成为国会图书馆的镇馆之宝。

可是，美国和这张地图的关系真的很大吗？无论是哥伦布还是亚美利哥，都没有到达过今天美国的领土。诚然，美国从立国后不久，就开始将哥伦布"美利坚化"，包括以"哥伦布"或"哥伦比亚"——亦即"哥伦布之地"——命名城市或机构。到了 1937 年，"哥伦布日"还正式成为美国的联邦节日，每年庆祝。正如美国学者罗莎妮·顿巴－奥尔蒂斯（Roxanne Dunbar-Ortiz）指出的，这种"美利坚化"（Americanization）是用"发现"的逻辑来掩盖白种欧洲人事实上的对新大陆的侵占、殖民和掠夺[11]。

而且退一步讲，瓦尔德泽米勒地图上 America 指的是南美洲，和"美利坚合众国"名字中的那个 America 并无瓜葛。如前所述，北美洲是被制图家当作亚洲的一部分的。

但是，自 19 世纪以来，美国的扩张主义者已视美洲为美国的禁脔[12]，这种特殊的地缘政治视角，让美国人忽略地图产生的真正背景，也让其他人不觉得有什么不对。在"美洲的出生证"这个名称下，自然也包含着"美国的出生证"的意味。试想，还有哪种文物比这份"出生证"更能寓意美国在美洲的合法性呢？地图成了一种国家法权的象征，其地位堪比《独立宣言》[13]。

从哥伦布远航，到瓦尔德泽米勒地图落户美国，这个跨越 500 多年的故事几乎就是一连串的误会。首先，哥伦布从未想过，也从不认为自己会"发现"新大陆；其次，亚美利哥·韦斯普奇被出版商错误包装成了新大陆的"发现者"；再次，马丁·瓦尔德泽米勒用"亚美利加"

命名了南美新大陆，但很快撤回；最后，尽管他从没说北美是"亚美利加"的一部分，可美国还是以重金购买他的地图，用以彰显美国的文化身份和权力地位。

假如哥伦布在国会图书馆看到这张用别人的名字标记他"发现"的大陆、却又借他的名义收购的地图，会不会觉得历史开了个相当曲折的玩笑？

近几十年来，有不少人质疑哥伦布是最先"发现"美洲的人。其中一个说法是，早于哥伦布 500 年前，北欧的维京人可能已经到达了北美洲，开发了今天加拿大的纽芬兰地区（所谓"文兰岛"），这点已有不少考古证据。另外一个说法我们中国人更熟悉些：英国退休海军军官孟席斯（Gavin Menzies）在 2002 年出版的《1421：中国发现世界》（*1421: the Year China Discovered America*）中声称明朝郑和的船队最早抵达美洲——当然，严肃的历史学者都认为此说不成立。

而且，即便有人比哥伦布先到达过美洲，这也不是什么重大的、可以改写全球史的事件。因为它们并没有像哥伦布的远航那样，深刻改变人类历史的进程。恰恰是哥伦布的误会，重塑了整个地理知识体系，刺激了大航海贸易的勃兴，引发了物质的全球大交换，最重要的是催生了全球资本主义体系。一句话，哥伦布的航行是现代世界形成的起点。

更何况不要忘了，美洲就在那里，数千万原住民很早就定居于斯，他们才是最早来到美洲的人群。对于当地居民来说，哥伦布的到来是他们悲惨命运的开端。几百年来，欧洲殖民者对他们猎杀、奴役、驱赶，乃至实行种族灭绝 [14]。哥伦布本人就是殖民主义的始作俑者之一。他第一次踏足新大陆，就宣布这里是西班牙领土——这倒不是因为这位出生于热那亚的意大利人多么效忠西班牙，而是因为他本人可以分得相当丰厚的一杯羹。在 1493—1496 年第二次航行时，他的船员抓回 500 多名原住民卖为奴隶。他想当然地称这些人为 Indio——西班牙语的"印度人"，就是"印第安人"一词的来源 [15]——这个完全错误的称呼，就这样莫名其妙地强加给了美洲所有的原住居民，直到晚近才开始修正。

还是那句话，当哥伦布踏上他以为的"亚洲"时，一切都改变了。只不过这种改变对不同人群来说有着完全不同的意义。

时间来到 2020 年。在美国，哥伦布突然又成为激发社会对立的政治符号。明尼苏达州的白人警察虐杀黑人乔治·弗洛伊德（George Floyd），引发新一波"黑命攸关"（Black Lives Matter）的抗议运动，迅速燃遍全美。抗议活动的集体行为之一，就是破除一系列带有种族压迫、殖民暴政象征的符号，特别是竖立于公共空间的人物雕像。除了南北战争时期南方将领的雕像，500 多年前"发现美洲"的哥伦布的雕像也在芝加哥等数个城市被移除 [16]。

关于哥伦布的道德争议，并不是新的话题。欧洲人从 18 世纪晚期就有所反思 [17]。在拉丁美洲，哥伦布的形象从来都不是那样积极正面。即使是在中国，20 世纪 70 年代末 80 年代初，也曾展开过他究竟是残酷的殖民海盗还是伟大的资产阶级先驱的争论，有着鲜明的变革时代的烙印 [18]。在每年以"哥伦布日"祭祀他的美国，进步主义者更是日益把当今社会结构性不平等的根源，追溯到五个世纪前的"发现美洲"。2020 年美国的抗议活动再次说明，哥伦布的历史遗产从未离我们远去。只要现代世界的权力格局没有根本改变，对他的争议和讨论就一定会持续下去。

这一切，和本书的主题"亚洲和地图"又有什么关系呢？

1500 年以来的世界历史，就是起源西欧的殖民国家以帝国扩张的方式占取、分割、规范、组织全球的过程。在与非欧世界的互动中，一种"现代"的时间观 / 历史观和空间观出现了，之后全世界都被裹挟其中。这一切的原动力在于亚洲，特别是东亚；而现代的到来，也彻底重新定义了亚洲、重塑了亚洲的历史。变化的历史观和空间观最直接的表达，则是地图。

2．到东方去：欧洲现代性的原动力

我们都是地理的囚徒[19]。

欧洲为何会以它独有的方式走入现代？这是一个热闹了一两百年的话题。有人归结于文化秉性，有人归结于宗教伦理，有人归结于国家建构，有人归结于环境和生物资源……而我想强调一个很重要的因素，即欧洲与亚洲的地理关系。

先要搞清楚：什么是亚洲？每次我在课堂上问这个问题，最常得到的答案是：一个大陆，地球上"七大洲"之一。

亚洲当然首先是作为一个地理概念而出现的，但是它是一个很奇怪的地理概念，没法用纯地理的方式解释通，欧洲也是。因为亚洲和欧洲并不是相对独立的陆地板块（当然严格来说，非洲也不是独立板块）。它们同属于亚欧大陆，两个"洲"的土地紧紧相连，并没有海洋或地峡将它们分成看上去相对独立的大"岛"[20]，这一点与美洲、大洋洲和南极洲很不一样。而且亚欧边界的划定，带有相当的随意性，历史上也不固定。今天以乌拉尔山、乌拉尔河、里海、黑海一线的分界，是在 18 世纪才提出，到 19 世纪才相对约定俗成的。直到今天，其实都没有一个所有人公认的、精确的欧亚分界线。美国学者刘易斯（Martin Lewis）和维根（Kären Wigen）就说："欧洲和亚洲间的分界是完全武断的。"[21]

所以，以后我们再次听到"亚洲是一块大陆、是七大洲中最大一块"的时候，应当意识到这不是一个客观的自然描述，而是被人为地、主观地塑造出来的一个知识产物。

我们都知道"亚细亚"（Asia）一词起源于欧洲，在古希腊—罗马时代，它仅指代今土耳其的阿纳托利亚地区，后来才用来指称欧洲以东的一大片陆地[22]。在古代欧洲人的世界观中，世界分成欧罗巴、亚细亚和利比亚（非洲）三个部分，但这三块空间还不是今天"大洲"的意思，它们之间虽有分隔，但作为人类世界的总体，是连续而非断裂的，而且人们对大陆和海洋之间的关系也并不十分清楚。仅就这一点来说，古代欧洲与中国的地理观念，倒是差别不大，都是基于陆地的。

在蒙古帝国横扫欧亚、东西贸易通道大大强化之前，欧洲人对东方的具体经验止于印度，恐怕与马其顿国王亚历山大东征最远抵达印度有关。托勒密式地图，在很长的时间内，就把东亚部分标记为"外印度"或"上印度"（详见第三章）。蒙古征服带来了第一次全球化的契机，让欧亚两端的联系空前紧密起来[23]。而中东地区的穆斯林学者、商人和官员则为两端都带来地理知识上的跃升。通过他们的贡献，在东亚和西欧的地图上，印度洋海岸线渐渐完整起来。他们的航海经验成为明初郑和能够远航至东非、15 世纪末达·伽马（Vasco da Gama，1469—1524）能够到达印度的必要条件[24]。

但真正刺激了欧洲大航海事业的，还是马可·波罗。正是他对东亚特别是中国的迷人描述，引诱着文艺复兴时期的君主和探险家们，使他们要千方百计绕过奥斯曼土耳其的阻隔，前赴后继探索通往东亚的另外的道路。

问题来了：欧亚虽是一体，但如果不走陆路，要从大陆的西端到东端，那便是这世上最远的路。

打开今天一幅标准的世界地图，我们就清楚了：在苏伊士运河没有凿通的情况下，若坐船向东去亚洲，就必须绕过整个非洲，方能进入印度洋。同样，如果没有巴拿马运河，西行的船也必须绕过南美洲大陆，才能进入太平洋。而北行的道路——即取道北冰洋的所谓"西北航道"或"东北航道"，则因常年冰封雪盖，从古到今只存在于理论中，很难实现。就是说，若是不能直接走陆路，共处亚欧大陆的两个远邻要串个门，就必须把地球绕个遍。这真是实实在在的"地理的囚徒"。

不得不"佩服"西欧人的是，他们还真就选择了最困难的道路。也就是在这样的情况下，欧洲过去以陆地为导向的地理认知，开始转向海洋。这种转向在 1492 年的哥伦布那里成为一座里程碑。

在这个过程中，欧洲人"发现"了好望角，明白了非洲南端并不连通亚洲；"发现"了美洲，把势力拓展到新大陆；并最终实现了环球航行，打通了抵达东亚的东、西两条航道[25]。在寻路亚洲的冲动下，一幅完整的地球图景渐次向欧洲人打开了。

因此，我们或许要重新描述以欧洲为中心的地理学史。它不是简单的由"已知三大洲"到"发现新大陆"的线性积累。更体现历史逻辑的说法应该是：西欧人为了"寻路亚洲"，而不期然"重识非洲"并"发现美洲"。不但如此，为了寻路亚洲，他们以海洋为新的通途，走出了大西洋，抵达了印度洋，发现了太平洋，殖民了大洋洲。寻路亚洲，成为西欧跨入现代、征服全世界的契机。

换句话说，我们一定要把地理知识积累的动因和过程，带入地理学讨论中。

正因为这个动因和过程，欧洲人借定义多重的他者，重新定义了自身。他们把地理认知、空间征服与殖民事业融合在了一起，将亚洲、非洲、美洲纳入了一套新的空间—文明等级秩序中。"亚洲""非洲"和"美洲"不再只是一种地理描述，而是成为带有文明论色彩的身份象征，只有放置在与"欧洲"的对应关系中才能理解和表述。（图6）

到了18世纪后期，欧洲人的拓殖事业日益成功，他们的身份塑造，也在时间和地理两个向度上展开。地理和特定人种挂钩，各个大陆被人格化，固定了身份。此时，亚里士多德提到的"东方"的"专制"（despot）特性、"野蛮民族生来就是奴隶"的论断 [26] 以及基督教对东方蛮族的想象，又获得了新的、具体的投射对象。孟德斯鸠、亚当·斯密、黑格尔著作中的"中国"和"亚洲"，指向的不是一个地理空间，而是欧洲文明的反面镜像，处于人类"普遍历史"的野蛮或半野蛮阶段 [27]。这就是地理学家唐晓峰先生所说的："依托新的全球地理观，而将整个人文空间时间化、历史化。" [28]

这种情况下，地球上的东西南北就有了方位之外的意义。为了寻路亚洲，欧洲人向南绕行非洲和南美，开启了殖民进程。早在哥伦布的时代，"科学主义"指导下的地理—人种观念就认定：北方温带与南方热带，因为气候的差异，产生了人群特质的差异。哥伦布的航行，不但是到"东方"去寻找财富，更是向"南方大陆"征服可供驱使与奴役的次等人群 [29]。自然，"南方""热带"这些词语，便在此后的数

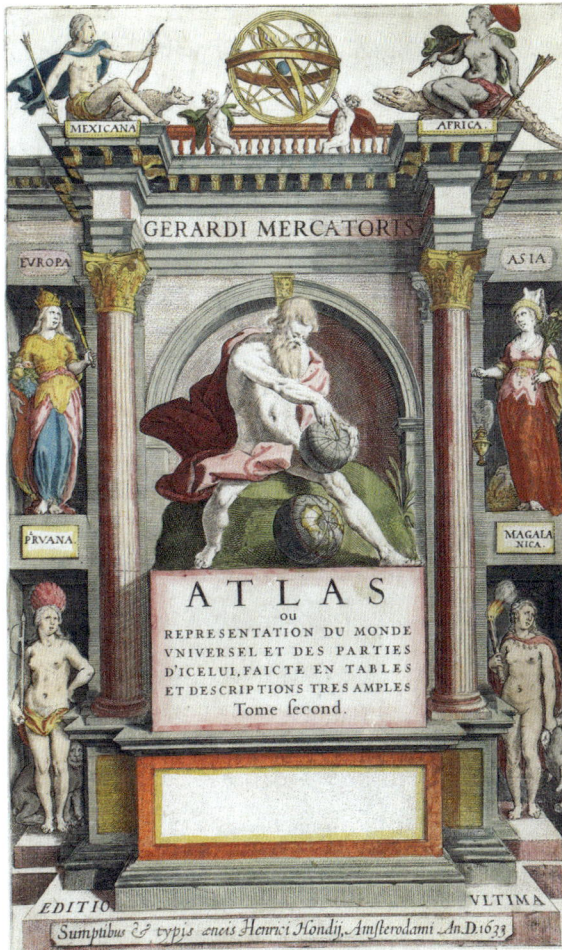

图 6: 1633 年阿姆斯特丹出版的墨卡托—洪迪乌斯《地图集》封面。围绕着擎天神阿特拉斯的是六位女神代表的已知世界。从上至下、左至右分别为：墨西卡娜（北美）、阿非利加、欧罗巴、亚细亚、秘鲁阿娜（南美）和麦哲伦妮卡（想象中的南方大陆）。全书名称为《阿特拉斯：关于创世以及所创之世的宇宙论沉思》。

百年指代着蛮荒与偏僻，关联着落后、疾病与压抑的含义。而在今天反殖民的语境下，"全球南方"则包括了所有曾被殖民、经济上处于依附中的国家，不论其地理方位在哪里。

与"南方"相对的"北方"，在今天泛指经济发达地区。不过在中世纪，"北方"是寒冷黑暗的地带，代表了异教徒和野蛮人的世界、欧洲人的梦魇、基督教世界威胁的来源。喜欢看美剧《权力的游戏》（*Game of Throne*）的读者，想想"凛冬"从"北境"而至的设定，就能体会这种想象的当代生命力。

而"东方"则因为其遥远而蒙上一层神秘色彩，成了被想象、被奇观化同时浪漫化的对象，爱德华·萨义德（Edward Wadie Said）所指出的"东方主义"即由此而来[30]。

南、北和东，彼此之间及各自内部的边界还相对模糊，存在张力，但它们共同构筑了"西方"的确定性，尽管所谓"西方"内部其实也有很大的差异。按照美国历史学家何伟亚（James Hevia）的话说，"西方变成了一个处于历史探究范围之外的越来越被自然化的实体"[31]。20世纪以来，"西方"是发达资本主义国家（许多是殖民国家）自我确立的身份，冷战后更和特定的意识形态、政治制度和价值体系挂钩。于是，人类社会便分割为一对矛盾体："西方"及"其他"（the West and the Rest）。

不用说，任何一种地理—文明意识的形成都依赖于对他者的"发现"。所有文明早期的地理表述，不论是古埃及、古巴比伦、中国，还是欧洲，无不以自身出发去了解世界。地理所要处理的不光是自己内部的秩序，还有自己和外部的关系。当新的地理知识不断填充进来的时候，各种文明就都按照原有的知识体系去为新空间安排合适的位置。

发源于地中海地区的欧洲知识体系,从古希腊自然哲学和犹太—基督教中诞生出欧、亚、非三大空间的地缘意识。1492 年之后,它最需要处理的,是"寻路亚洲—发现美洲"带来的全方位冲击。这一冲击不但是认识论上的,也是本体论上的,而且充满了财富和权力诱惑。它所针对的也不仅仅是分立的亚洲或者美洲,而是包括所有人类可抵达的、全球性地理空间。对这一冲击的处理方式,直接导引出了欧洲殖民性的现代经验。

相比而言,古代东亚的地理意识中,只有从中心到边缘的远近差异,本没有三大洲的分别。因此,尽管明清官员、朝鲜文人、江户日本的学者和制图师们知道了美洲的存在,却没有彻底颠覆既有的知识体系和世界想象。对那些接受欧洲地理学观念的人而言,新大陆不过是文明更为遥远的边缘地带而已。这一新的知识,并没有导致拓殖冲动。

所以,就算是中国人或者别的东亚人更早抵达美洲,这种抵达也不是"发现",不会对传统世界观构成根本性冲击。

地理表述和历史表述从来紧密相连,互为表里。我们通常认为,知识是不断聚集、积累的,随着时间的推移和经验的增加,我们对历史和地理的认知一定更为丰富、准确和客观。既然地理和历史知识可以用来建立属于全人类的共通经验,那么人们的时空感一定会越来越趋同。

这样说有一定道理。比如,今天全世界多数国家和地区都在使用相同的日历和计时系统;所有国家教室里的世界地图或地球仪,样子也都差不多。古代人构想出来的世界图像,在现代世界没有什么指导意义了。卫星定位系统,让地球上每个人对周遭空间的体认,都高度同质化了。

可是，再往深里想想，其实纯然客观的地理认知和纯然客观的历史认知一样，并不真的存在。就像历史学家面对同一份文献，会有不同的解释一样，面对同样的空间信息，人们也会产生不同的理解。这种理解的差异性与信息的科学性无关，而是由解释者的文化身份、政治理念、历史经验以及世界观、价值观决定的。

十五六世纪以来，人类对地球表面形态的信息掌握得越来越多了，却并未导致感受与经验的趋同。在很大程度上，我们对现代的整体感知反而日益割裂——就像地图上出现的越来越多的边界线。当地理单元（比如"亚洲"）成了文明等级的符号，用以论证某一群人比另一群人拥有更高的文明合法性，或者像 19 世纪出现的"地缘政治学"（geopolitics）那样，成为帝国理念的有机组成（比如麦金德的"世界岛"[32]），则地理认知也就成了意识形态和政治表达。哥伦布之后的500 年里，地理—政治上的割裂一直没有弥合。持续至今的对哥伦布的争议，正说明了这一点。尽管欧洲经验几乎垄断了对"现代"的阐释，但我们一定要清楚，在非洲、拉美和大部分的亚洲地区，当地人介入"现代"的方式是很不一样的。他们的"现代"体验，和西欧人的极为不同，其价值绝不该被忽视。

那么东亚（中国、日本、朝鲜半岛）呢？也是一样。16 世纪后，随着欧亚两端交流的频密，东亚的轮廓在双方的地图上越来越接近了，但地图背后所反映的时空经验并没有日益趋同。这种矛盾在今天变得更为突出 [33]。其中的原因，既是文化性的，也是政治性的，要放到特定的历史脉络中去理解。

任何知识，都有它发生、演变的历史。"亚洲"作为一个空间政治概念，也有其历史。既然这个概念常常被想当然地接受，却又执拗地凸显它的不合常理，那么它作为知识的历史，就很值得好好梳理一番。本书的梳理方式，是从地图入手。

3. 真实谎言：地图是怎么说话的

地图反映的不是现实空间，而是人们对空间的想象。如同历史反映的不是过去，而是人们对过去的解释。人创造了地图，也被地图所控制，因此也成为地图的囚徒[34]。

当瓦尔德泽米勒出版了他著名的 1507 年世界地图时，他也知道自己所展现的世界图景，对当时的人们来说，是相当惊世骇俗的。于是在地图的右下角，他用拉丁文写了一段话，奉劝那些未经学习的读者（所谓"粗鲁人"），不要因为眼前的景象显得陌生而横加指责："因为等他们将来理解了（宇宙志），这无疑对他们是更有价值的。"制图师确信：这张地图提供了人们理解世界的钥匙，即使不是在现在，也会是在未来。[35]

很多谈地图学的人都喜欢引用阿根廷作家博尔赫斯（Jorge Luis Borges）的一则短篇故事《论科学之精确》。它讲述帝国的制图师们制作了一幅与帝国一样大的地图，图与现实严格对应，分毫不差。但后世终于发现这种精确性毫无用处，于是地图被废弃。把这个故事用在历史上也是一样，我们要是把过去的每天、每小时甚至每分钟发生的都事无巨细地记录下来，那么这种记录必然毫无头绪，凌乱不堪。

博尔赫斯的小故事清楚传达了"呈现"与"现实"之间的关系。

不论是时间还是空间，若不经过我们有意识地选择、提炼、组织、整理，并抽象成解释，就没法传达出特定的信息。大多数时候，并不单单是现实决定了意识，人们也同时通过自己的意识塑造了"现实"。这个过程永远是双向的。

从 20 世纪七八十年代起，欧美的地图学界兴起一种新的研究流派，其中的代表性学者都受到后现代主义理论的影响，力主以社会文化视角，反思地图中展现的话语权力，批判传统的科学主义导向。随着新的研究视角的日益普及，地图研究早已不局限在狭义的地理制图学领域，而是扩散至历史学、社会学、人类学、政治学、艺术史、文学等各个人文和社科领域，新的成果层出不穷[36]。今天广义的地图学者基本同意：地图并不只是一种客观的认知工具，它往往带有极其鲜明的导向性和解释性，在引导的同时也会误导。所以一些畅销书会干脆把地图说成是"说谎的"[37]。

其实很多情况下，地图并不是有意说谎。因为每一种地图都有不同的功能，不存在一种地图可以具备所有的功能。

比方说，我曾让学生随堂画一幅地图，内容是"你是怎么从家来到教室的"。住在学校宿舍里的同学，会画上林荫道、食堂、教学楼等校园地标；而住在校外的同学，则会用公路、社区乃至市镇来标示两点间的相对位置。为了让指示更清楚，很多学生还配上建筑或自然景观的图画。在《会说谎的地图》（*How to Lie with Maps*）一书中，美国雪城大学教授马克·蒙莫尼尔（Mark Monmonier）告诉我们，地图有三个基本要素：比例尺、投影和地图符号[38]。可是在我学生的地图中，这三个要素一样也不具备，甚至这些图都不一定是上北下南的。但这并不妨碍他们的地图是好地图：因为并不需要严格的比例尺、投影、统一的符号甚至一致的方位来传达"从家到学校"这样一条信息。相反，他们随手涂鸦的、看着很不科学的图画，倒是更有效的内容。

再比如，我们每天乘坐公共汽车或地铁，上面往往有用笔直的线条、环形线或网格串联起来的站点图。这种主题性示意图（diagram）既不能告诉我们具体站点在城市中的真实方位，也不能告诉我们站点间的实际距离。但是对乘客而言，它们是绝对方便的，因为其中剔除了所有虽"科学"却对使用者无用的信息。

以一种统一的科学标准去评判形式、功能各异的地图，往往会失去地图最原初的意义。对此最尖锐的讽刺，也出现在文学作品中。《爱丽丝漫游仙境》（Alice's Adventures in Wonderland）的作者刘易斯·卡罗尔（Lewis Carroll，1832—1898）写过一首无厘头长诗（nonsense poem）《猎鲨记》（The Hunting of the Snark），讲述一位叫贝尔曼的船长带着一群奇奇怪怪的船员去捕猎传说中的海怪——蛇鲨。贝尔曼拿出一张"世界上最完美的"海洋地图（a large map representing the sea），引得船员们啧啧称赞，结果地图是长这个样子的（图7）：

除了标注着方位（上北左西右东）、比例尺以及"经度""纬度"等文字外，图上一片空白！想想看，如果我们来到一片茫茫无际的海域，既没有岛屿也没有礁石，那按照"标准"的现代地图，可不就是长成这样吗？[39]

无厘头诗歌是为了搞笑，那么在浩瀚无垠的南太平洋地区，依海为生的岛民们又是怎么表达海洋空间的呢？在马绍尔群岛，当地原住民使用一种"木条海图"（stick chart）来传授航海知识。他们用细木条编织成"地图"，有的图中还会用贝壳等表示特定岛屿。重点是这些纵横交错的线条，是告诉学习者长波浪的走向（也有论者认为是风向），因

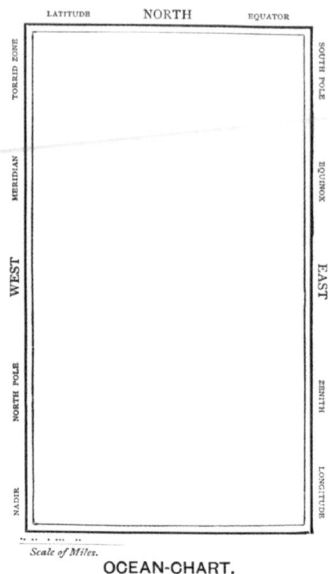

图 7: 漫画家亨利·豪乐迪为卡罗尔《猎鲨记》配画的"海图"。

为在行船过程中,海浪或者风——这些我们在标准地图上看不见的东西——才是最为紧要的影响因素[40]。(图 8)

说起来,人们使用的"地图"真的是千差万别,恐怕很难归结出某种共通的性质。前面的例子已经表明,地图很可能无关"地"——因为人的空间感受包括大地、海洋、天空乃至宇宙,甚至因为古人的空间感往往和宗教宇宙观相关,一些"地图"可以是有关纯虚构空间的。而且也不能简单地认为地图仅仅是"图"——因为除了视觉图像,我们还必须考虑图像上或者图像以外的文字信息。不论在欧洲还是中国,大量的地理图像是出现在书籍(地理或历史著作、方志等)中的,并非单独、孤立的存在。在早期近代欧洲,几部最著名的"地图集"中,对各地的文字介绍所占篇幅要远多于图像,以文字为载体的历史叙事本就是"地图"重要的组成部分,时空融为一体。

也因此,著名的地图史家马修·艾德尼(Matthew Edney)提出,所谓批判性的地图研究,其批判的对象并不是**地图(map)**本身——因为地图形态太多元了,本就不具备共性。我们应该反思的,是认为所有地图必定符合一套标准、共享一套功能的**制图法(cartography)**理

24

图8：马绍尔群岛的航海图，收藏于美国伯克利艺术博物馆与太平洋影像档案馆。

念[41]。除了假定天下所有地图都要用一种语言（比例尺、投影、符号）说话，这种理念最顽固的误解，是觉得地图一定应该是对现实客观、准确的反映，而且随着人类智力与能力的进步，它也一定朝着某种理想的方向迈进[42]。艾德尼断言，制图法理念是19世纪的西方产物，它既不是自古以来就如此，也不是放之四海而皆准。

如果这样说太过抽象或者激进，那让我们换个角度来想这个问题。假设有人问："中国是什么形状的？"我们脑子里会反映出什么呢？大概多数人会回答"像一只雄鸡"。这是我们在标准地图上看到的，由边界线和单一色彩构成的"图标地图"（logo map）。

这种对国家形状的认知，不可能来自亲身感受，而只可能是被一套制图学语言所框定的。我们对空间形状的感知，最多是身边的小范围（比如社区、学校、村庄）。对于目力不及、直接生活区域之外的世界，比如整个城市、省份、国家、大洲……我们既"看"不到形状，也不觉得这形状对生活有特别的影响。哪怕我们跑遍了中国的所有角落，我们也只能通过地图"学"到中国的形状。画这个地图的前提假定是：国家的形态是由它的领土决定的，领土内部是均质的，国家和国家之间由排他性的边界分隔，不存在两不相属的所谓缓冲地带，也不存在两者共有的主权叠加地带。

但是如果我们去过边境就知道，这条分隔线并不像地图表现的那样绝对。不论边境地带是荒无人烟还是人潮涌动，那条边界线通常是看不见、摸不到的。国家的轮廓画在地图上，却未必显示于实地。

无论中外，在近代以前，很少有地图用一条闭环的国境线来表示国家。这是因为"领土国家"（territorial state）本身是一个晚近才通行的理念。倒不是说古代国家不重视统治区域，只是过去疆域的形态和观念更多元、灵活、多变，不像今天，领土是一个神圣、绝对的概念，代表一个国家的主权。"领土国家"这种国家形式，其实是近代以来欧洲国家在不断的内外冲突中逐渐形成的，它们又以此原则瓜分殖民地。另一些国家则直接或者间接受到殖民扩张的影响，也接受了这个形式，这才使领土国家逐渐成为通行全球的国家想象。它本身是一个历史产物，有特定的产生背景。

所以，制图师是依照特定的国家形态观念创制这个国家的形状的。观念往往先于现实，或者根本只是一种从未实现的理想。但看图的人则通过阅读这样的地图，认定了国家的轮廓。在把图标地图当作象征符号的同时，他们也在这个过程中潜移默化地接受了"国家即领土"

这个现代埋念。

假如我们觉得所有的国家地图都必然朝着边界日益清晰的方向发展，最后一定形成一个边缘完整、内部同质的形状，而古代地图之所以没有画出这种形状，是因为不够科学和准确，那就是把特定条件下形成的国家概念当作固定不变的标准，去套用一切情况了。这种思路的问题是，古代的地图绘制者并不是这样理解国家和空间的。

不同的地图，运用不同的制图法则和规范，法则和规范的背后则是特定的地理思维模式。当社会条件改变，人们的思维模式变化了，制图法则与规范也就随之改变了。因此很难说地图有某种特定的"进化"方向。地图当然都有工具性的一面，绘制者也都要体现某种准确性和实用性，但我们今天所理解的准确性和实用性，在不同的时代和不同的文化环境中，很可能是完全不同的东西。就像我前面举出的学生地图、交通示意图或者马绍尔群岛木条海图那样，它们的准确性并不一定非要以是否符合比例尺、是否有投影以及是否使用了标准符号来衡量。

我们应该做的，是回溯不同时代的语境，尝试探讨当时人们是怎样构想世界的，想象的背后又揭示出什么样的地理观念。

英文"map"作为动词，兼有"绘制地图"及"探索、构想、安排、规划"之意。今天讨论地图，特别是古地图，要超越固定的**制图法（cartography）**观念，把作为精神产品的**地图（maps）**放回到其社会历史脉络中，去理解人们对于世界的**探索、想象和安排（mapping）**。正是通过这个 mapping——想象到制图——的过程，"空间"（space）被赋予实体的意义，成了被人们理解、占有和利用的"地方"（place）。

再次回到"亚洲"这个话题。不论从经济、社会、文化、宗教、族群等哪个方面看，亚洲都过于多元，没法作为一个自足的概念成立，它只能作为一个相当勉强的空间概念[43]。但如前所述，"亚洲"对于现代世界的形成，又有着极为关键的作用。在欧洲的殖民现代性席卷全球的过程中，它被清楚地投射到地图以及文明认知中了。想象亚洲轮廓的过程，也就成了安排世界的过程。

所以本书想问的是：从古到今，亚洲这个"空间"是如何被构建的？它是如何被赋予"地方"的实体意义的？我们能够怎么言说这个概念？能不能用这个本源上缺乏普遍性的概念，作为认识世界、认识历史的方法？

如果要把亚洲和地图，或者说地图中的亚洲，作为理解"现代"的一个切入点，我们就先得看一看，在"现代"到来之前，所谓"亚洲"在地图中是什么样子的。

作为词语的"亚细亚"是欧洲制造的，并通过全球的制图学家固定在今天的世界地图上。不过，我们不妨先考察一下该地域在当地知识中特别是在东亚知识中的形象。下一章的叙述重点在中国、朝鲜半岛及日本的舆图传统。需要解释的是，聚焦东亚，并非有意忽略其他地域的地图文化，而是因为：第一，受学力所限，我仅对东亚世界的舆图有一点点浅尝辄止的学习；第二，这三地的古地图遗存相对丰富，16 世纪之后与欧洲地图学的交流融合也更多，因此具备相当的典型性。

让我们从中国开始。

二 禹与佛陀：传统东亚的世界想象

1. 禹迹与坛城：多元的中国制图传统

公元 1127 年，宋朝遭逢靖康之变，失去了北方疆域。入侵的金军虽节节胜利，却缺乏统治华北的信心。于是 1130 年，金太宗扶植了一个傀儡政权大齐，代金而治，找来降臣刘豫当皇帝，年号"阜昌"。未几，刘豫被废，伪齐政权只存活了不到七年。以中国历史之长，这点时间恐怕连一瞬都算不上。

不过，在中国地图学史上，"阜昌七年"这个时间却相当重要。它被铭刻在中国最早的两幅世界地图[44]《华夷图》和《禹迹图》的刻石之上（图 9、图 10）。那一年，是公元 1136 年。

在古代中国，地理不是一门独立的学科。多数情况下，地理书写附着于历史记录中，空间表述与时间很难分家。地图也是一样。中国古代地图不纯是地理信息的载体，而是有着重要的政治、军事、教化和礼仪作用。

地图至少自先秦就广为使用了，不过我们只是从史籍中"读"到这点，却不曾"看"到过那些地图。和欧洲的情况相似，存世的中国早期地图十分稀少。目前可见最古老的地图，是甘肃天水放马滩出土的、诞生于战国末期的一组木版地图及长沙马王堆汉墓中的一组西汉早期帛画地图。它们在两千多年前随墓主人下葬，一直不为人所知，直到 20 世纪七八十年代才被发现。所以我们无从确证其对后世制图有什么具体影响。况且无论是放马滩地图，还是马王堆帛画地图，其所反映的地理范围都不算大。虽然上面有河流、道路、聚落、山脉等实用信息，但仅凭这些，很难推测出当时人的宏观世界想象是什么样子。

而《华夷图》和《禹迹图》则不同，它们把这种想象直接放在我们面前。

这两张地图刻于同一块石碑的正反两面，原在陕西凤翔府岐山县，现存于西安碑林。《禹迹图》碑刻还另有一块，在江苏镇江，镌于 1142 年，即南宋绍兴十二年。它的形制内容与西安的很接近，可以认为是源于同一底本。虽然镌刻于 12 世纪中叶，但两图所反映的内容并非当时状况，而是积累了前代王朝的地理信息，可以说是历史地图[45]。

《禹迹图》展现了北宋时代的疆域观念，按今天的说法是"全国地图"。但是这个"国"，可不是当时政权实际管辖的范围——不论是伪齐还是南宋，都只占半壁。这个国，是时人想象中一个完整的中原王朝"应该"有的疆域。《华夷图》表现的范围更大：北及长城之北，西达西域，东至朝鲜半岛，南抵印度，并在注释中记录了更多域外之国，可见是以中原为中心的标准的世界地图。西安、镇江两块石碑原来都安放在官学之中。学者们据此推断，它们是为了供学子们摹拓，方便他们学习、考试之用。换句话说，有点像是当时的教辅材料，让学生们牢记家国天下的形态。

相比欧洲现存最古老的世界地图（详见下章），它们的制作技术显得很"现代"。因为从外形上看，中国大陆的海岸线以及长江、黄河两

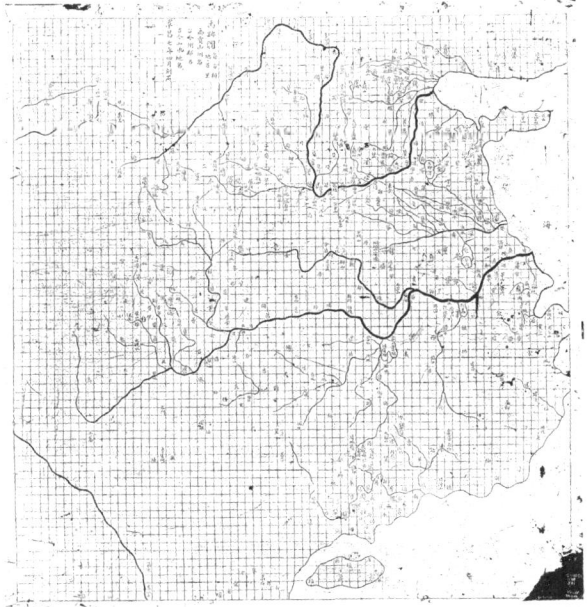

图 9: 西安《禹迹图》
拓片反转。

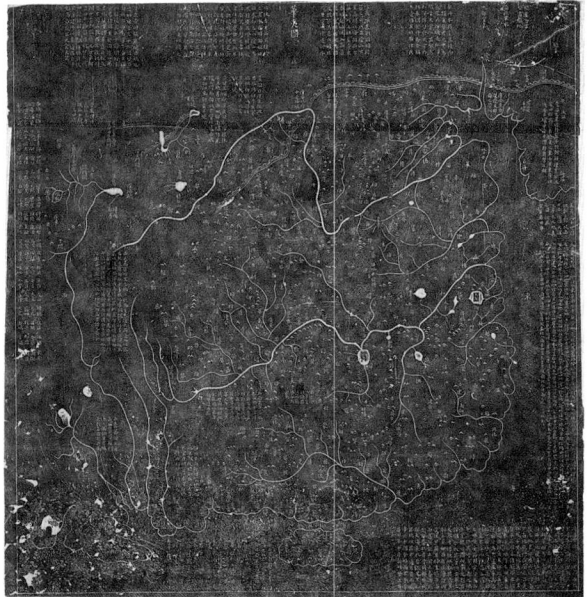

图 10:《华夷图》，西
安碑林藏。

大水系，已与今天我们熟知的形状接近，有着现实主义特征。

关于这两种地图的作者、来源及背景，学界有很多争论，不必详述。今天一般的共识是，两图作者恐非一人，也不共享同一种制图学技术。从西安石碑的情况看，《禹迹图》和《华夷图》几乎同时镌刻于石碑的两面，说明它们所反映的世界观是一致的，毫不矛盾。

"禹迹"与"华夷"，恰构成古代中原王朝对世界的两重认知，一重向内，一重向外，二者相辅相成。传统的王朝地图学，就大致沿着这两套系统展开。

"禹迹"之名，来自《尚书·禹贡》篇，这是最体现上古地理思想的著作之一。如果要再举出一部，就是《山海经》。但《山海经》一脉，到唐宋之后已逐渐被认为是传说和怪谈，其影响力不及《禹贡》。

虽然《禹贡》也借大禹治水的神话铺陈，但随着儒家政治观念的正统化，其中的地理思想和王朝统治产生了越来越紧密的联结，也就日益现实化了。中国古代地图中，很多都以"禹迹"命名，是奉《禹贡》地理思想为正统，以"禹迹"代指中原王朝的统治区域。

《禹贡》开篇，讲大禹"别九州，随山浚川，任土作贡"，然后以简短而气势宏大的语句，说"禹敷土，随山刊木，奠高山大川"。这里的"敷"，是分、布的意思，就是如何划分国家的疆域。划分的依据是"高山大川"。所以《禹贡》以山川为纲目，考察各地水土，确定其农业及物产条件。《禹贡》中，国家被分为冀、兖、青、徐、扬、荆、豫、梁、雍九个州。所谓"州"，《说文解字》的释义是"水中可居曰州"，即被水环绕的陆地，"昔尧遭洪水，民居水中高土，或曰九州"[46]。此后漫长的历史中，"九州"逐渐成为中原政治地理空间的想象基础，某些时候甚至成了国家的代称。（图11）

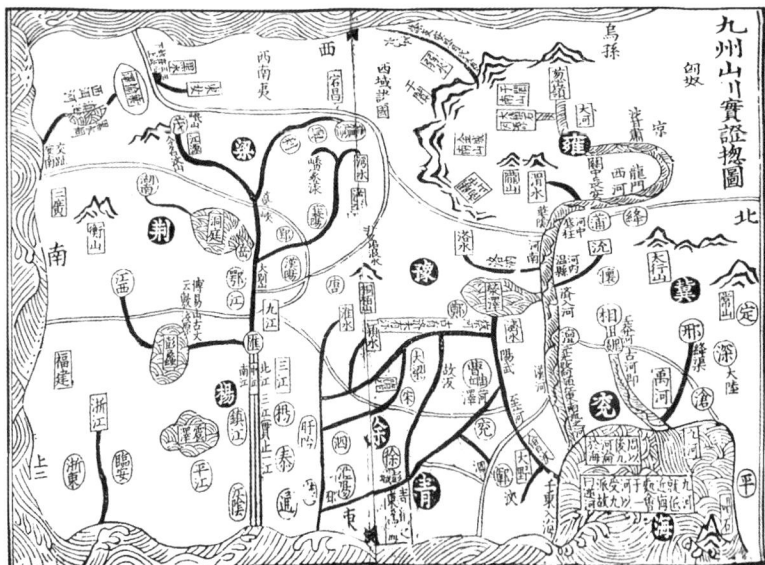

图 11:《九州山川实证总图》，取自南宋淳熙四年（1177）之《禹贡山川地理图》一书，以西为上。

《禹贡》同时还呈现另外一种政治空间秩序，看上去与九州是很不同的，这就是"五服"。它以国都为中心，每五百里为一个圈层。由内而外，分甸服、侯服、绥服、要服和荒服五个等级，标志着政治影响力由强至弱的辐射次序。

虽然今天看来，九州更像是现实描述，而五服只是想象，

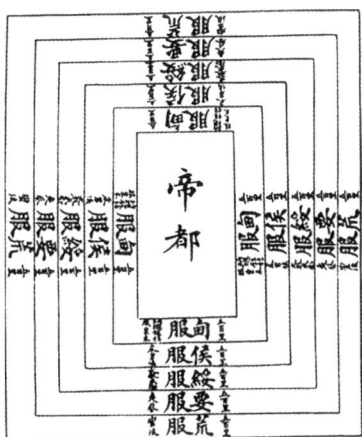

图 12：五服概念示意图。

可正如顾颉刚先生指出的：五服的观念和实践都先于九州，且真实存在过，反映了西周至战国间天子—诸侯的分封关系。反而是九州，虽然其观念萌芽于春秋战国时代，但迟至汉末才真正实现。就是说，《禹贡》"预告"了未来国家的形态。所以顾颉刚有一句很精彩的总结：

> 五服制似假而实真，由真而化幻；九州制似真而实假，由假而化真。[47]

九州和五服看上去非常不同，但两种政治地理想象是相互补充、支撑的。周振鹤先生就认为："五服制所体现的是一个国家的核心区与边缘区的理想关系，而九州制体现的是一个国家的内部如何进行政治分区以实行管理的实际体制。"这是秦汉以降中国政治地理格局的两种"基本形态"[48]。

《禹贡》在结尾处，想象国家统治之四至："东渐于海，西被于流沙，朔、南暨，声教讫于四海。"历代中原王朝，不论是统一还是分裂，儒家士人眼中"正统"国家的疆域，基本就是"讫于四海"，古往今来变化不大[49]。这也是为什么两块《禹迹图》刻石，一在伪齐，一在南宋，两个政权都只占半壁江山，但它们认定并宣扬的国家轮廓是一致的。

那么四海之外呢？这就需要"华夷秩序"来想象了。"华夷"也是儒家最基本的世界图景。它在地理表现上是以中原为华，为中心；而不受中央王朝管理的四方为夷，为边缘。由华而夷，像是五服的那种辐射关系。远近亲疏，由影响力的大小来决定。

不论是九州、五服、四海，还是华夷，都没有绝对的边界。

在这套体系内，大地各点之间有相对的距离，以旅行里程来表达。

中国的地理之学又称"舆地学"，地图又称"舆图"。"舆"字是形声字，声旁是舁，形旁是车，车以载人载物，可见古代舆地认知，既有大地承载万物的观念，又与人的行走经验相关。直到19世纪末，中国或朝鲜的地方志中，某一地点的具体位置，仍然是以它和其他地点的旅程（比如距某地"几日"或"几里"）来标志的。

这套系统的宇宙观基础是天圆地方。大地是连续的一块平面，天似穹庐。古代中国一种比较流行的宇宙观念，认为天上的星宿都对应着地上的分野，地上的两点都有直线距离。

大地是平面还是球体，成为传统东亚和欧洲地理思想最根本的差异。但是秉持着今天看来极不"科学"的平面大地观念，古人又是如何在1000年前就制作出相对准确的地图的呢？这就要说到《禹迹图》采用的测绘方式：计里画方。

《禹迹图》表面布满了横平竖直的方格网线，"每方折地百里"，类似比例尺。在此图制作的年代，任何人都很难走遍全国测量距离，只能是综合不同地方搜集到的方里信息，然后通过折算，估得整体状况。这就是计里画方。

学者大多认为，计里画方源于西晋地理学家裴秀（224—271）总结的"制图六体"。据说裴秀曾编绘一部地图集《禹贡地域图》，他在序言中举出六项制图要素：分率、准望、道里、高下、方邪、迂直。大意是说地图要注意比例尺、方向和距离，并折算地表的高低、倾斜、弯曲等情况。

需要强调的是，计里画方只是中国地图学的一种传统。虽然它受到李约瑟（Joseph Needham）的重视，成为中国地图"科学性"的代表，被广为弘扬，但实际上各类地图功能不同，未标网格的，或者绘画性的地图，仍然是古代地图的大多数[50]。就连《禹迹图》背后的《华夷图》，都不是计里画方的，可见量化科学的风格，总和其他风格一起存在，并不相互排斥。

那么《华夷图》的依据又是什么呢？在图下方的一处注释中提到："其四方蕃夷之地，唐贾魏公所载，凡数百余国，今取其著闻者载之。"

"唐贾魏公"，指唐代名相、地理学家贾耽（730—805）。他是裴秀之后又一位重要的制图学家。曾有学者据此认为，《华夷图》（甚至《禹迹图》）是以贾耽的地图为底本绘制的，但此说可能需要更充分的证据。从上引注释中的话里，我们只能知道《华夷图》中表现的"四方蕃夷"是根据贾耽的著作记录下来的，不能说明作者就看到过贾耽的地图。

实际上《华夷图》四边各记载了许多海外诸国，只是用文字列举，并未包括在图像里，比如日本、扶南（中南半岛南端国家）、大秦（罗马帝国）等。所以，当时人所知的世界与图像所表现的地理范围还是有差异的。这或许因为人们的勘测能力达不到那么远，也或许是因为对外部世界的样貌本就缺乏特别的兴趣。

弥补这一差异的，是蒙古帝国的兴起以及阿拉伯地理学的东传。

蒙古大军西征，促进了亚欧大陆两端的文化大交流。欧亚大草原与印度洋上，从事贸易的商队和船队络绎不绝。元朝建立后，更是任用了很多来自西域、波斯或阿拉伯的官员，东西文化交流热络。

西来的官员中就包括波斯人扎马鲁丁。我们对扎马鲁丁的确切生卒年代都不了解，只知道他活跃于13世纪后期的忽必烈时代，为元朝带来了当时最先进的阿拉伯天文、地理、历法和数学知识。他主持了回历的制订和《大元一统志》的编修，还制作了一个木制地球仪，极大推进了传统天文学和地理学的发展 [51]。

虽然元人存世的地图作品极少，但我们可以从明代地图学的发展中清楚地看到元朝对传统舆图的极大推进。

比如，明代中国人首次画出了包含非洲和欧洲的大型世界地图，这无疑与蒙古帝国的地理扩张分不开。其中的代表是藏于中国第一历史档案馆的《大明混一图》（图 13）。

此图（或其底图）创制于洪武二十二年（1389）前后，它最重要的依据是元代李泽民的《声教广被图》（1330 年左右）。从《大明混一图》的东亚部分可以看出对《禹迹图》及《华夷图》的继承，但它西部和北部的区域却大大拓展了，印度次大陆、阿拉伯半岛、欧洲都清晰可辨 [52]。

最让人称奇的是图中左下方的非洲：虽然它被画成连接着亚欧大陆的半岛模样，但是它的南端是被海洋包围的角，不和任何大陆相接。要知道欧洲人第一次知道非洲存在一个南端，得等到 100 年后"发现"好望角。这样前沿的地理知识，也许只能来源于纵横印度洋、往来三大洲的阿拉伯或波斯商人，其原图应当参考了当时的伊斯兰世界的地图 [53]。

试想一下，当你站在这幅长 3.86 米、宽 4.75 米的巨幅地图前，望着这已知世界的全景，会感受到什么样的"天下"呢？

首先，《禹贡》告诉我们的"四海"已远远不是世界的尽头了。虽然日本再往东，似乎没有探索更多，但西域以西，则完全是另一番极为广阔的天地。

可同样重要的是，这张图的核心世界观，并没有超脱"禹迹—华夷"的框架。图中中原部分最为清晰详尽，其次是朝鲜、西域及印度；虽然

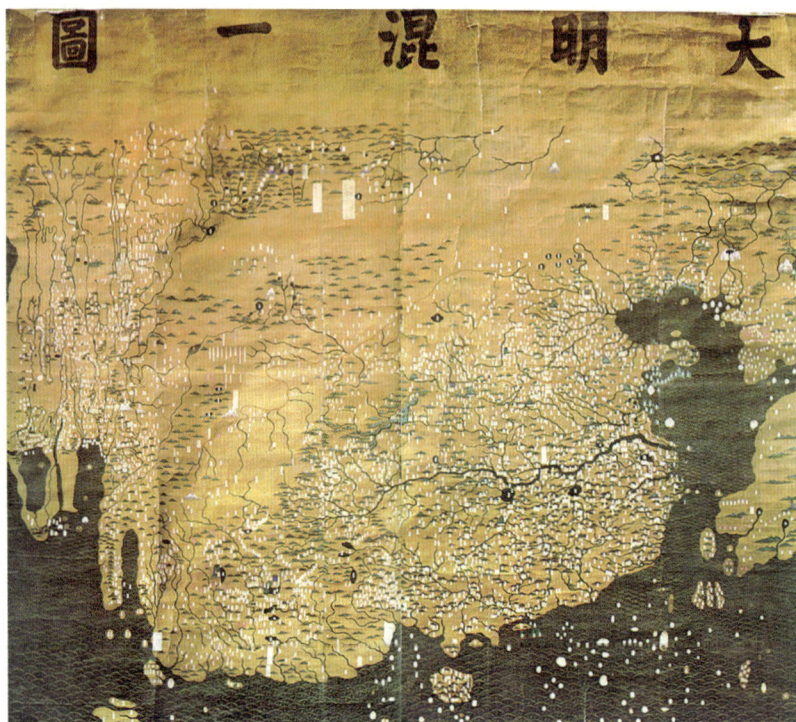

图 13:《大明混一图》，现藏于中国第一历史档案馆。

欧洲和非洲在那里，但被压缩得很小。制图者似乎无意忠实再现它们的大小或者距离，而像是采用了透视法，站在中原向西远眺。如果这也是李泽民《声教广被图》的画法，那么这"广被"的"声教"，显然是有层次的：如同五服制度那样，是从中心到边缘，渐行渐弱的辐射。

所以，这张地图不仅向读者昭示着已知世界，而且透过政治关注力的差序，"混一"了这个已知世界。

元代地理、地图学的另一个特色是海图的兴起。宋元以来，随着海上商贸的繁荣，文献中"东洋""西洋""南洋"等海洋空间的划分日渐清晰，还出现了大量的沿海图、海防图[54]。海图（sea chart）开始成为

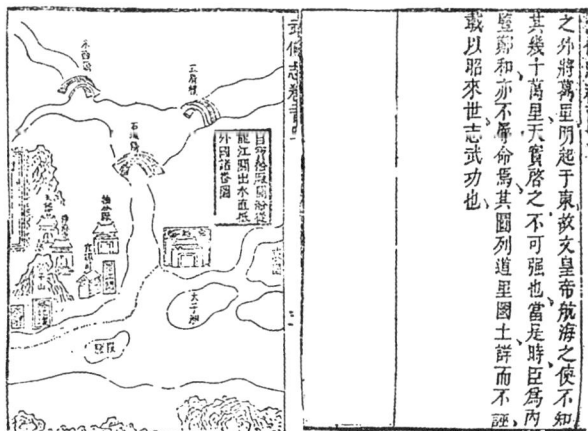

图 14:《武备志》中载郑和航海图之一。

中国传统制图学的重要门类，海洋空间越来越吸引中国人的注意力了。

明末茅元仪编纂的《武备志》中，就收录了一组航海图（图 14），应为郑和航海时所用的针路图（即航线图）。明初郑和七下西洋，当然与元代以来海上贸易的发达直接相关。"郑和航海图"不但详载了中国东海、南海的航线，而且记录了南亚、西亚以及东非等印度洋沿岸重要的地方。它说明古代印度洋—东南亚—东亚世界海上交通的发达以及古代中国人对这片海域的探索[55]。

元人对中原传统制图学也有很大贡献，其中声誉最著者是朱思本。朱思本（1273—？）是元代著名文人和道士，曾服务于朝廷。道教在元朝备受尊崇，皇帝常派道士们代祀岳镇海渎，朱思本也就借此游历了不少地方。后来他把自己的实地考察与计里画方的测绘技术相结合，制作了全国地图《舆地图》。《舆地图》承续了《禹迹图》的传统，成为元明时期最权威的表现中原地区的地理、地图学作品[56]。

今天我们已经看不到《舆地图》原貌了，但明代学者罗洪先（1504—1564）出版了一部名为《广舆图》的著作（图 15）。由于罗

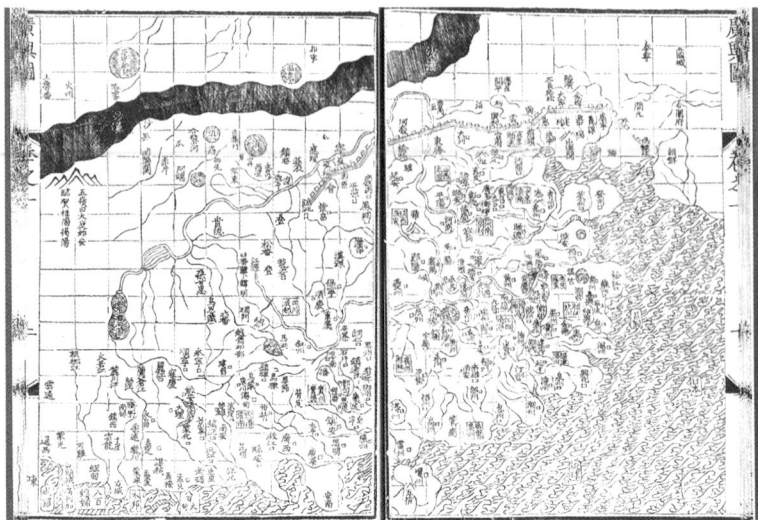

图 15：罗洪先《广舆图·总图》，明万历七年（1579）海虞钱岱刊本。

明确表示《广舆图》是根据《舆地图》增纂而成，所以后世学者一般认定两者一脉相承[57]。在《广舆图》序言中，罗洪先说朱思本的原图"长广七尺，不便卷舒"，所以他根据画方之法"编简"[58]。借江南书籍业的昌盛，《广舆图》在明清两代大为流行，很多地理、地图书籍，都是在它基础上的翻刻或更新。

《广舆图》不仅成为中国传统制图学的高峰，而且也被来华耶稣会士注意到，直接或间接地成为欧洲人绘制中国地图的底本。17世纪中期，比利时耶稣会士柏应理（Philippe Couplet，1623—1693）试图翻译出版《广舆图》，可惜欧洲出版商没有答应[59]。因为就在不久前，另一位耶稣会士卫匡国（Martino Martini，1614—1661）刚刚出版了《中国新地图集》（*Novus Atlas Sinensis*），该图集参考过摹刻自《广舆图》的《广舆记》地图[60]，并且成为18世纪中期以前欧洲最权威的中国地理图像。

传统中国的制图学，有时被简化为一条线索，即自《禹贡》出发，经由裴秀、贾耽，直至朱思本、罗洪先。其间更在蒙元时代受到阿拉伯地理学冲击，出现了《大明混一图》这样的恢宏作品，而天圆地方、华夷内外的世界观，始终主导着中国人的宏观空间感知，直到晚明清初欧洲传教士的登场。

但是这条线索有一个问题，就是它过于强调汉地社会的儒家传统。我们不应该忽略自汉末以来佛教已越来越深入人心。佛教世界观与《禹贡》截然不同，它所构想的空间组成方式，虽未在中原地区成为主流，却深刻影响了藏地、蒙古和西南地区，并传播到日本。因此谈论古代中国的世界想象，不能缺失佛教这一环。

佛教有自己的"世界地图"吗？是的。只不过它最初关心的不是现实的地理，而是超脱的宇宙。后来这种宇宙观才和现实地理有了某种结合。反映佛教宇宙观的"地图"是曼荼罗（mandala），也叫坛城。

曼荼罗图案通行于南亚诸宗教（印度教、佛教、耆那教），更是佛教密宗的重要符号。我们通常所见的佛教曼荼罗图像是平面的，由外圆内方的几重标准几何图形构成基本结构。但其实曼荼罗表达的是一个立体的世界。正像地图一样，它的作用是引导观看者去"游览"、想象这个世界。

佛教宇宙观认为，宇宙中包含千千万万个世界，每个世界的中心，都是一座巨大的山体，称作须弥山（图 16）。须弥山周围是茫茫的大海。大海的四方，漂浮着四块大陆，即所谓"四大部洲"。人类就居住在南方的赡部洲（Jambudvīpa，亦写作瞻部洲）。须弥山托起帝释天和诸神居住的地方——这个空间在曼荼罗绘画中呈方形，就是中间的部分。

而曼荼罗图像呈现的，是从上到下俯瞰须弥山的场景[61]。外围的

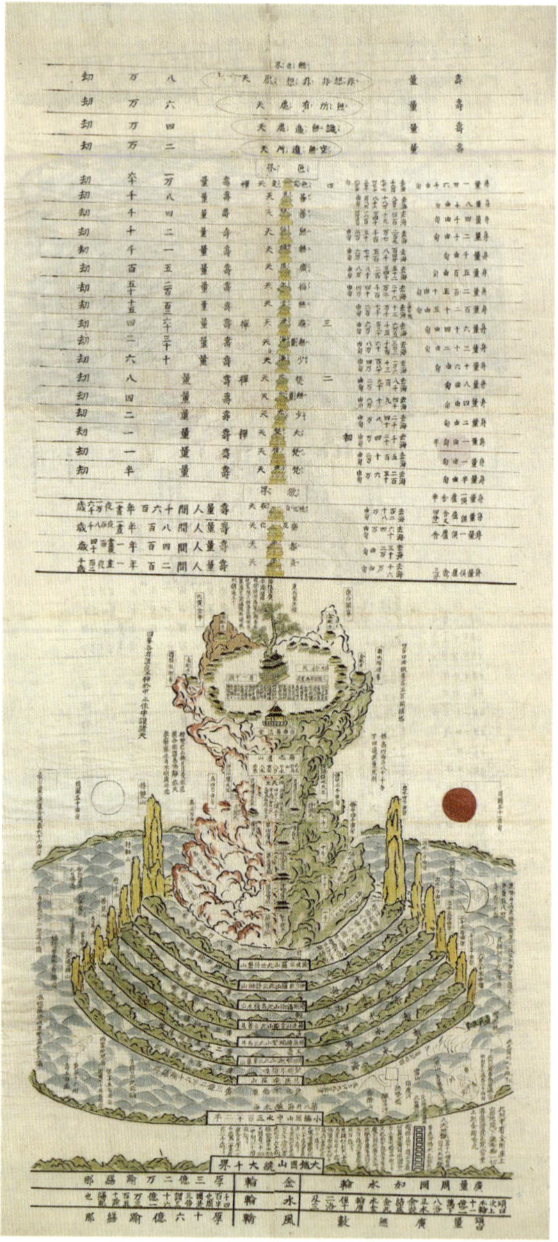

图 16：19 世纪日本绘制的佛教须弥山示意图。

图 17：17 世纪西藏绘制的
五神曼荼罗。

几重同心圆，分别是火焰、金刚杵和莲花，它们包裹住整个世界。我
们把这个球形世界横切开，就看到须弥山上诸佛居住的宫殿楼阁（即
方形的部分）。诸佛的居所，面对观者打开，由一位主尊带领居中，周
围是其眷属。不同主题的曼荼罗供奉不同的主尊，其对应的眷属也都
各居其位。（图 17）

　　密教曼荼罗的作用，就是帮助修持人通过观看和冥想，构筑起整
个宇宙空间以及诸佛在其中的位置。并且从主尊开始，由近及远构想
出与其相关的其他神佛。说白了，相当于辅助修行的"思维导图"。

　　曼荼罗—坛城虽然是宗教宇宙观的产物，但信奉者也会把这种理
想施之于物理空间，比如建筑、城市布局，甚至国家疆域。法国印度
学家弗斯曼（Gérard Fussman）就指出，古代南亚的一些国王，会在国
内（或者至少是首都）兴建寺庙高塔，形成曼荼罗结构，以此将他们

的权力空间类比于佛教或印度教中的宇宙[62]。自藏传佛教与元朝皇帝建立"施主—福田"关系后，藏传佛教领袖也以佛教宇宙观来构想藏地、中原和蒙古之间的地理—政治关系。比如拉萨就被认为是观音菩萨（化现为藏地统治者）的曼荼罗道场，而五台山则是文殊菩萨（化现为汉地统治者）的曼荼罗道场。

在这个意义上，佛教的空间观就对世俗政治产生影响了。

佛教思想也会影响到人们对现实地理的想象。比如上文提到，在佛教想象的四大部洲中，人类居住在南赡部洲。玄奘在《大唐西域记》中，就曾以这个概念附会现实，说赡部洲四方有"四主"："南象主则暑湿宜象，西宝主乃临海盈宝，北马主寒劲宜马，东人主和畅多人。……三主之俗，东方为上。……象主之国，其理优矣。"[63] 实际是在暗示南方的印度、北方的游牧帝国、西方的波斯和东方的大唐[64]。

明末理学家章潢（1527—1608）编有一部《图书编》，其中有一幅地图，也把南赡部洲概念与现实地理混杂在一起。有趣的是，还起了一个很儒家化的名字，叫《四海华夷总图》。（图18）

这张地图的注解说，"此释典（即佛教经典）所载四大海中南赡部洲之图"。图上是一块大海包围的大陆以及周边一些岛屿。大陆和岛屿基本呈左右对称的形状。中原、朝鲜、日本以及大小琉球等居右，围绕着东海，中国部分还画有长城、标注一些省份，位置轮廓基本和现实对应。中部是瀚海（沙漠）、葱岭以及五天竺（古印度）等，也符合现实。左侧则填上西域、中亚地名。在和朝鲜相对称的位置，是"弗懔"，这是唐人对拜占庭帝国的称呼。

如果说这些地名还能找到现实对应，那周边一些海岛国家就奇怪了：长臂国、长脚国、君子国、小人国、无肾国、穿心国、西女国……

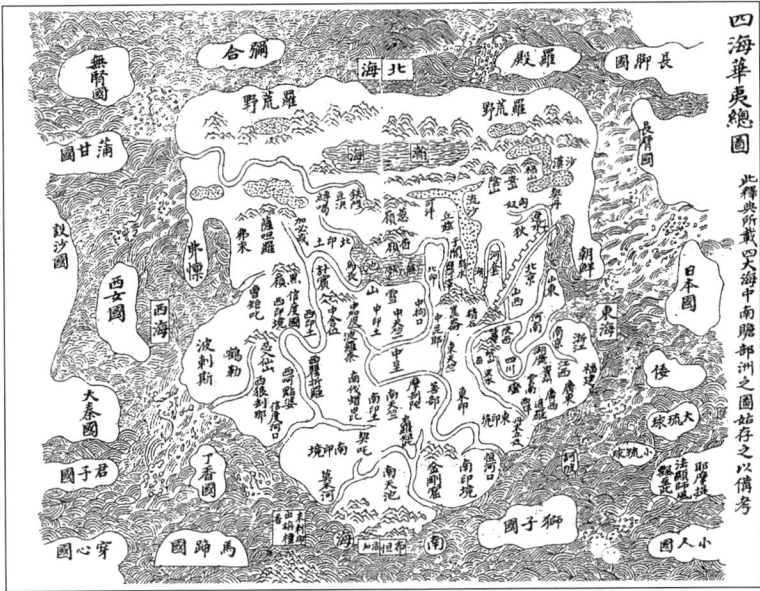

图18:《四海华夷总图》，载于明末章潢《图书编》。

明显又混合了《山海经》《淮南子》里的志怪传说。

有没有又想起顾颉刚所说的"由真化幻，似真实假"？此类混杂了佛教空间和现实地理的地图在宋代开始出现，经朝鲜传入日本后，发展出一个很流行的"五天竺图"风格，这在后面会提到。佛教世界观的影响一直持续到清末。"开眼看世界"的魏源撰写《海国图志》，仍然以"四大部洲"概念附会利玛窦传来的地球五大洲观念，足见现实与想象之间复杂的关系[65]。

所以中国的地图传统，真不是一两句话可以简单概括的。即使我们不讨论海防图、河工图、山川图、驿道图、道家山川图等众多绘画图式，光是宏观世界地图，就杂糅了许多不同的理念和想象。

2. 《疆理图》到"天下图"：惊艳的朝鲜制图传统

谈起朝鲜传统舆图，总想起"惊艳"一词。就像武侠小说里，不知道从哪儿突然冒出个武功高手，一个起手，便技惊四座。

1402 年，朝鲜官方制成《混一疆理历代国都之图》（以下简称《疆理图》，图19）。今天看来，它的确是东亚传统世界地图的一座高峰，研究论述无数。关键在于，人们对此前朝鲜半岛制图的样貌，完全无从了解。所以，《疆理图》也就成了朝鲜在世界制图学舞台上的亮相之作。

此图在后来有过复制与更新。我们今天能见到的，不是1402年的原本，而是若干复制本，它们均藏于日本。其中最著名的"龙谷本"，由侵略朝鲜的丰臣秀吉（1537—1598）军队带回，先归于本愿寺，后放在西本愿寺创办的龙谷大学。从其中的朝鲜地名看，此本反映了1470年左右的情况，是最接近原本的摹本[66]。

与这幅成熟的作品相比，同时代其他地图无不黯然失色。虽然一眼看去，它和前述《大明混一图》很像[67]，但仅从对亚洲大陆的表现来看，《疆理图》在以下几方面就更胜一筹：

首先，《疆理图》明确画出了辽东半岛；其次，朝鲜半岛和日本列岛有了更完整的形状（尽管两者面积的对比比较夸张）；再次，在中国北方画上了长城。这些都是《大明混一图》所没有的。此外，《大明混一图》中印度附近的一个柱状半岛不见了，这样印度、阿拉伯半岛和非洲的相对位置更加明确，印度洋海岸线的情况更趋近现实。

《疆理图》下方有一段朝鲜大臣、学者权近（1352—1409）所写的跋文，里面透露出许多重要的信息。《疆理图》参考了元明之际两幅地图：李泽民的《声教广被图》和天台僧侣清濬（1328—1392）的《混

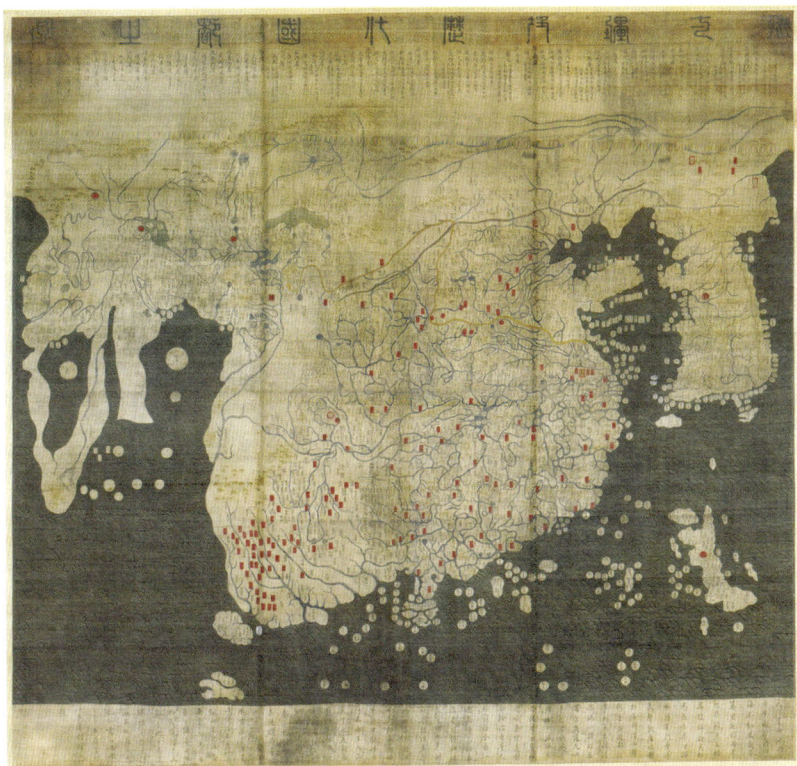

图19:《混一疆理历代国都之图》，龙谷本。

一疆理图》。其中《声教广被图》也是《大明混一图》的重要来源，而两图中西亚、欧洲、非洲的图形，可能都来自元代穆斯林的地理资料[68]。也就是说，蒙古帝国经由伊斯兰世界获得的地理知识，不仅被明朝继承，而且也传到了朝鲜。

关于作者，跋文说："建文四年夏，左政丞上洛金公，右政丞丹阳李公燮理之暇，参究是图，命检校李荟更加详校，合为一图。"金公是金士衡，出身安东金氏，是高丽末期到朝鲜初期的名臣；李公是李茂，也是著名政治人物。这两位权臣考察了李泽民和清濬的图，然后命李

49

荟详细校对，把两图合成为一图。虽然权近没有突出自己的作用，但他应该也是此图重要的编纂者之一。

跋文还说"其辽水以东及本国疆域，泽民之图亦多阙略。今特增广本国地图，而附以日本，勒成新图"，说明辽东、朝鲜和日本部分是李泽民地图不曾描述的。虽然权近没有提到日本地图的来源，但根据学者加里·莱亚德（Gari Ledyard）判断，很可能来自多次出使日本的朴敦之（惇之）。特别是，他在1401年，也就是《疆理图》制成的前一年，刚刚从一位日本官员那里获得日本国地图。至于朝鲜本国图的来源，应该就是制图者李荟 [69]。

因此，这张地图综合了来自中原、蒙古帝国、日本以及朝鲜本国的地理资料，是一个跨地域文化交融的产物。

而这张地图的制作时间，就更值得玩味了。"建文四年夏"，即1402年的夏天，发生了什么呢？朝鲜的上国明朝此时正经历着一场大动荡。历经三年的战火，燕王朱棣的军队在这一年7月13日攻下南京，朱棣称帝，改元永乐。而在内战中失败的建文帝朱允炆，则消失得无影无踪。

说起来建文帝是对朝鲜非常友善的一位皇帝。明朝建立后，太祖朱元璋虽然同意高丽改国号为"朝鲜"，却始终不喜欢推翻高丽王朝的将军李成桂（1335—1408），拒绝封他为国王，只给他"朝鲜国权知国事"的身份。朱允炆在1401年，即《疆理图》制成前一年，终于赐给李成桂五子、朝鲜第三任国王李芳远金印诰命，在制度礼仪上完成了明朝对李氏朝鲜的政治承认 [70]。

在朝鲜方面，李成桂虽然确立了以朱子理学立国的立场，自己却经历了两次残酷的继承权斗争，即所谓第一次和第二次"王子之乱" [71]。

他的五子李芳远剪除了异己，终于在 1400 年末登上王位。禅位的太上王李成桂则辗转出走咸兴，后被幽禁于卟城和汉城。

李芳远（庙号太宗）对内巩固了权力，在外又获得明朝的承认，朝鲜官方意识形态由佛转儒，国家开始走向强盛。更妙的是，他本来就与燕王朱棣交好，所以"靖难之役"后，他立刻上表祝贺，很快又得到永乐皇帝的册封。金士衡、李茂等都是李芳远夺权斗争中的功臣，几年前还一起指挥过征讨日本对马岛的战争，内政外交方面皆是重要人物。《疆理图》所依据的两幅中国地图，很可能就是金士衡于 1399 年出使明朝时带回的。

所以，明白 1402 年前后朝鲜集天时地利人和，在东亚世界事大交邻，纵横捭阖，也就更能理解为何此图气度非凡了[72]。

那么这幅地图表达了当时朝鲜精英怎样的世界想象呢？仍然可从权近的跋文中找到线索。它的开头一句是：

天下至广也，内自中邦，外薄四海，不知其几千万里也。

中邦，指的自然是中国。崇奉理学的朝鲜，始终把中原王朝视为"天下"的核心，并以"中邦"与"四海"区分内外。而"不知其几千万里也"的距离感，显然也是一种"天圆地方"宇宙观的表述。图上把中国置于最中心的位置，朝鲜偏居右侧，体现了典型的"禹迹—华夷"世界观。

但与此同时，《疆理图》明显夸大了朝鲜的体量，特别是与日本相比。这体现了朝鲜对自身在世界文明体系中的定位，即朝鲜虽然视明朝为上国，但在这个以明朝为中心的世界体系内，朝鲜的地位仅次于大明，远高于其他。

《疆理图》既是对当代世界的想象，也是一幅历史地图。题目中的"历代"两个字，就明确表达出其参知历史的功能。跋文又说"夫观图籍而知地域之迩遐，亦为治之一助也"，可见读图习史、观图知地，最终是为了政治治理。而对1402年的朝鲜人而言，治理国家不仅要知道本国，还要知道整个世界。"辽水以东"及"日本"这两个邻近地区，则更有其重要性，故而"今特增广"。在宏阔的世界格局中，也有缜密的地缘安全考虑。

说了半天《疆理图》的惊艳，也要强调它并非朝鲜唯一的世界想象。和中国一样，古代朝鲜的地图传统也是多样的。比如，另一种让全世界学者特别着迷的类型，是流行于17—19世纪的"天下图"。

首先要指出，"天下图"在形制、制作、功能、用途等方面，在东亚传统地图中独树一帜。它一般是作为一套地图集的首页而出现的，名称不是很固定，有《天下总图》《天下诸国图》《普天之下地图》等不同叫法。但无论怎样，"天下图"不是孤零零的一张。在它之后，一般会紧跟一幅中国地图、一幅朝鲜总图，然后是朝鲜八道（即八个省）的分图——从最重要的、汉城所在的京畿道，到最偏远的、东北的咸镜道或西北的平安道。有的图册在最后，会以日本图、琉球图等周边地区图来结尾。可以认为，整套地图集构成一个系列，按照制作者认为的重要层级，由高到低地排列。

其次，我们要知道，这类地图书籍开本都不大。每张地图或者是木刻印刷，或者是手工绘制。打开来，要比书的开本大一圈，收起时上下左右四边各折向内，很是精巧。以我在美国地理学会图书馆看到的这本《天下地图书》来说，它的大小跟我的手掌差不多（图20）。

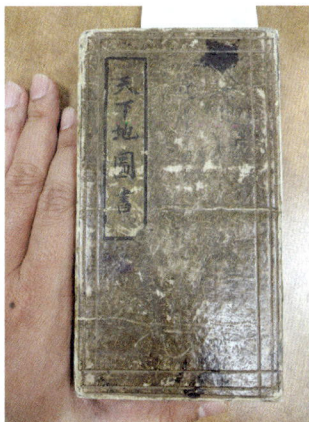

图 20：朝鲜《天下地图书》实物。 图 21：《天下总图》，载《天下地图书》，藏于美国地理学会图书馆，作者拍摄。

把地图集做得那么精巧，显然是方便随身携带。这就像现代人熟悉的"口袋本"书籍，可以在走路、旅行途中随时观看、把玩。在整个东亚的地图书籍中，这个特色可谓不多见。而以这类图书存世之多，可知它曾被大量印制、出售，很受市场欢迎。朝鲜王朝时代，地图集能够如此商业化，也说明朝鲜人对地理图像的喜爱，和对内外世界的关注。

再次，我们还要记住一点：既然是商业化的地图，其作用一定不是给读者提供一个绝对"准确"的地理描述，而是需要在很大程度上迎合读者已有的地理空间想象。如果它为了追求"科学""精确"，而太偏离读者口味，一定曲高和寡，行之不远。这一点在欧洲的地图市场上也是一样的。收录了"天下图"系列的图集，在流行的近两个世纪内，之所以编排样貌变化不大，跟这种市场定律有很大关系。

了解了以上几点，我们才可以来看看这套地图集中的《天下总图》（图 21）。

53

把这幅木刻地图打开，它所展现的世界有三圈：中心是一块大陆，中国以及朝鲜、西域诸国等都在上面。围绕这块大陆的是海洋，上面是几十个岛国。既有日本、琉球等现实存在的，也有大量虚构的比如"长臂国""羽民国""无肠国"等等。再外一圈，更是一组不见于真实世界的地名。在北、东、西三个方向，各描绘仙山神树一棵。

为什么这个世界呈圆形，外面还套了一个八角形？

日本地图学家中村拓曾详细查考其中的地名，结论是其中一些真实地名来自中国史籍、道家书籍或常识，而虚构的国度大部分来自《山海经》。其中内陆地名多来自"山经"，海上一圈主要来自"海内经"，最外圈陆地几乎全部来自"大荒经"[73]。圆形轮廓的边缘，还有一圈小字，写着"天地之间相距四亿一千里""日月广三千里，大星广百里，中星广八十里，小星广四十里""东西南北四方各八万四千国，其中大国记，此地外无边大海，外无地""东西南北相距二亿三万五十里"。所以它囊括了大地和天空，展现了一种整体的宇宙想象。

由此而知，地图整体的圆形构造，跟佛教曼荼罗、欧洲地圆说关系都不大，而是仍然恪守中国传统的"天圆地方"概念。而外层的八角形，恐怕和道家的"四象八卦"的方位观相关[74]。

但因为缺乏更充分的依据，我们又不能断言说这幅地图体现了《山海经》的地理观。只能说地图作者选择了《山海经》瑰丽奇异的描述作为想象海外世界的材料。这种选择也许没有太多的微言大义，或许只是吸引读者的一种策略。因为它后面所有的图又都是写实的，很少见到虚构的内容[75]。

不少研究者试图从图版的制作时间上找到一些线索，来复原其世界想象。只是所有这类图集都没有标注制作年代。唯一的例外是韩国

图22:《中国图》，载《天下地图书》，藏于美国地理学会图书馆，作者拍摄。

地图学家李灿收藏的一幅《天下总图》[76]，其图版与美版完全一样，但左侧多刻一行字"康熙二十三年甲子谨制"，也就是 1684 年。这倒是和我对美版时间的猜测出奇一致[77]。

自古以来，中国是朝鲜最重要的文化参照。因此朝鲜人的世界观，特别体现在对中国的描绘上。《天下地图书》中的"中国"图，透露了更多这方面的信息（图22）。

首先，在辽东半岛部分，清楚地标注了"沈阳"。沈阳的地位在明代并不突出，只有到努尔哈赤和皇太极建都于此，它才成为关外第一大都市，又作为陪都，地位变得极其重要。对于朝鲜士人而言，沈阳曾经是 1636 年"丙子胡乱"（皇太极第二次入侵）后两位王子被质之地，因而深深印在了历史记忆之中。但绝大多数朝鲜文献从来不以皇太极所改"盛京"之名来称呼它,仍然坚持用"沈阳"。因此可以判断,地图制作的时代就在清朝。不过整幅《中国图》上没有一个字提到清朝。图右侧的文字讲述自黄帝以降的天下分野,至"大明分天下为十三省"结束,实际暗示着朝鲜对清朝的拒不承认。朝鲜人的这种矛盾心态,一直延续到清朝的中后期[78]。

最体现中国轮廓的海岸线,绘制得相对粗糙,但沿海画了三个岛屿,其中"琼州"指海南岛,是明代人认知范围内最大的岛屿,常见于地图。另两个就奇怪了,一个是广州外的"崖山",另一个是登莱外的"田横岛"。两地在地理上的重要性怎么能和海南岛相提并论呢?只能有一个解释:这是在刻意提示元灭南宋的崖山海战和汉初田横五百义士的事迹。两者都是朝代更迭时的悲壮时刻,作者或许是在借地图讽喻明清鼎革的时事。

图上除了标注明代两京十三省的位置外,还注上了禹贡九州,再次凸显了儒家地理观。最清晰的地标,是长城、黄河和长江。图上的地名,往往是经典著作中出现过的名胜,比如在湖广省,有"黄鹤楼""岳阳楼";在江西省,有"滕王阁";南京有"金陵""凤凰台";洞庭湖旁有"武陵""桃源"……不难猜测,这幅地图的目标消费群体是那些熟悉中原文史典籍的朝鲜读书人。而制作、观看这幅地图,实是致敬并温习了这些经典。

再次说明,很多时候,地图的作用不是提供地理知识,而是提供一个视觉平台,帮助观看者进行文化想象和身份构建。

回过头来再看首页的"天下图",试想为什么作者会把《山海经》的玄幻世界与儒家文史典籍中的地理信息糅合在一起?或许答案就在这类图集的消费方式上。和《疆理图》不同,它不是一份辅助国家治理的地图，而是帮助普通读书人确立文化身份的地图。从这个角度看，引用《山海经》也好，《禹贡》也罢，其实并不凸显地理观的冲突，而是在强化文化身份的一致性：在这个天下易色的时代，朝鲜人坚持着文明世界的正统。

从《疆理图》的出现到"天下图"的流行，朝鲜王朝时代的地图实践丰富多彩，留下了大量精彩的作品。只不过绝大多数是朝鲜本国图或者是局部图，其中包括了地志总集《东国舆地胜览》的简约抽象图式，也包括从郑陟（1390—1475）到郑尚骥（1678—1752）的写实画像，无数制图师对朝鲜轮廓不断改进。

即使欧洲测绘技术通过中国传到半岛后，朝鲜传统的地图学在吸收外来营养的同时，也依然展现出强大的生命力，19世纪更出现了像金正浩《大东舆地图》那样伟大的作品。这些地图虽不体现整体世界想象，但表达了他们对国家认知的转化，故留到后面再谈。

3. "行基图"到"五天竺图"：杂糅的日本制图传统

日本的地图传统和朝鲜很不同。最根本的一点是：日本人在构想世界时，中国并不是唯一重要的参照。因此，日本的古地图要么表现的是本国形状，要么就是整个已知世界，这个已知世界由日本、中国和印度组成。中国虽然在那里，但她并非借以构筑日本在世界中身份的桥梁。

所以，日本地图传统中，就很少见到《禹贡》的痕迹。但这并不是说，中国对日本的文化输出，对日本地图学没有影响。

就像在中国地图发展中没留下太多印记的《山海经》，却在朝鲜"天下图"中生根发芽一样，由中土而来的佛教，在东瀛的世界图景中发挥了举足轻重的作用。后来，利玛窦等欧洲传教士制作的全球地图也在江户时代的日本广为流行。此外，日本人又以摹写、改造的方式，接纳了中国、朝鲜的地图学传统，比如前面提到的朝鲜《疆理图》，就只在日本得以保存。

因此，尽管日本自身的制图传统看上去较为简单：它的佛教元素在东亚三地中是最为明显的，但与此同时，日本的制图实践又同样很多元，充分吸收和杂糅了其他文化要素。

日本最早可见的地图是8世纪的农田图，或者佛寺的四至范围图。虽然涵盖的空间不大，但值得注意的是，这些图上已有网状方格。地图史家海野一隆据此认为，"中国大陆的方格图法当时已经传到了日本"[79]。如果真是这样，那么也许说明画方背后的大地平面观念也是日本人所接受的。

而最具日本自身特色的地图，是统称为"行基图"的全国图[80]。

行基图之名，得自于奈良时代的高僧行基（668—749）。行基广传佛教，架桥挖渠，救济民众，并负责建造了著名的东大寺，被称作"行基菩萨"。但关于他制作地图一事，并没有史料记载。也许就像中国地理作品都要托名大禹一样，日本最早的地图制作者也要托名这位高僧。

现存最早的行基图，是保存在京都仁和寺、作于1305年的《日本图》残卷（图23）。这幅地图用线描方式勾勒出日本各地区的形状，合成全国模样。在状若鱼鳞的全图上，往往用另外颜色或形式的线条画出从山城（平安时代的京城）出发到各地的交通路线，这些都是行基图最

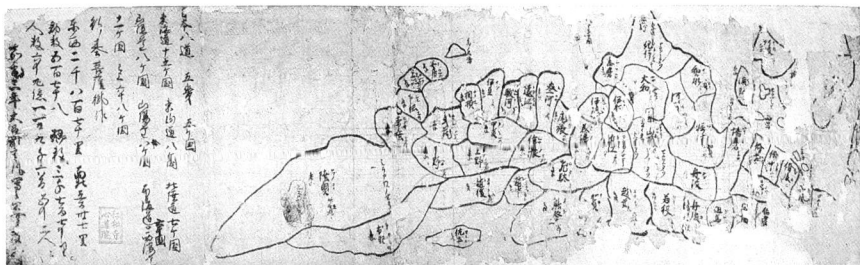

图 23：1305 年《日本图》，藏于京都仁和寺。来源：中村拓编著:《日本古地图大成》。

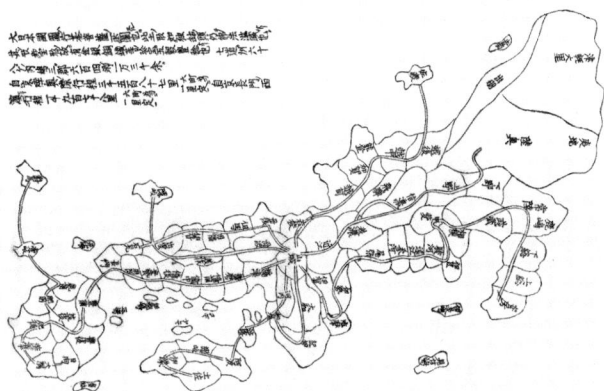

图 24：《大日本国图》，载《拾芥抄》。

典型的风格。所不同的是，这幅图以南为上，且九州部分缺失了。

虽然我们无法确知地图背后的宏观世界图景，但行基图之名，已经把地图和佛教紧紧联系在一起了。

在 16 世纪中期出版的百科类图书《拾芥抄》中，出现了最早的印刷版行基图（图 24）。这幅地图明显更成熟，图上的题款进一步把日本国土与佛教信仰捆绑："大日本国图，行基菩萨所图也。此土形如独钴，仍佛法滥盛也。其形如宝形，故有金银铜铁等珍宝，五谷丰稔也。"

"独钴"指的是佛教密宗法器金刚杵。将国土形状比作法器，昭示国家物产的丰富，这充分表达了当时日本依托于佛教的身份想象。而另外一些中世地图，在行基图的外围画上鲇鱼等神兽，题名"地震图"，意为祈求神灵保佑日本免受地震等天灾的侵害。这一方面说明神道思想也与地图相结合，另一方面说明这类地图的功能并非纯地理性质的，而是在祈祷仪式中发挥着很重要的功能。

行基图也通过日本早期对外交往，传至东亚和欧洲。朝鲜的《疆理图》、明末增刻本的《广舆图》以及欧洲最早出现单幅日本地图的1595年版《寰宇大观》中，日本的轮廓都来自行基图。

日本自认是佛教世界的一部分，那么佛教世界观自然也成为她最重要的世界想象的资源。体现在地图上，有多种将日本与南赡部洲结合的形式。其一就是所谓的"五天竺图"。

这是以印度为中心、日本为边缘的南赡部洲想象。"五天竺"虽然指印度，但此名并不通行于印度，只在东亚流行。古代南亚人将印度次大陆分成东、西、南、北、中五个区域，佛教徒以释迦牟尼出生地为中。佛教东传入中国，汉语文献根据这种分区，逐渐发展出"五天竺"的说法，到了玄奘的《大唐西域记》，将天竺改称印度，此后的文献更是"五天竺"和"五印度"并用[81]。

南宋天台宗僧人志磐（生卒年不详）写过一部佛教通史著作《佛祖统纪》，附有若干地理图。其中就有一幅《西土五印之图》，是以玄奘的《大唐西域记》所载地理信息为依据，绘制的涵盖中亚到南亚的地图[82]。早在志磐之前，高丽的官员尹誧（1063—1154）也曾根据《大唐西域记》制作成《五天竺国图》。说明"五天竺"在东亚佛教圈内曾是很通行的地理描述。

日本现存最早的《五天竺图》（1364年，藏于法隆寺，图25）很

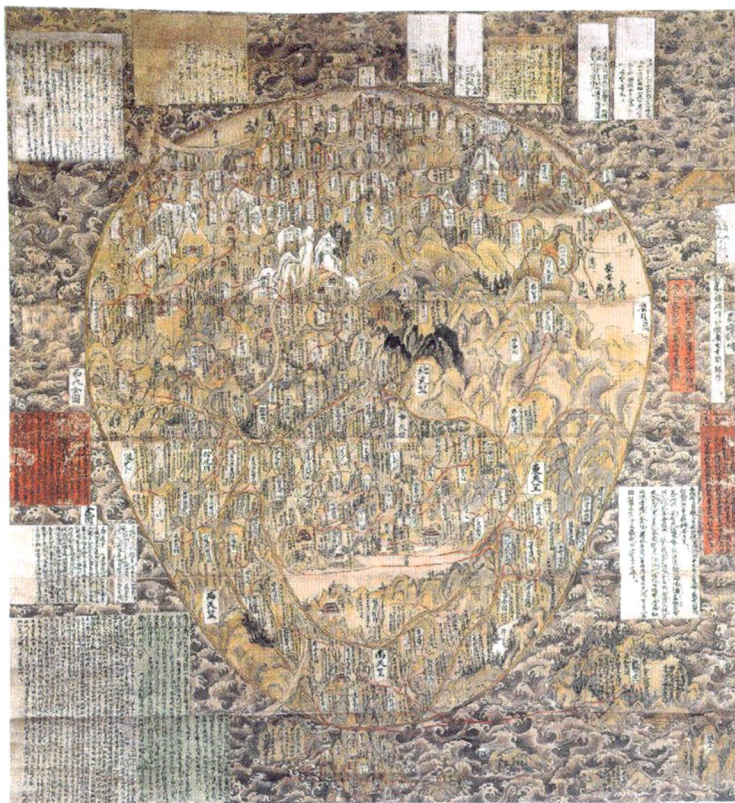

图 25:《五天竺图》, 藏于法隆寺。

可能受到尹誧地图的影响[83]。它表现的南赡部洲是个被海水包围的巨大陆地, 呈上宽下窄的圆形, 圆形内几乎被《大唐西域记》所描述的"五印度"占满, 只在右上方很小一块地方标记了"震旦国"(中国)。日本呢? 只是圆圈之外、东北角海上的"四国""九国"两个几乎看不到的小岛。(图 26)

这种把佛教宇宙观(南赡部洲)与现实地理(五天竺)结合的地图, 当然不是只存在于日本。但日本特殊的海岛环境和深入社会及政

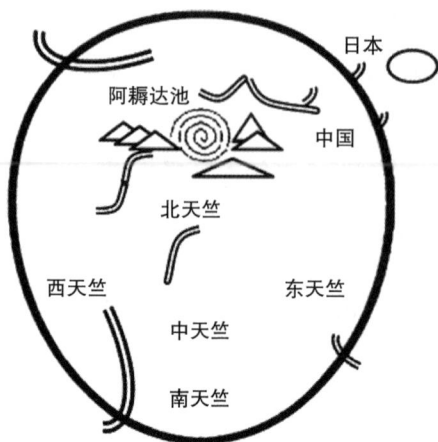

图 26：法隆寺《五天竺图》地理
位置示意。中间涡旋状者为"阿
耨达池"（无热恼池），佛典中南
赡部洲的中心。

治生活的佛教信仰，使这类地图得以持续发展、不断推陈出新。哪怕
自 16 世纪后，日本通过传教士接触到了欧洲地理信息，本土制图师
们仍然试图把南赡部洲的理想与现实主义的地理地图揉捏在一起。
典型的例子，比如 1710 年的《南赡部洲万国掌果之图》（图 27），它
的作者在本图中署名"浪华子"，就是创立京都华严寺的僧人凤潭
（1654—1738）。

　　和 14 世纪的那幅最初的《五天竺图》相比，这幅地图虽然仍然把
印度置于倒三角形的南赡部洲中心的位置，但很明显东亚部分得到极大
的伸展。首先，行基图风格的日本占据了右侧一处显眼的位置，其规模
远大于朝鲜半岛。中国也占了右侧一个很大的空间，海岸线很清楚，制
图者显然参考了当时中国的地图。北部的沙漠呈条状，连缀起中国历史
上各个游牧政权的名称。在左上方，还画了若干欧洲国家，比如英国和
荷兰——但形状是虚构的。图上还有南北美洲，但只是日本南方海面
上的几个小岛以及北方的空地。这种处理方式，源于明末清初一批中国
江南制图师对利玛窦地图的本土化变形（详见第六章）。此外，和所有

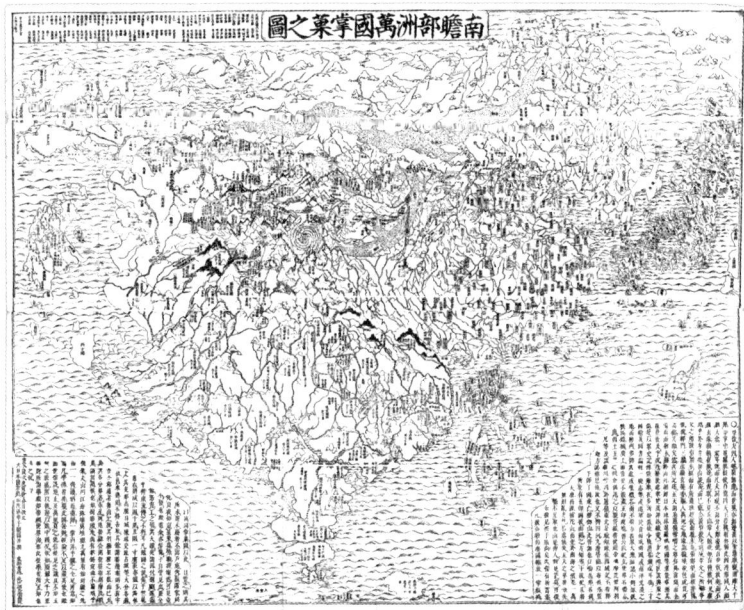

图 27:《南瞻部洲万国掌果之图》。来源：加拿大不列颠哥伦比亚大学图书馆网站。

亦真亦幻、真假互化的地理想象一样，图上还有不少地名，比如"毛人国""小人国""川心国"，是来自《山海经》或者《淮南子》。

也许可以这样理解：地图作者把当时日本人知道的所有地理信息，特别是古典作品中关于日、中、印三国的信息，也包括欧洲传来的西方地理信息，精心整合到一起，并把这些相互矛盾的地理信息全部放进了南瞻部洲的框架里去解释[84]。他的目的，与其说是要"准确"地描摹现实地理，不如说是要将不同系统中的地理知识，次第环绕在南瞻部洲概念周围。此处的欧洲、美洲也好，毛人国、小人国也罢，更像是某种示意符号，它们和地图主体的实际位置关系并不那么重要，重要的只是它们被摆在那里。无论是何种世界观，它们本应都是佛教世界观的一个部分。

这幅地图直到 19 世纪都很受市场欢迎，被不断印制、改编。和朝鲜的"天下图"一样，我们也许要更多从其商业和宗教目的，而非科学目的，去理解这类地图的安排。就好像是古代史书中，史实、神话和道德训诫，往往并不是截然对立的。排除神话和道德训诫的"科学"历史学，和排除宗教和传说的"科学"地图学一样，都是现代产物。

到了江户幕府末期，"五天竺"风格的世界地图依然常见，但其中印度的成分越来越少，有的甚至只是一种装点性质。

1835 年，日本市场上出现了一幅《清朝一统之图》，署名是"浪华青苔园志，长崎仙胤校"（图 28）。和朝鲜地图不同，传统日本地图中单独表现中国的作品并不那么多。《清朝一统之图》保留了五天竺图标志性的圆框。只不过这次在圆框内中国分省图占据了最庞大的中心位置。因为没有纳入长城以外的边疆地带（除了盛京），所以中国内地呈现长方形的形状。右侧是中国以外的东亚世界，日本、朝鲜、虾夷（北海道）、琉球几乎占据同样规模。左侧是"五印度"，但缩略成一个很窄的空间。东南亚、波斯及欧洲一些国家被很随意地画成了漂在南部海上的小岛屿。

虽然名为"清朝一统"，但它其实更像是一幅区域—世界地图，表现的是 19 世纪 30 年代——也就是被美国"开国"前二十年——传统日本地图学眼中的整个东亚地区以及这个地区在世界中的位置。当然，这个世界想象只是在日本流行的许多种世界想象中的一种。

另一种南赡部洲与日本的结合，则是在地图描摹上采取比较现实主义的风格，但在理念上把日本当作南赡部洲的某种核心，与印度并列。这体现在题名为《南赡部洲大日本国正统图》的系列地图上。较

图 28：1835 年《清朝一统之图》。虽名为清朝，但更像日本传统地图学眼中的东亚世界。来源：加拿大不列颠哥伦比亚大学图书馆网站。

早的一幅，藏于唐招提寺，大约作于 16 世纪中期。（图 29）

　　对比前述的"五天竺图"或"南赡部洲"图，这幅地图在标题上把"南赡部洲"与"日本"完全并列起来。图本身是典型的行基图风格，而且以西为上。图形四周以文字标注日本传统政区五畿七道。按照海野一隆的说法，"随着日本以本国诸神为诸佛、诸菩萨化身的所谓

'本地垂迹说'的升温，'大日本国'被解释成'大日如来本国'，刻意强调自己是与印度处于同一世界中的佛教国家并将之冠为国号"[85]。此说不一定确切，但凸显"正统"的确彰显了日本独立的身份认同。甚至在江户晚期，已经引入欧洲科学主义测绘方法的日本，也在新型的、偏现代的地图中，展现着这种顽强的民族身份想象。

比如图30这幅藏于横滨市立大学的同名地图：它结合了西洋地图的经纬度和方向罗盘以及行基图的道路和地区分野，却在题目上突出了"南瞻部洲"，还在右下方的说明文字中，介绍了日本的神祇和神社数量。可以说是好几种不同文化传统、地理观念和制图技术的交相混杂。

前面已经说过，在江户时代，传统地图与欧式地图同样流行。欧洲风格地图不但刊印在书籍中，而且装饰着家庭。且日本本土的科学测绘也取得了巨大的成就。所以对于当时的日本人来说，想象世界的方式可以是多重并行的，不一定非此即彼。

简言之，日本"世界地图"的演化史比较清晰：在耶稣会士到达之前，以佛教"五天竺图"表达世界想象。此后的江户时代（1603—1867），从欧洲传入的现代地图和科学制图术得到广泛接纳，但佛教世界观并未退场，仍然持续流行到19世纪。

这里有一个很有意思的现象：到现在都有很多人认为，日本17—19世纪的历史是"锁国"的，如同黑暗的欧洲中世纪。可是如果考察其地图的发展演变，便会发现这段时间的日本恰恰又是很"开国"的，各种观念并立。

即使是日本地图学大家海野一隆，也没法摆脱"锁国"理论的影响。他在为芝加哥大学出版社《地图学史》项目撰写的"日本地图学"

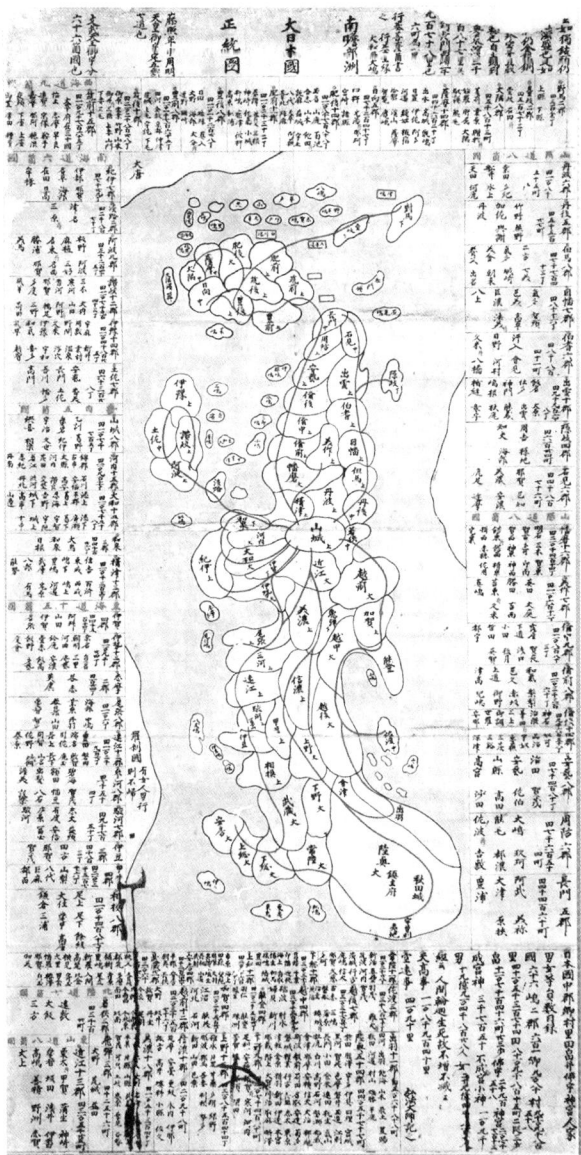

图 29：唐招提寺所藏 16 世纪《南赡部洲大日本国正统图》。

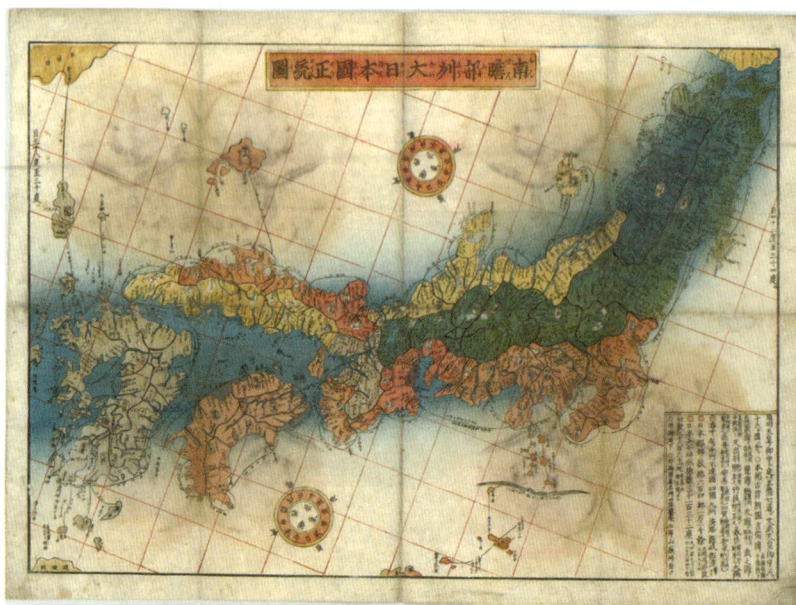

图 30:《南瞻部洲大日本国正统图》，江户晚期。来源：横滨市立大学收藏古地图网站。

一章中说，江户时代推动日本地图发展的是艺术家：那时候出现的大量欧洲风格的世界图，是"修辞性和装饰性"的，没有证据表明"日本地图学发生了欧洲式的科学革命"。但是，怎么区分地图的艺术性和科学性呢？而且海野很快又提到，17 世纪日本的地方地图已经采纳了科学的比例尺方法，此后欧洲的制图理念和工具变得日益重要[86]。这和日本"锁国"时代的"非科学"判断，不是自相矛盾了吗？

也许应该重新思考的，不是日本近代地图是否"科学"，而是日本的"锁国"究竟是什么意思：真的是自我隔绝、闭目塞听吗？我在其他地方提出，要把它放在具体的历史情境中去理解其背景[87]。一个如此热衷于再现欧洲人大航海以后世界图景的国度，却以"锁国"来简单否定，这不太能自圆其说。

4. 无法归类: 反思地图的"东亚传统"

大多数传统是时代的发明[88]。它针对不同的现实语境, 被不断创造、更新、变形。

本章所描述的东亚制图"传统", 指的是一个历史情境: 即欧洲现代制图学被引入东亚世界、传统制图法被深刻影响之前的情况。传统和现代不是截然二分的, 尤其不能用一个时间节点来分隔。比如, 以投影法和经纬度为特征的现代欧洲地图, 在明代后期就随利玛窦等传教士来到中国, 后来又通过中国传到朝鲜半岛和日本。但计里画方或绘画性的地图, 或者佛教南赡部洲地图, 仍然存在了好几个世纪, 其中有的地图还吸收了部分欧洲制图理念, 使传统和现代呈现出一种混杂共存的状态。

而且所谓传统, 也不是纯然本土的 (indigenous)。"本土"一词, 总暗含着和"外来"的对立。但其实不论是中国、朝鲜还是日本, 其地图实践各式各样, 非常多元。它们当然带有很深的本地文化印记, 比如《禹贡》或《山海经》中的思想, 但同时也深受外来地理观的影响, 如南亚印度教、佛教地理观, 或是由西亚而来的地理知识。因此所谓传统, 从一开始就不是指向某种固定不变的本土文化。传统也是不断吸纳、选择、淘汰的过程。

虽然本章举出"禹"和"佛陀"作为东亚传统世界想象的代表, 但我必须强调, 这只是一种权宜之计, 用以笼统地概括东亚地图大致的发展路径。如果我们认为传统的世界想象里仅有大禹所代表的王朝地理观和佛教为代表的宗教宇宙观, 那就错了, 而且这个假设隐含着以中国中原文化为中心的意味。

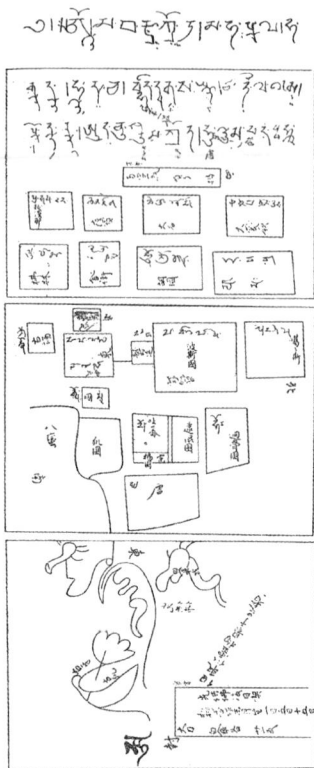

图 31:《吐汉对照西域地图》。

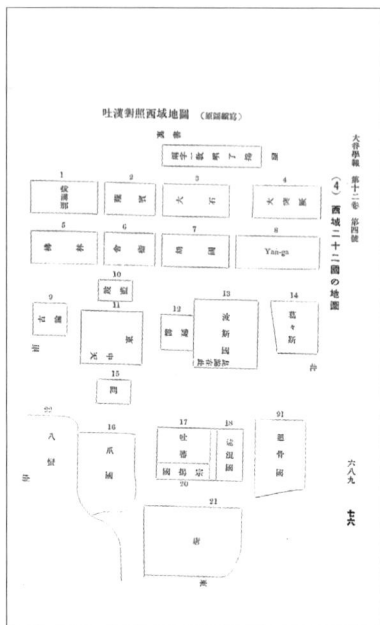

图 32: 寺本婉雅释读的 22 个国名。来源: 寺本婉雅:「我が国史と吐蕃との関係」.『大谷学报』12 (4)。

所以,在本章结束前,我们来看两个看上去不那么合传统的例子。

1931 年,日本的藏学家寺本婉雅(1872—1940)发表了一篇文章,叫《我国(日本)史与吐蕃之关系》,其中首次考证了一幅藏于日本园城寺(三井寺)的汉藏双语古地图。寺本给它起名《吐汉对照西域地图》,后来的研究者也叫它《汉藏世界地图》[89](图31)。

这幅图其实是更早的原图的摹写本[90],摹绘的时间大约在 1194 年,也就是说,只比《禹迹图》与《华夷图》的刊刻略晚一些。而原图则是由日本密宗高僧圆(円)珍(也称智证大师,814—891)从中国带回的。

圆珍的舅舅（或舅公），是日本佛教真言宗开山祖师空海（774—835）。和空海大师一样，圆珍也曾在唐代长安城里的青龙寺求学。而这幅地图的原主人，就是空海的老师、唐代密宗高僧惠果（746—805）。

至于惠果从何处得到的这幅地图，暂没有看到更详尽的记载。惠果的老师，是汉传密宗的祖师、出生于斯里兰卡的不空金刚（Amoghavajra，705—774），他是著名的佛经翻译者，曾往返于南亚与东土之间。根据寺本的解读，图上藏文地名是汉文发音的转写，所以他猜测，制作此图的目的是方便吐蕃人了解唐人的西域地理知识。

图中以简单的方框排列了 22 处地名，大多用汉藏双语标示。只有唐地周围的几处，如"瓜国""宗揭国""逮混国"和"八蛮"[91]，仅有汉字而无藏文。地图以汉字标注了东、西、南、北四个方向，上方则有藏文书写的归敬文。（图 32）

图中的地名，有清晰可辨的"唐""吐蕃""廻骨国"（回鹘），也可认出西域和南亚的很多地方，如今天的费尔干纳和克什米尔等地。其中还有"拂林"，即拜占庭东罗马帝国。只不过，越是西边的地方，相对位置就越不那么准确，似乎只是随意排列在那里。

这幅地图随大量的佛经和其他文物东渡扶桑，虽然在历史上被摹写过多次，但摹写者始终不得要领。原因是日本僧人不认识藏文，还以为图上的另一种文字是梵文。直到 20 世纪初，曾在拉萨系统学习过藏传佛教的寺本婉雅，才凭借着依样画葫芦的摹写本，大致破解图中的秘密。

寺本的文章两年后就被翻译成中文[92]，之后，另有两篇英文作品提到此图，分别是中村拓于 1947 年在权威地图学杂志 *Imago Mundi* 上发表的《朝鲜人所藏旧中国世界地图》和美国学者约瑟夫·施瓦茨伯格（Joseph E. Schwartzberg）为芝加哥大学《地图学史》项目撰写的西藏地图一章 [93]。不过总的来说，这幅地图在学界没有引发特别大的关注。

这是比较令人奇怪的现象，因为从各个方面说，《吐汉对照西域地图》都极有研究价值。

首先，它为我们提供了东亚最早的世界想象图景。我们现在看到的虽是 12 世纪的复制本，但图上记录的是公元 8 世纪的知识，这比我们通常以为的现存最早的区域地图《华夷图》或《禹迹图》要早几百年。而且图中所标注的地理范围涵盖了整个西域，甚至延伸到拜占庭。这也反映出唐代汉藏佛教徒所关注的世界是多么广大。

其次，这幅地图与佛教传播有极其重要的关系，但是图中反映的空间思想不是宗教化的。它很明显关注的是世俗的地理：尽管它对西域到拜占庭一带的地理表述比较潦草，各地方并未按照实际方位排列；但对东方各地方间的位置关系表达得相对写实。当然，绘图者的信息选择还有很多需要玩味之处，比如为什么把"瓜国"（敦煌）如此突出，放在了"吐蕃"的南方，而且把"八蛮"又画在"瓜国"的南方。显然，无论是佛教地理观，还是儒家地理观，都没法提供满意的解释。

最后，也是最重要的，这幅地图无法按照今天的"传统"归类。它兼有宗教目的和世俗性功能。它跨越中原和西藏两种文化系统，试图达成某种沟通，却没法简单归类于其中任何一种系统。特别是，虽然图上的世界并未包括日本，但最终流传至日本，并且由日本僧侣悉心保存、摹写，又由日本学者最先释读。可见，东亚地域知识总是不断流转，从来不是各自孤立的。

以上是第一个例子。

第二个例子也跟西藏有关，但涉及的年代更为久远，追溯到了佛教传入西藏前的象雄王朝时代。象雄王朝发源于冈底斯山，信奉苯教，在公元7世纪吐蕃王朝崛起之前，曾在整个西藏地区创造过一段古文明。

1965年，印度新德里再版了17世纪编纂的《藏文—象雄文词典》，其中收录了一幅以藏文翻译、复制的古代象雄世界地图（图33）。这幅地图以类似曼荼罗的装饰形式，排列了60多个地名。这引起了两位苏联学者历史地理学家谷弥洛夫（L. N. Gumilev）和藏学家库兹尼佐夫（B. I. Kuznetsov）的兴趣。他们仔细研读此图后发现，这不是一幅虚构的宗教地图，而是忠实记录了象雄先民对中亚、中东、北非乃至地中海世界的地理记忆。他们的结论是：根据这些古代地名，地图所反映的时代大约在公元前2世纪。芝加哥大学出版社的《地图学史》也引述了他们的研究[94]。

这幅地图以波斯为中心，虽记录了很多的西亚、中亚地方，却没有象雄王朝所在的西藏地名。因此，有学者怀疑，它有可能是从古代波斯传入西藏，然后经过多重"本土化"，最终融入象雄文化的。正如很多学者指出的，苯教的一个重要来源，就是波斯帝国的国教——祆教（拜火教），而在苯教徒心中，起源圣地既可以是古波斯，也可以是古象雄，二者可以合一[95]。中国学者才让太也提示祆教对苯教的巨大影响，他认为，此图反映的是苯教徒对圣地沃摩隆仁的追忆，"沃摩隆仁是藏族先民对中亚历史地理的整体记忆……是古代中亚各民族文化交流的结果在藏族苯教文化中的深层积淀"[96]。

无论采取何种解释，这张地图刷新了我们对西藏"传统"的一般理解，而且和前面的《吐汉对照西域地图》一样，难以按已知的地图模式归类。它采用了曼荼罗式的装饰图式，并不意图彰显地理位置的准确性。但其宗教性的视觉景观表现的是真实的世界，或者说是对那

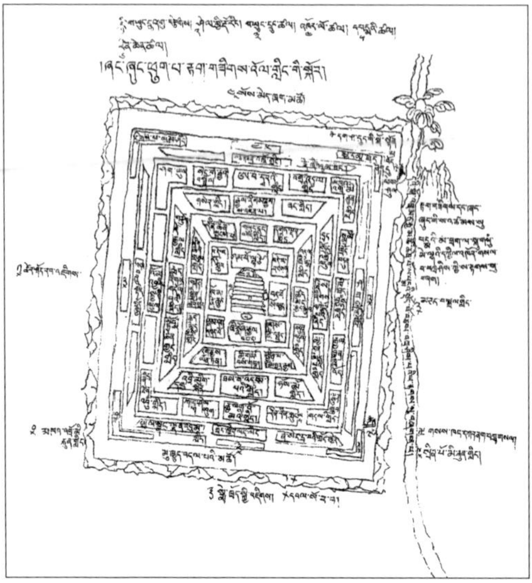

图 33:《藏译象雄世界地图》。

个遥远而古老世界的记忆。这里，宗教信仰和地理认知呈现出更为复杂微妙的关系。

它更说明，即使是看起来"与世隔绝"的雪域高原，其实也绝不是孤立、闭锁的。古代西藏人的地理认知，如同其文化一样，从东、西、南、北各个方向都吸取了大量营养，同时也向四面辐射。这个过程很早就开始，而且从来不曾间断。

如果古代西藏人的地理想象中都包含了远至西亚、地中海的内容，那么整个东亚世界的地理想象更不会是封闭的——哪怕其中每个文化单位都不约而同地以自身为中心。可以这么说：地理认知上的"自我中心"与对外交往上的"自我封闭"并不是一回事。

东亚世界地图的演变发展隐含着一个主题，即视野的不断向西拓展。毕竟日本以东只是无尽的大海，而西域以西却是不断延展的大地。出于同样的原因，在哥伦布横渡大西洋之前，欧洲的地图学也在不断向东眺望。

下面，我们就来看一看早期欧洲的情况。

三　《圣经》与数学：早期欧洲的亚洲想象

MAPPING

ASIA

1. 人间：伊甸园、蛮族和约翰长老的东方

这是一个宏阔的空间想象：圆形大地被一圈海洋包围，构成 O 形。大地以东方为上，中间一横一纵的 T 字形将其分成三部分。亚细亚占据上方一半，欧罗巴和阿非利加平分下方的另一半。欧非的分界——即 T 字的那一竖——是地中海；而 T 字上方的横，是顿河和尼罗河，分别隔开亚欧与亚非（图 34）。

这是所谓"T-O 图"，欧洲现存最早的世界地图 [97]，属于中世纪"mappa mundi"（世界地图）风格中极具代表性的一类。mappa，原意为布或图表，mundi，意为世界 [98]。这类"布上世界"一般都是圆形。之所以叫 T-O 图，是因为这两个字母既是拉丁文 Orbis Terrarum（可译为"寰宇"）一词的词首，也恰好体现了这类地图的视觉特征。T 又寓意基督教中的十字架，地图的中心点是耶路撒冷，耶稣被钉上十字架之地 [99]。

说起来，亚欧大陆两端的地理分野传统都跟大洪水神话相关：在中国是大禹治水，在犹太—基督教世界则是挪亚方舟。前者引导出九州与四海的王朝地理空间，后者引导出宗教世界观下的人居空间。

图 34：典型的 T-O 图，并且在亚非欧三洲上标注了闪、含和雅弗。采自 15 世纪出版的《词源》，著者是 6—7 世纪的西班牙神学家圣依西多禄（San Isidoro de Sevilla，560—636）。

《旧约·创世记》记述，大洪水退去后，上帝把土地分赐给挪亚的三个儿子：闪（Sham）、含（Ham）和雅弗（Japheth），他们分别占据亚细亚、利比亚（非洲）和欧罗巴部分。到了中世纪，神学阐释者开始把这三个人物分别对应成亚、非、欧诸民族的祖先。不过，亚非欧不是世界的全部，而只是人类居住的地方。在犹太—基督教的空间观念中，人的空间是和上帝相参照的。地理讨论是整体宗教宇宙论的一部分。

人居世界的概念非自《圣经》始，而是在古希腊时代就有了。ecumene 或者 oecumene 都来源于希腊词汇 οἰκουμένη，意思是"可以居住的"或者"有人居住的"。古希腊人最早构想出球形大地的概念——也有学者认为，其实应该是圆形大地。但无论如何，这构成了与中国传统"天圆地方"想象最大的不同。但要注意，这个球形大地，与我们今天熟知的地球还是不一样的。古希腊人当然不知道地球在不停自转，而且还绕着太阳公转。他们理解的球形大地，除了人类可以居住的亚细亚、欧罗巴、利比亚（非洲），还有寒冷的北方和炎热的南方，那是人迹不可至的蛮荒世界。

古希腊人所指的亚细亚，是个很笼统的东方地域，对美索不达米亚以东的认知很模糊。马其顿的亚历山大大帝在公元前326年至前324年东征到今日印度西北方，以印度河的"印度"一名泛指这个地域。这是当时人所知东方的极限。所以在后来的很长一段时间里，"印度"常常被当作亚洲的同义语[100]。在公元1世纪之前，欧洲人通过贸易，已经隐约了解更远的东方有个叫作"秦奈"（Sina）的地方，这个发音有可能是梵文或波斯文转译的"秦"；此外还有一个盛产丝绸的地方，他们管它叫作"赛利卡"（Serica）——只不过这个词更多指向丝绸之路所必经的中亚之地，还不是"中国"的概念。

古希腊"ecumene"（人居世界）的理念，在罗马帝国时代就演化为"Orbis Terrarum"（寰宇）概念了，指罗马人当时所知的全部世界[101]。而世界三分的想象，进而又被基督教和伊斯兰教的地理学者吸收。不过，从地图上来看，只有在拉丁—基督教传统中，"三分天下"的视觉表现才被持续、完整地呈现，并且糅合了《圣经》中的神话传说，给予其新的解释[102]。居于东方的亚细亚，在基督教传统中，有着非常多元的象征。这些象征在T-O图中都有表达。

现存最早的T-O图，出自8世纪的著作《启示录注释》（*Commentary on the Apocalypse*），作者是西班牙僧侣贝亚图斯（Beatus of Liébana）。他书中原有的插图都已失传，今天看到的是后来几百年中被复制、加工的图像。

在图35这张椭圆形世界地图中，最显眼的是亚洲（Asia Maior）上方的伊甸园场景：赤裸的亚当和夏娃以及诱惑夏娃摘下禁果的蛇，四条河流从园中流出。（图36）按照《圣经》的记载，伊甸园位于遥远的东方，自那里发源的河流，分别是比逊河（Pison）、基训河（Gihon）、

图 35：贝亚图斯地图，复制于 11 世纪。

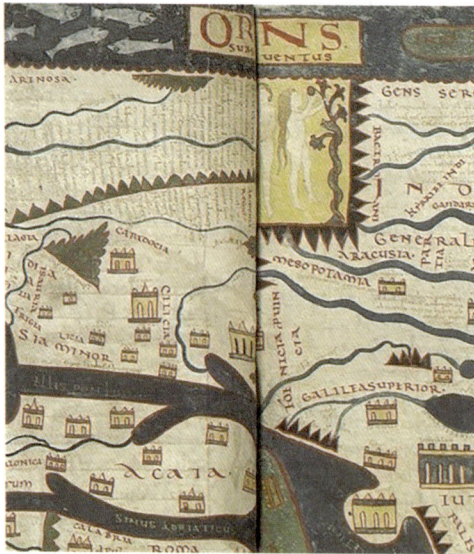

图 36：贝亚图斯地图的亚洲部分。

庇格里斯河和幼发拉底河。前两者究竟所指为何，学术界有着各种猜测。但这张地图上，最上方的两河之间却标明了"印度"——这个信息显然不是来自《圣经》。

中世纪 mappa mundi 的巅峰之作，是现藏于英国赫里福德（Hereford）教堂的世界地图（图37）。虽然名称是"地图"，但它和佛教曼荼罗一样，表达的是特定的宗教时空观念，或者最多可以说是地理与宗教时空的杂糅。这张画在兽皮上的13世纪巨幅地图，左下方的欧洲部分相对翔实（尽管匠人把"非洲"和"欧洲"的字样标反了），而在亚洲部分，越是往东方，则越是宗教劝谕[103]。

伊甸园表现为大圈内上端的小圆形，大圆圈之上，则描绘着基督复活和末日审判的场景。所以，这张地图不过是以地理的形式展现《圣经》中的时间观念，其中既记载过去，又预告未来。以今天时空二分的方法观察，它的时间性恐怕要远大于其空间性。当然，在它产生的那个年代，无论中国还是欧洲，时空经常是一体的，地理就是历史，地图是历史的图像化。

赫里福德地图的亚洲边缘部分，充满了各种奇异的人形、野兽和鬼怪。尤其在北方，传达了寒冷和蛮族的危险信息。根据中世纪传说，雅弗（挪亚三子之一）的儿子歌革和玛各（Gog and Magog）——他们有时被认为是两个人，有时被认为是一个——在北方率领着蛮人部族。当最终时刻（End of Time）来临，他们将受到撒旦的诱惑，成为弥赛亚的敌人，阻止人类获得最后的救赎。历史上，西欧由于屡次遭受来自东欧、中亚、北亚方向草原民族的攻击，因此关于歌革和玛各的记忆被不断唤起，这也成为理解神秘东方的一个重要情结。直到今天，犹太—基督教原教旨主义者的宇宙观中，蛮族入侵的意象仍在其亚洲

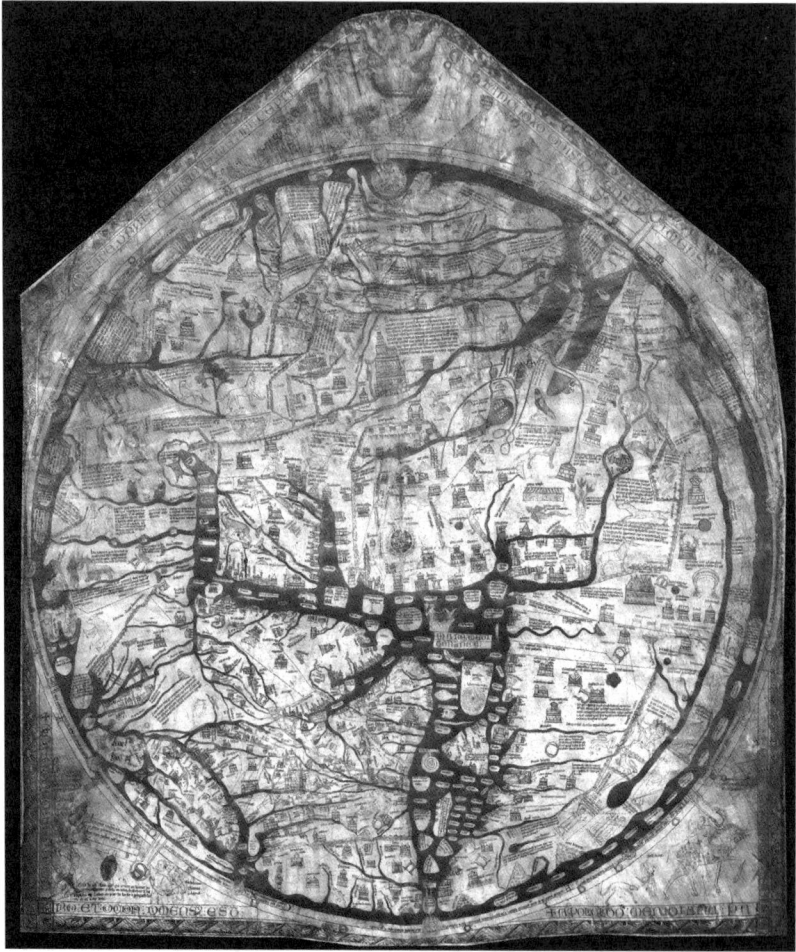

图 37：赫里福德世界地图。

想象中占一席之地。

从 12 世纪开始，另一个与基督教紧密相关的东方想象开始流行起来，那就是约翰长老（Prester John，又称"祭司王约翰"）的传说[104]。随着伊斯兰势力的扩张，基督教与伊斯兰世界的关系日趋紧张。这时候来自东方聂斯脱里派教会（Nestorian Church）的消息说，在穆斯林和异教徒的东边，有一个约翰长老治下的基督教王国。故事越传越神，引发了欧洲人极大的兴趣。他们幻想着找到东方的约翰王，联手夹击穆斯林。甚至当蒙古大军从中亚一路横扫中东的消息传来时，有人就一度觉得成吉思汗可能就是那个基督教的祭祀王。

这个混杂着伊甸园、蛮族和约翰长老的谜一样的东方，一直到 14 世纪后才慢慢清晰起来。原因很简单：一个威尼斯商人来到元代中国，回去之后口述了他的经历，口述又恰好被写成了游记，新的东方认知随文字散布开来。

这位马可·波罗，是后人眼中划时代的人物。不过与其说是他开辟了一个新的时代，不如说是那个时代成就了他。当时，蒙古帝国打通亚欧大陆，人员往来频繁，知识见闻迅速传播。其中只有很少的人留下了记录，而成为流行文学的，更是凤毛麟角。马可·波罗极为幸运，成了他们的代表。

我们在上一章中看到了，通过伊斯兰世界的知识分子，欧洲和非洲的地理进入元明时代的图景。同样，《马可·波罗游记》让宗教想象让位于对财富的憧憬。欧洲人第一次知道了，东方大汗的治下有着富庶繁华的都市。在北方的契丹国（Cathai），有汗八里（大都）和仙那度（上都），在南方的蛮子国（Mangi）里，有行在（杭州）和刺桐（泉州）。在大汗国以东的海上，则有遍地黄金的日本国（Cipangu），还有

7448 座盛产香料的岛屿。

以上信息，便是此后数百年中，关于亚洲的地理认知的标配。

除了马可·波罗，方济各修士鄂多立克（Odoric of Pordenone）在14 世纪初漫游印度和中国，在其《鄂多立克东游记》中把"蛮子"称作"上印度"（Upper India）。后来欧洲地图上的中国地方，常常能见到 Upper India 或者 India Superior 的字样，都表现了这种认知。他的叙述后来又被抄入更为流行的《约翰·曼德维尔游记》。这部游记笔走龙蛇，虚实夹杂，其受追捧的程度堪与马可·波罗的那部相比肩。一时间东方的繁华和富有让欧洲人倾倒。

从那时候起到哥伦布远航前，尽管宗教世界观仍然影响着欧洲人的地理认知，但对人居世界的了解已经大大扩展了。15 世纪中期威尼斯修士弗拉·毛罗（Fra Mauro，约 1400—1464）主持制作的世界地图（图 38），虽然在很大程度上仍保留了 T-O 图的"三分天下"结构，但是这张长宽各 2 米多的大地图，足足容纳了 3000 多字的地理注释、数百个地名——光是来自马可·波罗的中国地名就有 100 多个——并且彩绘了不可计数的城堡、河流、山峰和船只的图标，其写实、记录的色彩，要远大于宗教色彩。

这张地图和典型的 T-O 图有很多不同：首先，它是以南为上的，放弃了以东为上的传统。这可能是因为此时人们对非洲的了解大大增加了——毛罗本人就猜想非洲大陆是可以绕行的，并且画出了亚洲与非洲间的印度洋。这比迪亚士首次来到好望角要早几十年。其次，耶路撒冷已经不再位于地图的中心点。毛罗解释说，尽管耶路撒冷在纬度上仍然是人居世界的中心，但在经度上并不是，而是偏西。这当然是因为"东方"的范围已经扩展。再次，图上仍然画了伊甸园，但它

图 38：1459 年毛罗世界地图，以南方为上，左下小图是伊甸园。

不在人居世界之内，而是单独成一小图，放在了左下角——宗教和地理分开了 [105]。

毛罗地图的最东方，也就是圆形世界的最左，标注了"爪哇岛"（Giava），这在欧洲地图上是首次出现。仔细看：就在这个岛屿的下方，还有一个小岛，它上面写着红色的字"Isola de Cimpagu"，这也是现存欧洲地图中第一次出现了马可·波罗提到的日本——那东方的最远点、

图 39：毛罗世界地图的最东方，标记了 Giava "爪哇岛"，下方小岛是日本。爪哇岛半掩住一个红色罗盘。

世界的尽头（图 39）。

单从这张地图，我们已经可以猜到：以《圣经》为唯一知识来源的中世纪时代即将结束。当然，制作毛罗地图，不但需要依靠更多、更新的地理信息，还要依靠与基督教传统相异的地理观念和制图法。图上的爪哇岛也透露出这个秘密。请再仔细看：它部分遮住了一个红色的圆形标记，那是一个罗盘。在整幅毛罗地图上，我们可以看到九个这样的罗盘，分布在圆形边框的八个方向和地中海东岸。它们属于中世纪欧洲的另一类制图传统——海图。

2. 海上世界：罗盘玫瑰、风向线和海怪

欧洲地图上出现的罗盘，又叫作"罗盘玫瑰"——因为其形状似玫瑰，圆形罗盘被划分为 16 或者 32 等分，装饰性极高。现存地图上第一次出现罗盘玫瑰，是在 1375 年的《加泰罗尼亚地图集》（*The Catalan Atlas*，图 40）上 [106]。它的作者可能是西班牙马略卡岛的犹太制图师克雷斯克（Cresques Abraham，1325–1387）[107]。

这本书最早手写、手绘在六张羊皮纸上，前两页是介绍文字和天体日历轮，后四页则是一幅世界地图。那朵漂亮的罗盘玫瑰，就在图的最左侧。此外，图上还密布着发散性的网状线，从不同的中心点延展出来（图 41），它们叫作风向线（rhumb lines）。罗盘玫瑰和风向线是为水手在航海时指示方向用的。中世纪欧洲有很多画着风向线的海图，统称为"波特兰海图"（portolan chart）。

波特兰海图是典型的地中海航行的产物，大兴于威尼斯、热那亚

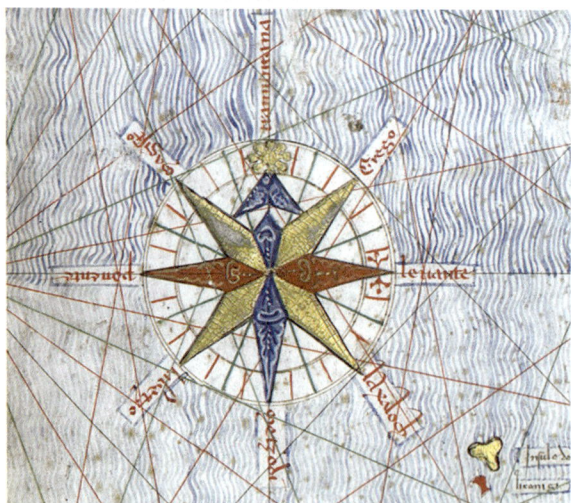

图41:《加泰罗尼亚地图集》中的罗盘玫瑰，平均分了 32 个支向。

图 40：《加泰罗尼亚地图集》全图，以北为上。

等热衷于海外贸易的城邦国家。portolan 一词源自意大利语，表示与港口或海岸相关。从这儿我们能知道，这类地图是实用性的，是为了在港口间通航所制。今天能够见到的早期波特兰海图大多出现于 14 世纪，早于 1300 年的波特兰海图十分罕见。这倒不是说海图测绘只在此时才出现，而很可能是因为更早用于导航的海图早就损坏、丢失了。

早期航海十分依赖风向，因此风向线很可能是提示水手如何利用地中海的风向变化的。罗盘玫瑰的加入则明确告诉我们，指南针的使用方法已经传入欧洲，此时水手们可以不论天气或者气象条件，而更多地依靠罗盘来导航。然而地球是一个球体，远距离的两点之间的航线，要考虑地球曲率造成的方向偏差，所以波特兰海图上通常要选取不同的中心点画上方向线。从多点发散的线互相交叉，形成密密麻麻的网。有的海图上还配有比例尺，更为清晰地传达航行里程。由于地磁偏角的影响，罗盘上的指针通常不会是正南正北，因此波特兰海图上的航向线也少有南北向的——这更说明其立足于实测和实践[108]。

波特兰海图的特点，在于它对海岸轮廓的准确描绘。因为功能在于实用，海岸走向、海港位置的精确至关重要。因此海图一般不描绘内陆，只沿着海岸线标注港口名称。另外早期海图的范围也不会太大，从当时的航海技术来看，商人们的活动范围不出地中海。所以，波特兰海图不像中世纪世界地图那样试图展示全部人居世界，一般也看不到东亚的形象。

但是也有例外，就如上面谈到的那幅《加泰罗尼亚地图集》。这是因为这幅地图并不是用来指导航行的，而是炫耀知识的。它是法国国王查理五世留给儿子、未来的查理六世国王的礼物，所以克雷斯克对这幅地图的装饰也极尽奢华。实际上，很多今天保留下来的波特兰海图，尤其是那些装饰精美、点缀了很多罗盘玫瑰的作品，都不是让水手们带到船上用的。它们要么是收藏品、礼品，要么是书籍中的插图，其非实用性才是它们幸存的原因。《加泰罗尼亚地图集》的欧洲部分看上去还比较写实。图的范围向东一直延伸到中国，汇集了非常多的地理信息和神话传说。这显然不是为了导航，而是向未来的法国国王展现整个世界。

我们来重点看一下它的东亚部分（图42）。为了阅读方便，我们把南北颠倒一下。

克雷斯克显然是《马可·波罗游记》以及《约翰·曼德维尔游记》

的忠实读者。实际上,有研究认为,《加泰罗尼亚地图集》是欧洲第一份吸纳了马可·波罗带回的亚洲信息的地图,可谓开创了后世欧洲地图中亚洲表现的先河[109]。图中将中国称作"大汗之地",不但标记了"契丹"(Catayo)以及"汗八里"(Chambaleth,即北京)的字样,还从多种来源展现了中亚世界。图的中间偏下,坐着怀抱权杖、身着绿袍的国王,就是马可·波罗曾经见过的忽必烈。画面正下方,伞盖下的骑马者,注释为"鞑靼王歌革玛各"——这里作者把歌革和玛各认定为一个人。在他和忽必烈之间倒悬的一人一怪两个形象是亚历山大大帝和撒旦,可能是表现亚历山大借助撒旦来阻止歌革玛各,以此彰显其东征中亚的伟业。与他们相对的一组人像,表现的是"敌基督"(Antichrist)——假冒基督以迫害真信徒者——正在以枯木结果的戏法获得教众的信任[110]。

《加泰罗尼亚地图集》还向读者介绍了东亚的富饶:画幅中间有一群钻石捕手正在捉鸟,因为传说钻石可以附着在肉上,由鸟带来。而在中国以外的海上,点缀着大大小小、色彩斑斓的岛屿,这应该就是马可·波罗提到的盛产香料的7448座岛屿。不过说明文字又吓唬说,岛上居住着皮肤黝黑、智力低下的巨人,一旦白人或陌生人被他们抓到,就会成为盘中餐。

很显然,《加泰罗尼亚地图集》是波特兰海图与中世纪世界想象的混合体,其中既有实际的航海经验,也有来源于《圣经》或由其衍生的神话故事,还加入了蒙古时代许多旅行记录中真真假假的信息。它的主要功能是各种知识的汇集以及图画本身的观赏性。尤其对于今天的人而言,这幅地图之所以仍然魅力四射,主要在于它的观赏性。

而谈到观赏性,让我们再来关注一个小细节,它在图42的最上

图42:《加泰罗尼亚地图集》东亚部分，以南为上。

图 43：《加泰罗尼亚地图集》中东亚海域出现的双尾鱼人。

方：在东亚外海部分的岛屿中，作者画上了一个想象中的海洋生物：双尾鱼人（图 43）。

在中世纪后期，很多海图上开始出现各种各样奇异的生物形象。这些生物有些是真实存在的，比如鲸、海象、鱼类等，有些是纯粹虚构的，有些是实际可能存在但画图者没有见过、只好凭口耳相传胡乱编绘出来的。这些形象，可以统称为"海怪"（sea monster）。双尾鱼人就是一种常见的海怪。

很多中世纪世界地图里也都描绘了妖魔鬼怪，不过这些鬼怪大多是来自宗教神话或者传说，而且大多也不在海里。海怪在地图上出现，是随着欧洲人对海洋的不断开拓，海洋在地图上的位置日益重要而产生的。

对于那些乘风破浪的水手，海洋世界充满魔幻。越是远离陆地，越能遭遇到很多见所未见、闻所未闻的生物，有的还相当恐怖危险。人们没有办法理解它们，只好用曾经见过的陆地生物来比附。所以有一种观点认为，海怪最早来源于一种朴素的猜想，即每一种陆上的动物都会有一种海里的动物相对应，比如狗—海狗，狮—海狮，马—海马，猪—海猪……这种原始猜想，或可追溯到公元 1 世纪古罗马博物学家老普林尼（Pliny the Elder）的《博物志》（*Naturalis Historia*），其影响一直持续到 16 世纪 [111]。

到了文艺复兴时代，波特兰海图中的罗盘玫瑰和风向线被海怪抢去了风头。这大概可以从三个方面理解：第一，因为有了更有效的航海技术，人们对待海洋的态度变化了——海洋不再是空白的、无意义的空间（space），而是充满生机，等待被开发、认知、解释和赋予秩序的地方（place）。特别是西班牙建立海上霸权以后，波特兰海图逐渐脱离了地中海中心，发展成描绘更大区域甚至整个世界的地图。此时，导航功能退居其次，占领海洋的宣示功能走到前台。海怪图像既宣告了开拓，也警示着危险。

第二，随着文艺复兴的到来，人们对生物的科学探究产生了极大的兴趣，而拓殖海洋助长了这种兴趣。神话学者约瑟夫·尼格（Joseph Nigg）曾经重点分析了 16 世纪最有代表性的海怪地图：瑞典人乌劳斯·马格努斯（Olaus Magnus）作于 1539 年的《海图》（*Carta marina*，图 44），为什么这张图上有那么多怪异的动物？他提醒我们：16 世纪上半叶正是欧洲现代动物学开始兴起的时刻 [112]。博物学的发展在地图上也打上了鲜明的时代烙印。

第三，总的来说，有海怪出现的手绘地图并不占多数，因为毕竟实用性不强。但中世纪之后，地图的观赏功能提高了，此时图上的海怪成了一种装饰因素，显示制图之精良。有海怪的地图一般价格也更高，既炫耀制图匠的技艺，也显示购买者的财力。

所以，尽管海怪时常被描绘得可怕，有恐吓的味道，但它们并未阻挡人们持续探索未知海域的热情。同时，这类装饰性海图对后来商业化的制图市场有着很大影响，德意志制图学家以及更后来的尼德兰制图学派，都在自己印刷的地图上添加海怪，以增强美感。

如果说 T-O 图更多是将陆地作为人类活动的中心场域，那么海图则相反，是把浩瀚的水域当作舞台，陆地被简化为海岸线和港口，仅仅是航行的参考坐标。从这一点上说，海图不仅是世界地图（mappa mundi）之外的另一种传统，而且也是一种独特的空间认知方式。彼得·怀菲德（Peter Whitfield）由此断言，海图是典型的欧洲产物，"是专属于欧洲人的事业"，其他文明，无论中国还是日本，都没有产生独立的海图传统[113]。这个论断明显是以果推因，历史目的论的色彩太强。

为什么这么说呢？因为中世纪海图传统，不能用来单独解释大航海的兴起。非欧世界——不论中国、日本，还是阿拉伯——同时期的海洋活动绝不逊色于欧洲，只是他们的海图大多没有留存下来。实际上，地图史上"精亡粗存"的现象并不少见，越是实用性强的地图，越不易保存和流传[114]。

就地图制作而言，随着航行越来越远，要覆盖的地球面积越来越大，仅靠罗盘玫瑰和风向线是不够的，必须要有更为抽象化、数学化的方式，才能指导对大地的探索。到了 15 世纪，在世界地图传统和海图传统之外，欧洲人又发现了另一个传统。它的偶然到来，才彻底改变了欧洲人的空间理解。

图 44： 瑞典人乌劳斯·马格努斯《海图》中的部分海怪。

3. 发现托勒密：经纬线测定的人居世界

1410 年左右，《地理学指南》（*Geographia*）被首次翻译成拉丁文。它的原作者是公元 2 世纪生活在罗马帝国埃及行省亚历山大城的希腊人克劳狄乌斯·托勒密（Claudius Ptolemy，约 100—168）。

对于绝大部分欧洲人来说，这部著作"消失"了一千二百年，并未对后来的地理探究产生任何影响，直至被重新发现。当然，拜占庭和阿拉伯地区的知识分子可能并不同意：他们很早就注意到这部著作，也吸收了其中的一部分思想。阿拉伯语的"地理"（Jughrāfiyā）一词就来自托勒密著作的标题[115]。而且十三四世纪一些占星学的著作也多次提到过它。因此，此书在欧洲也不能算是默默无闻[116]。不过要不是1397年一位学者、外交官受东罗马帝国皇帝委派，从君士坦丁堡来到佛罗伦萨，顺便带去了《地理学指南》的手稿复制本，这部作品对欧洲人来说，最多是只闻其名而未见真身。

所以，今天很多历史书，把托勒密（甚至更早的古希腊哲人）当作西方地理学思想的源头，放在中世纪之前来介绍，这其实是有些别扭的。虽然从时间序列上讲，托勒密的时代远早于中世纪，但是他的思想在西方知识累进中真正发挥作用，是到15世纪才有可能。某种意义上说，《地理学指南》同其他古典作品一起，共同结束了中世纪，开启了文艺复兴。

举一个不恰当的例子，就好像我们看到一个少年，练了多年武功，一天偶得古代秘籍一册，读之顿悟，从此武艺精进。这个时候，我们能不能把那本武林秘籍出现的年代当作他功夫的起始呢？恐怕不能。因为如果不是各种历史机缘已经成熟，少年拿到这本秘籍也没有用，就像之前所有看到过它的人一样。

所谓历史机缘，就包括基督教对人居世界的继承，地中海贸易的勃兴以及东方世界在蒙古时代的敞开。随着可以抵达的空间的大大扩展，人们对地理的兴趣与日俱增，也迫切需要新的理论和认知工具了。于是《地理学指南》恰逢其时地被重新发现了。

其实，欧洲人对托勒密的地理思想，也非猛然顿悟，而是经历了几十年的接受过程。如果以哥伦布1492年的首次远航作为托勒密思想诉诸实践的标志，那么此时距离《地理学指南》的翻译已过去近80年。

考虑到当时书籍的传抄与流行速度，这个时间可不短了。这说明，即使对于15世纪的人来讲，托勒密的思想也是相当超前的，不太容易掌握。更不用说公元2世纪他的同时代人了。也难怪除了流传下来的几部著作，我们对托勒密本人几乎毫无了解。

那么托勒密对空间认知的革命性贡献在哪儿呢？极为简要地说，就是三个字：**经纬度**。

托勒密在今天被誉为"地理学之父"，但我不确定他本人是否认同这个身份。要明白他的贡献，我们也要先暂且搁置"地理"这个词的通俗意思。托勒密最大的成就是天文学，他写过很多天文学著作，包括最著名的十三卷《天文学大成》。与此相关，他对占星术也很用力。此外他对光学、化学也感兴趣。八卷本《地理学指南》是作为《天文学大成》的补充而创作的，主要目的是以观测、计算天体的方法来观测、计算地球。

这就要稍微讲一讲他所继承并发扬的古希腊地理思想。我们都知道古希腊人最早提出大地为球形，但这个判断并不来自直观感受，而是哲学逻辑思辨的结果 [117]。因为希腊爱智者们认定，宇宙是个圆球，那么作为宇宙中心的地球，照理说也应该是圆的。沿着这个思路，早期的希腊哲学家们一边观察各种天体的运行轨迹，一边用这些观测数据来了解自己所身处的地球。这是欧洲地理学的起点，我们看到中世纪到文艺复兴的许多地理学作品，名称都叫作"宇宙志"（Cosmography），原因就在于此 [118]。

比如，亚里士多德根据太阳"绕行地球"的运动轨迹，猜测地球表面存在五个气候带，中间的赤道地区太热，两极地区又太冷，所以适合人居住的只有南北两个温带。这是最早的对人居世界的定义，也是后面以气候判定人种差异的开始。而他的学生，马其顿国王亚历山大，从地中海的巴尔干一路向东征伐到印度，不仅在理论上证明了亚里士多德的猜想，而且还带回了更多地理信息，成为马可·波罗之前欧洲人最重要的东方知识。

而测算星体的大小、距离，最重要的方法就是数学，特别是几何学。欧几里得的几何学建立在对空间纯粹抽象的认知上——我们不需要考虑空间内有什么，显示何种性质，处于何种关系中，而只需要知道它是点、线、面还是体。所有呈三角形的平面，就是三角形；所有呈正方体的空间，就是正方体。

托勒密的地理—地图学就是这样一种基于宇宙论和几何学的抽象的、数学意义的学问。而他所使用的"地理学"（geography）这个概念，也与图画、模仿有着密切的关系。在《地理学》开篇，他就定义说："地理学是一种模仿，是对整个世界的已知部分和与之关联的事物的绘制。"[119] 我们不知道他本人是否周游世界实际测量，但他收集了很多地中海城市的天文观测数据，然后据此来为这些地点找到一个确定的位置。

他的方法就是以经纬度为这些位置"编号"，建立一整套网格坐标体系。地球是球体，从南到北、从东到西的半球，都是180度。以赤道为零度，南北纬各90度。照这个方法，他为8000多个地点测算了经纬度坐标，并且计算出地球的周长，只不过他的计算结果比实际周长少了大约18%，导致后来的哥伦布也大大低估了西行至亚洲的距离[120]。

《地理学指南》是为制作地图而作的，可是至今学者们也没有找到切实的证据，证明原稿中有或者没有地图。今天所有能够见到的"托勒密地图"，都在复制稿中，它们是依据文字而后补入的。（图45）

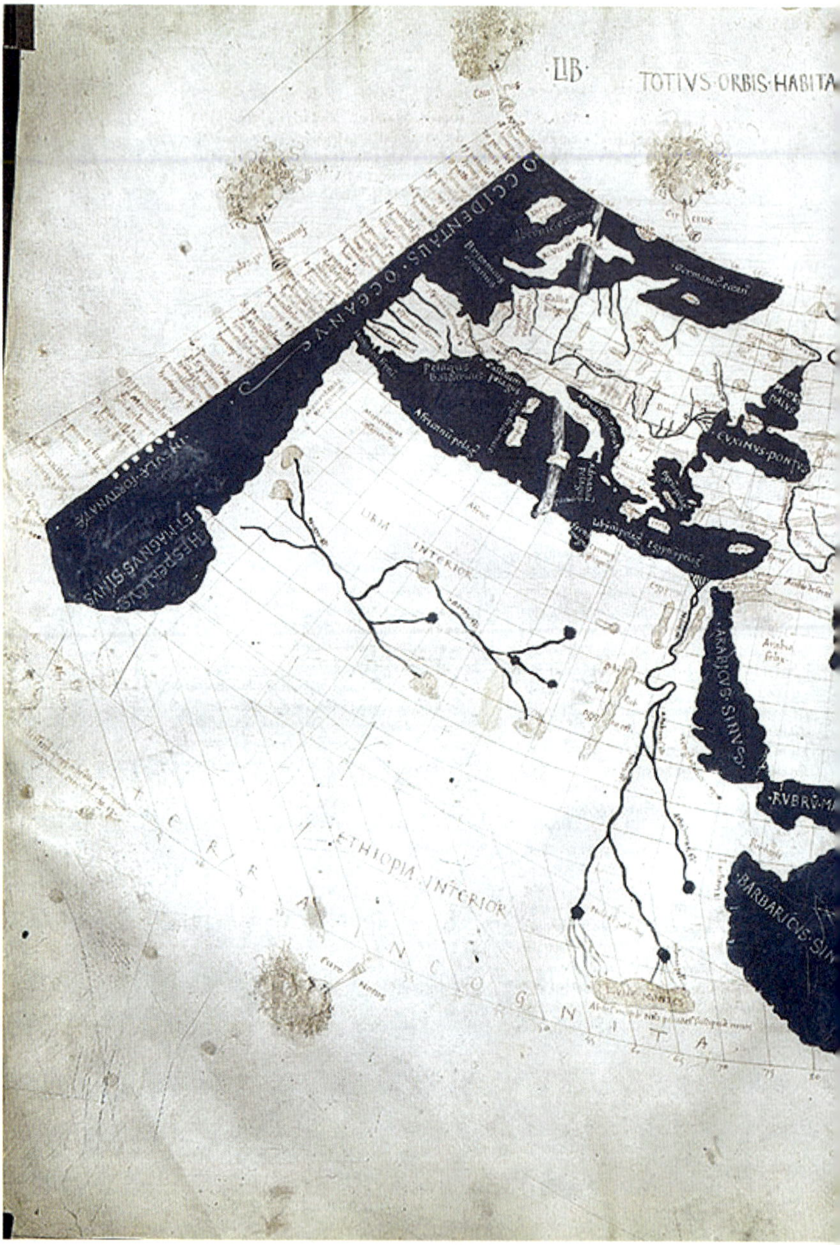
LIB
TOTIVS ORBIS HABITA
OCCIDENTALIS OCEANVS
EVXINVS PONTVS
LIBIA INTERIOR
ARABICVS SINVS
RVBRV M
ETHIOPIA INTERIOR
BARBARICVS SIN
T E R R A I N C O G N I T A

图 45：15 世纪《地理学指南》中的世界地图。

从"还原"的托勒密地图上看，人居世界位于北半球，像展开的扇面，南方是一个想象中巨大的大陆——这样地球才会平衡。但制图者还不知道南半球的具体情况，因此把非洲和东亚连起来，让印度洋成为内海。已知的世界西起"福岛"——就是今天西班牙的加纳利群岛。以此为 0 度经线，往东延展。伊比利亚半岛、意大利亚平宁半岛、阿拉伯半岛都比较清晰可辨；印度洋中硕大的岛屿，是夸大了的锡兰（斯里兰卡），可知上方的凸起是印度，右侧伸出的半岛，是东南亚的中南半岛和马来半岛；它右侧的海湾，写着"大湾"（Magnus Sinus），指泰国湾和中国南海；而在第 180 度，世界的最边缘，就是"秦奈"（Sina）及"赛利卡"（Serica），即今天的中国。

就是这样一幅看上去还很原始、布满了纵横交叉线、线上标明数字编号的地图，掀起了世界地图学的革命。

可能有必要再啰唆一句：将数学带入地理制图，并不是托勒密或欧洲的独创。上一章提到过，基于裴秀"制图六法"的"计里画方"，就是数学性的，其最突出的视觉特征，也是密布在图上的网格。但是，网格和网格的意义非常不同。"计里画方"是在"天圆地方"的假定下，计算平面两点间的距离，来获得准确性。它善于表现大地不同点之间的**相对**位置。经纬度则是用天文视角，为三维地球上的每一个点求出**绝对**位置。只要经纬线的起点确定，地球上的任何一个地方都可以用抽象的数字来标示，不需要依靠另外一个地方作参照。举例来说，用前一个体系，我们会说"北京位于天津以北 120 公里，乘高铁约 30 分钟"，北京的位置不可独立存在。而在后一个体系，我们会说"北京约在北纬 39.9 度、东经 116.4 度"，只要确定 0 度经线（子午线）的位置，北京这个地点就可以靠计算来单独确立。

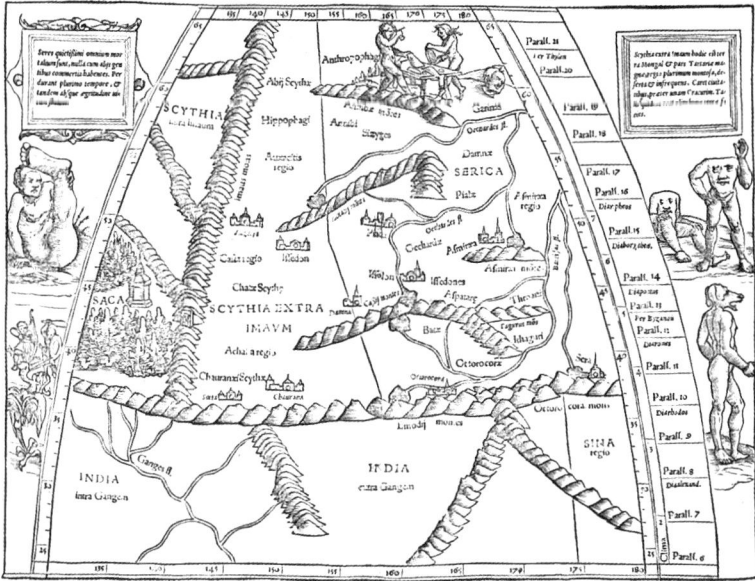

图 46: 塞巴斯蒂安·缪斯特 1545 年的 *Tabula Asiae* Ⅷ，图中右侧中间偏上标记 Serica，右下标记 Sina。

　　除了一幅世界地图，《地理学指南》还包含 26 幅区域地图，其中欧洲 10 幅，非洲 4 幅，亚洲 12 幅。在 15—17 世纪，欧洲人不断更新着《地理学指南》的版本，但大多沿用托勒密的分区。这些分区图一般都呈北窄南宽的梯形或半圆。今天中国所在的分区，分别编号为"亚洲第八"和"亚洲第十一"（Asia Ⅷ，ⅩⅠ），一北一南。

　　这幅作于 1545 年的《亚洲第八区地图》（图 46），出自德意志制图大家塞巴斯蒂安·缪斯特（Sebastian Münster，1488—1552）的手笔。从图中可以清楚地看到，在中间偏上的位置标记有"Serica"（赛利卡），而右下角则有"Sina"（秦奈），两地都位于 180 度人居世界的东部边

图 47：1552 年缪斯特制作的托勒密地图，《亚洲第十一》。

缘。托勒密在其著作中，将这片未知土地说成是被"大亚洲最东边的国度，赛利卡和秦奈所占据"。这张地图的显著特征，是在边缘绘有奇异的人形，比如左侧的单足人、右侧的无头人和狗头人以及上方展现残酷行刑的图画。这继承了基督教世界对亚欧大陆北方草原世界的恐惧。但从另一个角度说，也和中国古代《山海经》中对于外部奇幻世界的瑰丽想象有些异曲同工。

在《亚洲第十一》分图中（图 47），秦奈地区位于大海湾之东，属于热带地区。关于它的标记相对简单，与赛利卡地区由山脉隔开。托勒密认为，"地球的极东，是由穿过秦奈各个城市的经线所限定的。秦奈距离亚历山大城 119.5 度"。典型的托勒密式地图是不会包含马可·波罗的信息的。而且在这类地图的认知中，秦奈—中国不过是外印度的

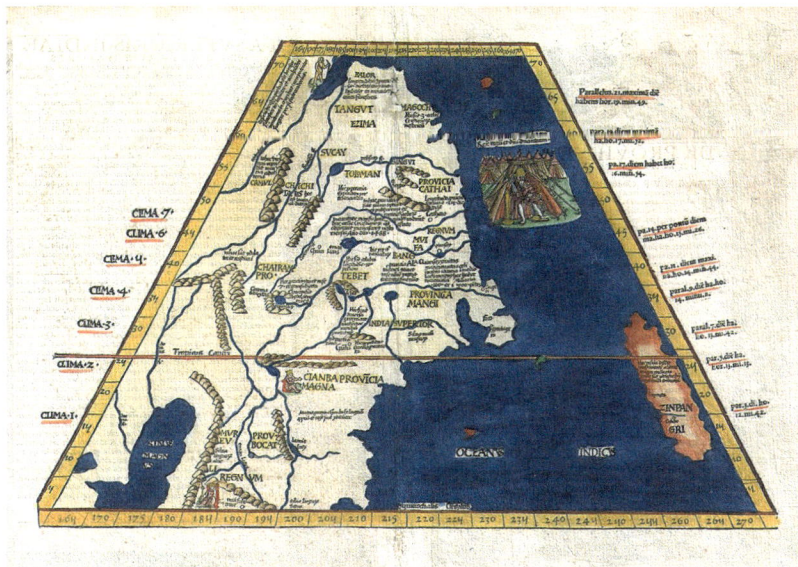

图 48：1522 年弗莱斯制作的托勒密式东亚地图，可能是首张东亚地图。

一部分。而 180 度再往东，是完全未知、无法表达的世界。

不过，随着东方地理知识的增加，托勒密地图也在不断演进。1522 年，勃艮第制图师洛伦斯·弗莱斯（Lorenz Fries）出版的托勒密式地图集中，就破天荒地增加了一幅东亚地图（图 48），它把位于 180 度的世界尽头，向东拓展到了 270 度。画幅完整呈现了中国东部的海岸线以及日本岛（Zipangri）。海中还装饰有一幅坐在帐中的鞑靼王像——这个图像最早来自马丁·瓦尔德泽米勒 1516 年以波特兰海图风格绘制的《海图》[121]。弗莱斯的这幅托勒密式亚洲区域图，也是欧洲第一幅表现东亚的专图，图中把"契丹"和"蛮子"皆称为 provincia，即"省"。在 16 世纪早期，欧洲人已经明确知道，亚欧大陆的东边是有尽头的，大陆往东，仍然是海洋。

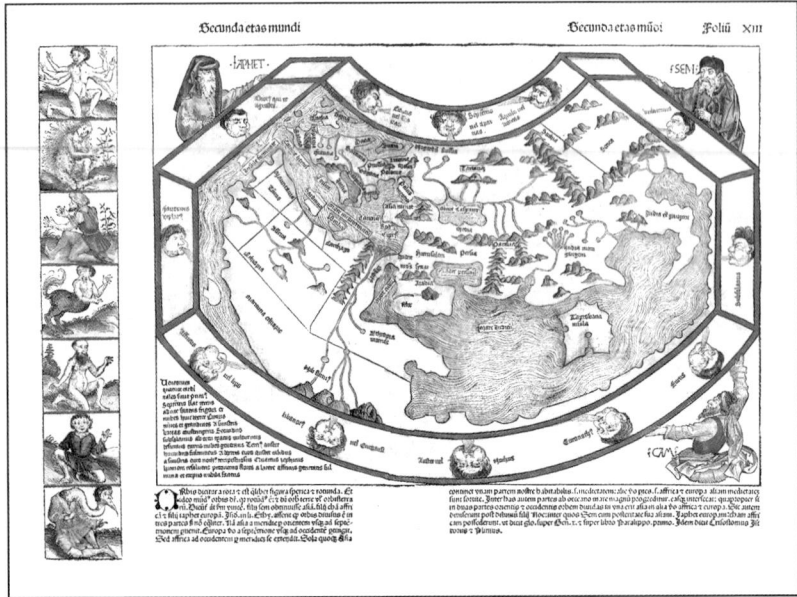

图 49：1493 拉丁文版《纽伦堡编年史》中的世界地图。

　　当然，这并不是说《圣经》传统立刻在地图中被抛弃了。任何两种传统间的过渡，都会有一个共存、混合的时期。举例来说，1493 年，日耳曼人哈特曼·舍德尔（Hartmann Schedel）出版了著名的《纽伦堡编年史》。此书原题为 *Liber Chronicarum*，直译为"编年史之书"，因出版于纽伦堡，被后世以出版地而名之。它采用了最新发明的印刷术，图文并茂，赏心悦目，因而销量可观，被誉为前哥伦布时代最为出色的一本世俗性书籍，在世界出版史上具有极重要的地位。《纽伦堡编年史》中包含一幅托勒密式世界地图（图 49）。

　　除了非常典型的托勒密人居世界图像（包括风向人首），图的左上、右上和右下角分别绘制了雅弗、闪和含三个人像，寓意《圣经》中上帝分配定居在欧洲、亚洲和非洲的挪亚三子。而在地图的左侧一栏中，还有七幅怪异人像，这是来自老普林尼《博物志》中的蛮族鬼怪[122]。这种表达方式，和前述缪斯特的志怪地图《亚洲第八》有着明显的承继关系，它们也都可以说是开了日后"民族志地图"的先河。从知识体系上说，这幅著名的地图体现了《圣经》地理传统与托勒密数学传统的结合。

有一点是明确的：《地理学指南》革新了欧洲地图学之后，我们在地图上就很难再找到伊甸园了。新教改革家马丁·路德（Martin Luther）后来解释说，大洪水早已抹平一切过去的痕迹，世界上当然也不会有伊甸园的遗存了。不过，伊甸园的幻想在15世纪已经先被欧洲的地图学抹去了。当马丁·路德还是一个九岁的孩子、正在拉丁文学校受煎熬的时候，哥伦布已捧着根据《地理学指南》制作的地图，盘算着托勒密计算的地球周长，心心念念马可·波罗口中黄金遍地的亚洲，开始了他的西行旅程。《纽伦堡编年史》出版的时候，哥伦布已经带着他的新发现回到了西班牙。在那以后，《圣经》地理学传统在地图上就日益淡出了。当然，这并不是说宗教对地理学的影响不存在了，恰恰相反，新教在一种"理性"层面上继续塑造着人的空间认知。

中世纪"世界地图"和波特兰海图这两种地图风格，终于汇集在15世纪托勒密式地图里，并在相当漫长的岁月中逐渐被后者所取代[123]。

4．投影，Projection，投影

经纬线的方法，最终解决了对地球表面任意一点的定位，但它也带来所有地图的终极困境：如何把一个三维球体上的图形和线条，有效展现在二维平面上？试想一下，要把一个西瓜、网球或者足球的纹路完整忠实地展开在一张纸上，能怎么做？

欧洲人当然想到，可以把大地也展现在一个球体上——也就是地球仪。现存最早的地球仪，是德意志人马丁·贝海姆（Martin Behaim）在哥伦布第一次远航那年制作的，但反映的是 1485 年之前的地理知识[124]。制作地球仪的工艺远复杂于地图，应用性也逊于后者。多数情况下，人们还是希望能够一眼尽览世界。

把球面降维为平面，不变形是不可能的。问题的关键是选择什么原则来变形：哪些部分变，哪些部分不变。位置、形状、角度、方向、距离、面积、相互关系……这些要素不可能兼得。孰轻孰重，这是托勒密之后所有制图者必须要选择的。而选择将通过投影法体现。

投影，英语为 projection。除了地图投影，projection 还可以表示映象、趋向、预示以及心理投射。作为一种技术以及由此带来的心理和文化隐喻，projection 真是一个让人着迷的概念。因为当一个人将立体的地理空间"投影"在平面图上时，就同时在决定取舍和变形的方式，因而也就是把自己对这个空间的"预设""投射"到对象身上。如此一来，对对象的呈现就不可能不带有强烈的主观印记。人与人、国与国的交往中，常常发生"以己度人"的现象，就是一种 projection。欧洲人画欧洲，还不太需要投影——毕竟范围不大；但要是想画出包括亚洲、非洲、美洲的全球，就非得有投影不可。

托勒密式地图的投影法，是以北极为圆心，画出北半球纬线的弧度。经线则要么是像扇面一样发散的直线（所谓第一投影法），要么是抛出的弧线（所谓第二投影法）。但这些投影方式，都只能表现四分之一个地球，没法展现全貌。这在托勒密的时代还不是大问题：因为他以为人居世界的范围，也就是赤道以北，经度 0 度到 180 度，正好是四分之一球面。但当我们得知原来非洲纵向伸展到南半球，而旧世界以西、大西洋的对岸还有一块新大陆，那么这种把球面处理成类似锥形的投影方法就完全不够用了。

1488 年 12 月，迪亚士（Bartolomeu Dias，1451—1500）率领的船队返回里斯本。这次航行在欧洲航海史上意义深远：迪亚士绕行了非洲南端，进入印度洋海域。他给那里命名为"风暴角"，也就是今天的南非好望角。这个消息迅速传遍欧洲。仅仅一年多后的 1490 年，出生于德意志的制图师亨利克斯·马特拉斯（Henricus Martellus）就根据这个新发现以及对亚洲的新知，重新绘制了托勒密世界地图。

现藏于美国耶鲁大学图书馆的"马特拉斯世界地图"（图 50），虽然大致基于托勒密第二投影法，但有一个显著变化：世界东西两端的弧度被抬高，南部继续往下延伸，整个图形呈上宽下窄的心形。这就是所谓拟心形投影法（pseudo-cordiform projection）。

当时欧洲人虽然对中国海岸线的形状还不了解，但至少知道中国以东的海上还有日本，东南亚有诸多海岛，所以东亚大陆也是被海洋包裹着的。而且迪亚士带来了非洲也是可以绕行的消息，说明亚洲东部和非洲并不相连，中间隔着一个印度洋[125]。不过，东亚南部和非洲南部距离多远，欧洲人并不清楚，所以在 15 世纪末到 16 世纪初的一段时间内，托勒密式地图中的东亚大陆，仍然是向西南方向凸出的，

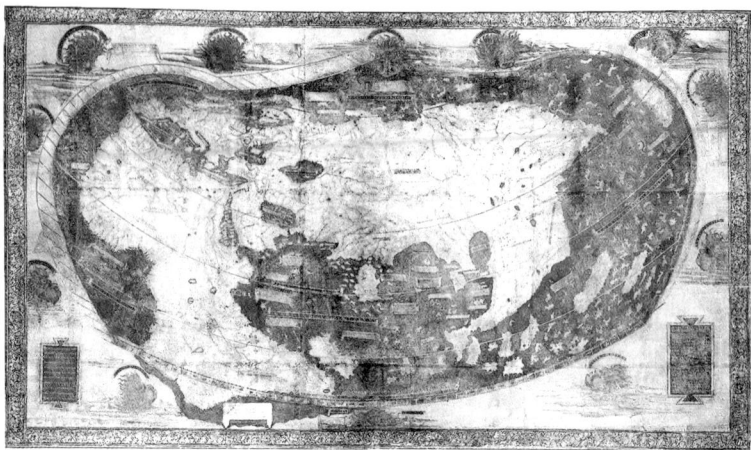

图 50: 现藏于耶鲁大学图书馆的 1490 年马特拉斯世界地图，以拟心形投影法绘制，非洲南部位于框外。来源: 耶鲁大学图书馆网站。

如一个巨大的半岛。今天的地图研究者，把这个虚构的半岛形象地称作"龙尾"(Dragon's Tail，也称"虎尾"，Tiger's Tail)。

那么，在托勒密式地图上怎么体现延展了的人居世界呢？一个可行的办法，是把东西两边抬高，使北方变宽、南方下垂收窄，这样能够把新发现的地域加进去。但有点麻烦的是，如果坚持让所有纬线围绕北极弯曲，那南半球是无论如何没法全部画出的，所以他只能让非洲的南端突破画面，跑到框框外面去。

马特拉斯的方法好歹解决了东西延伸的问题。所以，马丁·瓦尔德泽米勒也用拟心形投影法，在 1507 年画出了世界上第一幅以America 命名美洲的世界地图（见第一章图 2）。在那张地图中，非洲之角也只能是"破框而出"。

就在同一年，瓦尔德泽米勒还设计了一幅用于制作地球仪的月形图。这幅地图以赤道为中心，东西展开，让所有纬线大致平行，这样

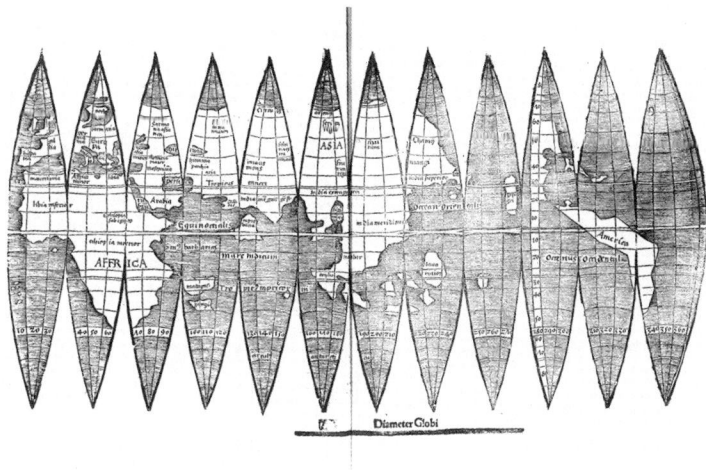

图 51：瓦尔德泽米勒 1507 年以三角布投影绘制的球面地图。

南北半球就都可以画出来了。但经线怎么办呢？为了展现地球全景，只好沿着经线把球面 12 等分，每 30 度为一个单位，把南北极像剥橘子皮一样剥开、展平。这种投影被形象地称为"三角布"（Gore）。它的缺点很明显：地球被撕裂了。（图 51）

值得一提的是，在这张图上，瓦尔德泽米勒同样在新大陆上（右下方的窄条）上标注了"America"。他在这幅图中，将新大陆放在画面的右侧，而不是像另一幅地图那样放在左侧，这样一来，我们能更清楚地看到他如何理解新大陆与亚洲的关系：America 的左上方隐约连着另一块陆地（北美洲），而这块陆地距离左边的一个岛屿（在右数第四列）非常近。那个岛屿上写着 Zipangri，即日本国。也就是说，即使 1507 年瓦尔德泽米勒用亚美利哥的名字命名了南美洲，他也还是觉得北边那块地方与亚洲更近，应当就是亚洲的一部分。

哥伦布之后的 100 年里，欧洲人的航海探险前赴后继。地理信息的更新，更多的是由当时最强大的帝国西班牙和葡萄牙提供的。但是随着古登堡印刷术在15世纪中期的发明和普及，欧陆上出现了越来越多的印刷地图，这个时期印刷地图的代表作，大多出于德意志地区的制图家之手。上面说的马特拉斯和瓦尔德泽米勒，就是利用他们获得的西、葡（以及意大利）地图来制作他们自己的地图。和西、葡两国彼时更关心用地图来宣示势力范围不同，德意志的制图师似乎更关心科学和艺术问题，即如何让地图既准确又美观。

受瓦尔德泽米勒很大影响的另一位德国制图师，就是我们上面曾看到的、制作了带有奇异人形的《亚洲第八》地图的塞巴斯蒂安·缪斯特。缪斯特还是一位备受尊敬的宇宙学家和希伯来文学者，他在1544年出版了第一本用德语写成的世界地理著作《宇宙学》（Cosmographia），此书在后来的数十年中以不同语言不断再版。《宇宙学》中配有精美的木刻版地图，同时它也是第一部为已知的"四大洲"各配上一幅专门地图的书籍。

我们不必细读缪斯特亚洲图（图52）中的地理信息：这些都是当时欧洲流行的大众知识。但这张地图最大的进步，是终于去掉了此前地图中的"龙尾"——即东亚向南伸出的那个长条状半岛。此外，随着葡萄牙对香料群岛的殖民，东南亚的几个岛屿也相对成型，这或许可以解释为什么此时的制图家终于意识到"龙尾"并不存在。在中国外海有无数小岛，标着"7448个岛屿的群岛"，毫无疑问，这又是在向马可·波罗致敬。只是日本岛怎么不见了踪影呢？

答案是，日本岛被划到了"新世界"——美洲大陆专图中去了（图53）。

这正是瓦尔德泽米勒在1507年时认为的日本与新大陆的位置关

图 52：缪斯特《宇宙学》中的亚洲地图，这是欧洲首张亚洲专图。

图 53：缪斯特《宇宙学》中"新世界"专图，日本紧挨着北美大陆。

系。虽然缪斯特的这张地图把南北美洲连在了一起，被认为是第一张表现美洲大陆的专图，但需要注意，缪斯特并没有称它为"美洲"（America），只在上面写着"新世界"（Novus Orbis），而这张地图的名字是"新岛屿"。

缪斯特的书在商业上相当成功，他的地图不追求形状的精确和信息的堆积，而是以平稳的构图、略带夸张的变形和装饰性的线条及图案，突出了图画的观赏性。实际上，如果从"准确"角度较真的话，缪斯特的"亚洲图"虽然去掉了"龙尾"，但在他同书中包含的托勒密《亚洲分图第十一》中（图47），仍然延续了传统格式，在秦奈地方画上了向南延伸的大陆。这与"亚洲图"的中国部分是矛盾的。但不要紧，缪斯特的目的不是以新知识来替代旧知识，而是要为所有人熟悉的知识找到一种艺术化的表现形式，让地理、艺术与商业有机结合。后来在低地国家（今天比利时、荷兰一带）大放异彩的尼德兰制图学派，就将缪斯特所开创的这条道路走到了极致。

不同知识体系的并行、共存，在东亚和西欧的地图上都是一致的，看起来这恐怕是人类认知历史上的常见现象。

而困扰制图学家多年的投影问题，后来总算在尼德兰制图学派这里找到了普遍可以接受的解决方案。提出这个方案的是杰拉杜斯·墨卡托（Gerardus Mercator，1512—1594，图54）。直到今天，墨卡托投影法都是被应用得最广泛的投影法，包括网络时代的百度地图及谷歌地图，用的都是这种投影。

墨卡托投影法目的明确，手段直接。为了保障视觉的平展性，这种投影让所有经线相互平行，并和纬线呈垂直关系。地球表面被拉成了矩形（图55）。这样一来，任何一条轮廓线与经纬线的夹角，从局部来说都是准确的，两点间的相互方向关系也都是正确的[126]。

因为角度和相互位置是正确的，墨卡托投影法的另一个好处就是可以计算出地球上两点间最短的航行路线。这是此前的波特兰海图无法做到的。经过数学学习的领航员，只要掌握了换算公式，就可以找出最佳运行方向。理论上他可以"径直"完成从一点走到另一点的航行。到 17 世

图 54：墨卡托肖像。

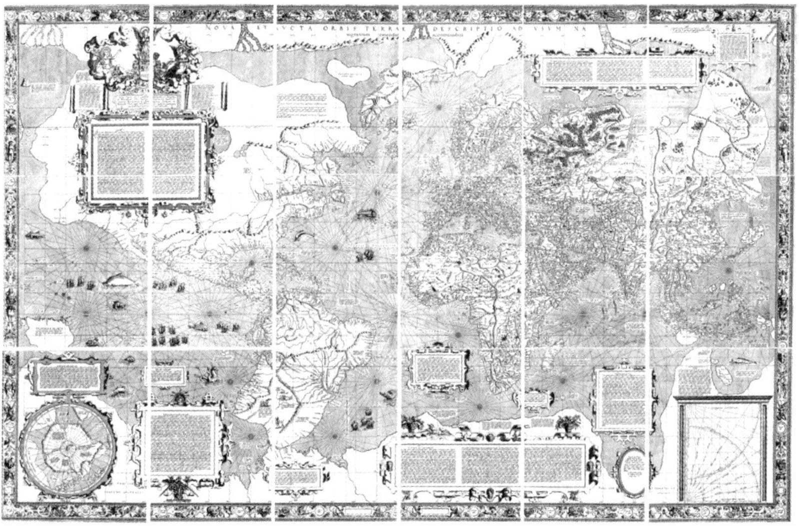

图 55：墨卡托在 1569 年用圆柱投影法制作的世界地图。

纪后，随着换算方法被破解出来，墨卡托投影法地图成为最适合于远洋航行的地图。

我们说过，所有投影法都是变形的。那么，墨卡托投影法改变了什么呢？为了让所有经线都和纬线垂直，墨卡托把南北极这两个点拉成了线，与赤道平行。这样一来，本来汇集于南北极点的经线就没有交点了，所有纬线也都被拉长到与赤道一样长。这种方法，实际是把球体置换成了圆柱体。其结果是虽然每个具体地点的形状未变，但呈现的面积大大变化了。

如果用这种投影法，以今天的地理数据画出一幅世界地图，它会是图56这个样子：越是接近南北两极的地方，陆地面积就越被夸大；而越接近赤道地区，陆地面积就越被缩小。以至于我们看到，格陵兰岛的面积简直比非洲还要大，北美洲看上去也比南美洲大很多。但实际上非洲大陆的面积是格陵兰岛的14倍，南北美洲的面积差别不算很大。

20世纪后半期，随着反殖民运动的兴起，墨卡托地图投影法因为夸大北方、压抑南方，遭到了猛烈的批评。由于现当代世界地图大多是按照他的投影法制作的，因此在反对者看来，它们在潜移默化地宣扬一种"北优南劣"的错觉，特别是在地理课堂之中，固化了南北之间的等级差序——尽管这并不是墨卡托的本意。

20世纪70年代，德国电影导演、学者阿诺·彼得斯（Arno Peters）开始提倡一种他认为正确的投影法。"彼得斯投影法"[127]沿用让经纬度垂直的选择，但纬线间距随着纬度的升高而缩小，让高纬度地区和低纬度地区的面积关系更为合理。这种平等主义影响下的投影法，在视觉效果上是把非洲、南美洲等区域的形状拉长，显得有些突兀。这

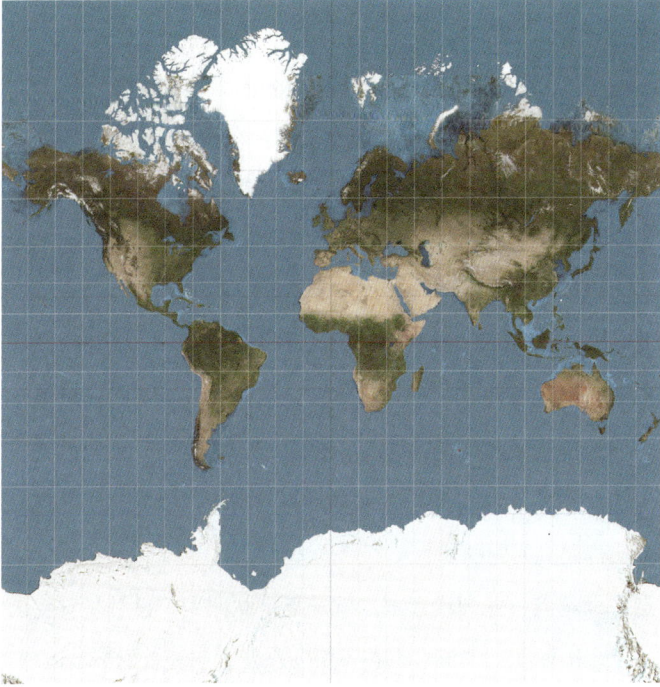

图 56：用墨卡托投影法呈现的世界样貌。

图 57：以彼得斯投影法制作的世界地图。

是以牺牲形状，保证相对面积比例正确的做法（图 57）。

20 世纪 80 年代以来，后殖民主义理论在西方兴起，彼得斯投影法获得了更多关注和讨论，同时也遭到不少批评 [128]。目前，联合国教科文组织和英美的部分学校接受了彼得斯投影法制作的世界地图，以替代墨卡托投影法地图。不论我们如何看待这一争议，有一点是确定的：投影法以及制图学本身关乎的不纯是科学，更关系到如何看待世界、他者以及自己。即使是科学和数学，也不能完全脱离政治想象和意识形态，所谓地理或地图的准确性、客观性和真实性，只能放置在特定的政治语境中才能够实现。如果转换一下语境，我们就能发现，其准确和真实都是成问题的。

自中世纪起，亚洲或者东方就一直是欧洲人"投射"自我认定的某种对象，因而亚洲的概念也在不断变化着。亚洲首先不是地理空间，而是宗教空间。随着全球贸易和文艺复兴的开启，又慢慢从宗教空间逐渐过渡到经济空间、人文空间和政治地理空间，这个转变的过程复杂而漫长。其中既有欧洲人出于追求财富、宗教情怀而产生的东方情结，也有对地理科学的重新发现和对知识的追求。

新的技术、航海经验、地理观念和商业市场的结合，共同刺激着欧洲地图学的发展。到了 16 世纪，现代地图学出现了，它是大航海带来的一系列后果的视觉体现。我们会在后面一一讲述这些变化：帝国崛起和资本主义发展如何激发了殖民主义地理观念的形成，而东西方的交流又如何共同缔造了现代的空间想象。

四　规治地球：殖民与地图帝国主义

MAPPING
ASIA

1. 祛魅：经线分割的世界

1492 年哥伦布的远航彻底改变了世界。改变的第一步是对世界的认知，接着是新认知所导致的实践。

地图绘制体现了这种改变的表象，而权力关系的重塑则是改变的深层基础。地图史学家哈雷（J. B. Harley）说："和枪炮及战舰一样，地图也是帝国主义的武器。地图被用来推动殖民，土地在纸面上先于实际中被宣称占有，在这个意义上，地图预期了帝国。"[129] 而另一位史家艾德尼则把制图学和帝国的关系说得更直白："帝国是一种制图学的构建，现代制图学则是由现代帝国主义构建的。"[130]

为什么说现代地图是帝国主义——而不是我们通常认为的是科学——的产物呢？还是先从一幅地图的故事讲起吧。

15—16 世纪意大利北部城市费拉拉是欧洲城邦中一颗耀眼的明星。在公爵埃尔科莱一世·德斯特（Ercole I d'Este）的治理下，这里成为最具文艺复兴精神的艺术之城。1502 年，公爵派他的仆人阿尔贝托·坎迪诺（Alberto Cantino）前往欧洲航海业的中心——葡萄牙首都里斯本。表面上，公爵是让仆人购买马匹，然而此行的真正目的是尽量搜集最为详尽的航海资料。坎迪诺花费 12 枚金币购买了一张世界地图。它很可能是当地制图师为了王室或者某个重要人物制作的。

交易必须秘密进行。在任何时代，最详尽的地图都是被严格管控的国家机密。当时，西班牙卡斯蒂利亚王国和葡萄牙正激烈争夺"新世界"和通往亚洲的航路，而承载着新地理信息的地图无疑是当时大国竞争的核心产品，其地位也许相当于今天的 5G 技术或者高端芯片。坎迪诺小心翼翼把地图偷偷带出葡萄牙，运回了费拉拉。

世界地图学史上，大概只有这张地图是以它的偷运者——而不是制作者或者收藏者——命名的。"坎迪诺平面球形图"（The Cantino Planisphere，图 58）是欧洲地图学史上的一座里程碑。它以非洲大陆为中心，勾勒了新大陆东海岸以西，一直到东亚和中南半岛的广大地域。东亚并不是它最关注的部分，那里只有传说中的"龙尾"轮廓。除了阿拉伯半岛沿岸和印度南端，其他地方几乎是一片空白。不过也应该考虑到，当时人们对新大陆究竟是不是亚洲的一部分还不那么清楚。

这张地图最突出的特征，是在左侧画上了一条直直的竖线，把已知世界切割成两部分。这条线表现的是 8 年前（即 1494 年）《托尔德西利亚斯条约》（Treaty of Tordesillas）所规定的西葡两大帝国的势力分界线。坎迪诺图也成为现存反映这条边界线的最古老的地图。

1494 年 6 月 7 日签订的《托尔德西利亚斯条约》被地图史学家杰里·布罗顿（Jerry Brotton）称为"欧洲全球帝国地理学最早也最狂妄的法令之一"[131]。随着航海事业的展开，越来越多的土地和航线被开发出来，西葡两国的地缘冲突日益加深。前一年，西班牙卡斯蒂利亚王室敦请教皇承认哥伦布发现的土地归其所有，以平衡葡萄牙此前对非洲新发现部分的占取。经罗马教皇亚历山大六世调解，两国确定以西经38°线为势力分割线。沿着这条最初的"教皇子午线"，想象中的地球被切分，分界线以东的半个地球归葡萄牙，以西归卡斯蒂利亚。但葡萄牙自觉吃了亏，直接找西班牙重新谈判，要把分割线再向西推移，这便是《托尔德西利亚斯条约》的由来。在强权面前，教皇也只是工具。到了1506年，新教皇儒略二世（Pope Julius II）颁发诏令，追认了这条分界线。新版"教皇子午线"位于西经46°37'附近，把今天南美洲东部更多地方给了葡萄牙。准确地说，它不是平分地球空间的条约，而是平分地球上**非欧洲世界**的条约。基督教欧洲地区虽然整体位于分界线以东，但显然不归葡萄牙所有。

《托尔德西利亚斯条约》是哥伦布"发现新大陆"的直接产物。但我们都知道，哥伦布本人从没想过要发现新大陆。他根据托勒密的地理学思想、马可·波罗的东方游记以及其他文献，固执地认为，只要朝西航行，就可以绕开葡萄牙控制的非洲沿岸，以更短的距离抵达中国和印度，打破葡萄牙对海上贸易通道的垄断。哥伦布的航行，本身是帝国争霸的一部分。

哥伦布对地球周长的估计严重偏小。我们从坎迪诺平面球形图便可看出，当时很多地理学者也没有把他的理论太当一回事。就在此图制作前不久，1501—1502年，葡萄牙派遣亚美利哥·韦斯普奇（Amerigo Vespucci）探索了今天乌拉圭到巴西一带的海岸，确认南美洲东部这一部分，是位于《托尔德西利亚斯条约》规定的葡萄牙一侧。后来马丁·瓦尔德泽米勒更是在他1507年的世界地图中，用韦斯普奇的名字把新大陆叫作"亚美利加"。今天的学者一般都认为，瓦尔德泽米勒地图的重要依据是1506年热那亚人尼古拉·卡维里（Nicolay de Caveri）

图 58：坎迪诺平面球形图。

制作的"卡维里地图"。而卡维里地图最重要的参考，正是几年前偷运到意大利的坎迪诺平面球形图。

就这样，葡萄牙王室的地理机密，通过这张地图传导到欧洲内陆，再借由印刷术的普及，数年之内就成了公共知识。这也成为16世纪之后，欧洲制图学中心从伊比利亚半岛转到西南欧的某种契机。值得一提的是，虽然卡维里地图和瓦尔德泽米勒地图都大量借鉴了坎迪诺图，但两者完全不标出"教皇子午线"。

如果说坎迪诺平面球形图代表了《托尔德西利亚斯条约》时代早期欧洲帝国眼中的世界（至少是葡萄牙眼中的世界），则这两份文献其实都暗示了这个世界并不完整。因为根据这个瓜分地球的条约，两大帝国只明确了在欧洲以西的分界：即从葡萄牙控制的佛得角群岛连线至哥伦布登陆的海岛，取中间点，按经线划出。但地球是球形的，这条经线必须延长到另一面对称的经线，才构成完整的360度，才能让两国平均分到各180度的球面。

那么，对称的那条经线，应该画在哪里呢？

两国加快了开疆拓土的步伐。葡萄牙绕过非洲南端进入印度洋，并在1511年攻占了马六甲，距离最重要的香料产地、今天印尼东部的摩鹿加群岛仅一步之遥。两年后，西班牙卡斯蒂利亚探险家首次抵达巴拿马地峡，得知在新大陆的西面还有一处大洋。而曾经参与葡萄牙攻占马六甲行动的费迪南·麦哲伦（Ferdinand Megellan，1480—1521），数年后转投对手阵营——已属哈布斯堡帝国的西班牙。麦哲伦认为，马六甲已经是《托尔德西利亚斯条约》规定的葡萄牙领地的尽头，再往东的摩鹿加群岛理应落入西班牙的统治范围。而"发现"新大洋的消息则鼓舞了麦哲伦。他像哥伦布一样，认为可以绕过新大陆

图 59：里贝罗"王家地籍图"。

继续向西，跨过他所命名的"太平洋"，开辟更直接的香料贸易路线。

麦哲伦漫长航行的结果，如后世所知，是实现了人类第一次绕行地球一周。但这又是一次误打误撞的地理"大发现"：麦哲伦本意只是开辟帝国商路，而非环游地球。为了建立殖民统治，他自告奋勇卷入当地部族冲突，结果战死于菲律宾，剩下的半段环球航行是由其助手完成的[132]。

西葡两国随即再度陷入激烈争执，双方都认为自己拥有摩鹿加群岛，具有香料贸易的垄断权。这场旷日持久的争论，体现在第奥古·里贝罗（Diogo Riberiro）几张著名的"王家地籍图"（Padrón Real）中。里贝罗是效忠于西班牙的葡萄牙人，作为制图师参与了两大帝国的分界谈判。他于 1525—1529 年绘制的几张地图，在地图学史中占有崇高地位：非洲轮廓描绘得相当完整，南美洲东部的海岸线也呈现得较为准确（图 59）。最重要的是：太平洋第一次被完整纳入已知世界，亚洲与美洲之间的相对位置比较明确了。相较于坎迪诺平面球形图或者受其影响的瓦尔德泽米勒世界地图，南亚到东亚的海岸线也有了明显的改进。

不过，打开里贝罗地图的正确方式是注意其边缘，而非中心部分。里贝罗巧妙地把《托尔德西利亚斯条约》规定的分界线作为地图中轴，世界沿着这条线向左右两边展开。位于东南亚的摩鹿加群岛被置于最左（西）侧，也就是说，刚刚好落入西班牙的统治范围。换言之，作为争议核心的香料群岛，被故意摆在最不起眼的"世界尽头"，最远的西方，与实际上近在咫尺的马六甲分别在地图两端，天各一方。制图者利用地球分割的视觉效果，隐晦地表达了帝国的主张。

最后，迫于财政方面的压力，西班牙国王查理五世同意让步，由葡萄牙出钱，向西班牙"购买"了摩鹿加群岛的所有权。双方于1529年签订《萨拉戈萨条约》，再次明确了对欧洲以外地球的平分原则。里贝罗的地图，显然为西班牙宣称其对东南亚小岛的"主权"立下汗马功劳。对此布罗顿有段精彩的描述：

> 对于西欧的帝国来说，首先是葡萄牙和卡斯蒂利亚，接着是荷兰和英格兰，这种先在地图上，接着在地球仪上画一条线，宣示拥有那些他们君主从未去过的地方的做法，持续了好几个世纪，塑造了随后500年中欧洲在全球的殖民政策。[133]

如果把坎迪诺平面球形图、里贝罗的前后几幅世界图同它们之前的欧洲世界地图对比，就能够很清楚地意识到，随着现代殖民帝国的兴起，人们的地理感觉也发生了革命[134]。

前一章提到过，在中世纪欧洲，精英们对世界的想象很大程度上基于《圣经》所提供的宗教图景。最典型的 T-O 图，其地理观念是基于陆地的，表达的是宗教和仪式性的空间感。14世纪上半叶，托勒密的《地理学指南》重新引入欧洲后，激发了以科学方法重新认知世界的热情。不过托勒密的地理认知是基于对地球的数学想象，而非实地探测。

虽然"地理大发现"的背后，有一部分是宗教冲动（即寻找"祭司王约翰"以夹击奥斯曼帝国），也得到了科学计算的助力，但它最主要的动力毫无疑问是寻求财富、特别是亚洲的财富。帝国在探寻商路的同时，以殖民手段巩固对财富和贸易的垄断性占有。此时的欧洲地图学，随着不断的地理探险而日益精准地反映出海岸线的轮廓以及大陆的形状。欧洲之外的世界也随之被"祛魅"（disenchantment）：即从想象的、抽象的、未知的空间，变成可以被探访、认知、了解，进而被掌控的具象空间。

如果查考地球空间的祛魅，我们也可以发现被庸俗现代化理论所忽略的一些内容。一般谈及现代化，人们更习惯强调理性化、世俗化等内容，科学成为重要的现代化标志。空间的理性化，表现在空间不再是神秘的、充满妖魔鬼怪的，而是可到达、测量和计算的。但如果仅限于此，那么托勒密的地理认知在文艺复兴的重新引入，似乎就已经是祛魅的了。可是不论是托勒密所生活的时代，还是他被重新发现的时代，科学和理性本身都没有构成推进人类地理观念现代化的充分条件，它只是必要条件之一。

我们可举出一个反例。明朝郑和的航海探索早于欧洲的大航海时代几十年，船队高超的航海技术当然体现着相当程度的理性和科技水平。但郑和的远航未能引出一套全球政治经济新秩序。这说明仅有理性和科技，并不必然导致所谓"现代"。而促使欧洲帝国前赴后继展开航海开拓的，除了依靠理性，更有以强大的资本积累为目的作为驱动。当积累资本的冲动得到科学助力，使得原有的商贸秩序可以被轻易打破，并建立起新的暴力性垄断之时，"现代"空间秩序才能在帝国争夺的背景下以殖民主义的形态出现。

对于殖民性帝国而言，地球空间既然可被全方位了解、探查，也就意味着此空间可被征服、处置、分割。西葡两帝国以国际条约形式平分世界，正体现了这点。须知在15世纪末和16世纪，欧洲还没有出现今天意义上的边界——这点和非欧世界并没有多大差异。而《托尔德西利亚斯条约》以及《萨拉戈萨条约》则是第一次以地球表面并不真的存在的抽象直线（经线），作为排他性的主权边界。这种边界想象的大胆性，不仅在于其领土野心，而且也在于它对大地全新的理解方式。山川、城池、村庄、林木、海岸线都不足以成为地理坐标了，经纬度这一古典时代构想的、纯粹数学性的度量网格，被用来当作现实中的地缘政治分界——再一次，虚构成为真实。

这种地缘政治分界，虽然是由两个相邻的欧洲帝国达成的，却不是为了明确两者之间的领土，而是为了分割它们当前和未来的海外殖民地。可见，现代地理知识、国际条约、法律边界都不是欧洲人为了处理欧洲事务才发明出来的。虽然人们一般把1648年《威斯特伐利亚和约》的签订视作现代国家和国际秩序的源头，但是很难想象，如果没有15世纪以来的对非欧世界的殖民争夺，主权、边界、条约、国际法这些现代观念会在17世纪的欧洲凭空诞生。这些观念的真正源起，我们都可以在16世纪早期的地图中找到清晰的表达。

2. 重魅：哪儿是印度？何为鞑靼？

现代制图学不仅分割了世界，也制造了关于世界的知识。

1570 年，世界上第一部现代地图集——《寰宇大观》（*Theatrum Orbis Terrarum*）在安特卫普首度出版。它的编纂者是弗兰芒地图学家亚伯拉罕·奥特柳斯（Abraham Ortelius，1527—1598）。关于奥特柳斯及其代表的尼德兰制图学派（The Netherlandish Cartographic School），我将在下一章慢慢道来。现在，先来关注其中一幅地图。

首版的《寰宇大观》中，出现了一幅以"东印度及其邻近岛屿"为标题的地图（Indiae Orientalis, Insularumque Adiacientium Typus，图 60）。它以中国南海为中心，将中国大陆到东南亚群岛的广大地域作为主要表现对象，向西延伸至印度次大陆，向东则包括了太平洋，一直到北美大陆边缘。

把从印度到东南亚群岛、包含中国南部在内的地域称为"东印度"，是为了区别于哥伦布所"发现"的、当时由西班牙控制的所谓"西印度"。这种命名方式生动地折射出"地理大发现"的根本动力。哥伦布的探险本就是为了找寻通往"印度"之路——这里的"印度"也包含中国。他把自己看到的美洲原住民称为"印度人"。

欧洲语言逐渐将哥伦布登陆的这一带群岛称为"西印度群岛"，而与之相对应的"东印度"，则视具体情况，指称不同欧洲国家在亚洲的殖民空间。各国纷纷组建"东印度公司"，其贸易范围几乎涵盖整个南亚、东亚和东南亚。

在 20 世纪之前，"东印度"这个地域其实并没有一个统一的本土名称，甚至其中一些国家的名字也是殖民者带来的。典型的比如"菲

图 60:《寰宇大观》中的《东印度地图》。

律宾", 是 1542 年西班牙人以腓力王子 (也就是后来的腓力二世国王) 的名字命名的。"印度尼西亚" 这个称呼, 是 19 世纪的英国人发明的, 用来指称西方人所谓的 "印度群岛"[135]。在独立之前, 印度尼西亚的通用名称是 "荷属东印度"。

所以, 16 世纪欧洲地图中的 "印度" 是一个非常模糊、矛盾的地理空间。1575 年, 西班牙 "首席印度宇宙志—编年史家" 胡安·洛佩兹·德·维拉斯科 (Juan Lopez de Velasco) 制作了一幅《西印度诸岛地图》(*Descripcion de las Yndias occidentales*, 图 61), 后收录于 1601 年安东尼·德·赫雷拉 (Antonio de Herrera) 编纂的《印度志》(*Descripcion de las Indias*) 中。

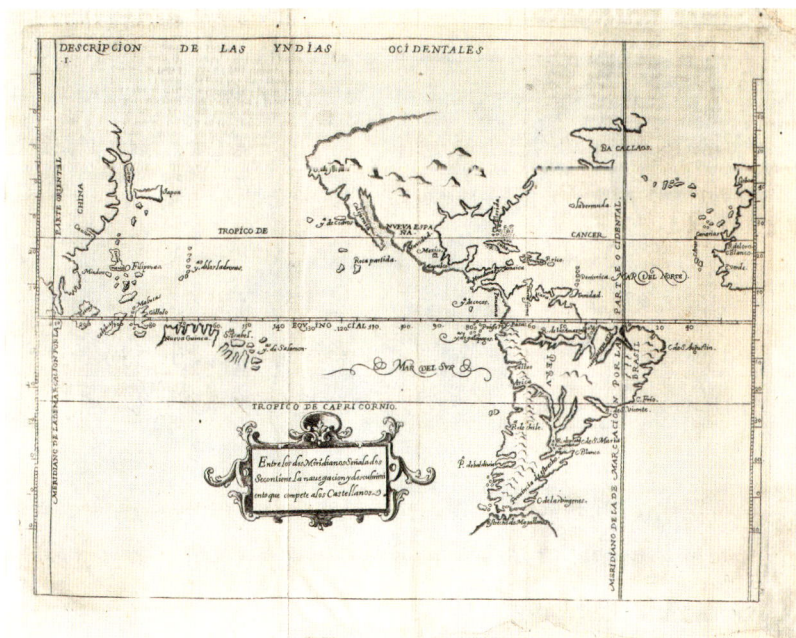

图 61：《西印度诸岛地图》。

这张地图西起中国东海岸，东至伊比利亚半岛和非洲西北端海岸，表现了西班牙帝国的势力范围，囊括了几乎整个太平洋和加勒比海地区。彼时，西班牙殖民者已在美洲大量开采白银，将白银运到东亚，换取香料以及中国的商品，这些商品再被输送到欧洲出售，积聚帝国的财富。有趣的是，这张地图把西班牙的殖民范围统称为"西印度诸岛"，此"西印度"甚至涵盖了被奥特柳斯及大多数欧洲人称为"东印度"的东南亚群岛。这种命名体现了一种帝国的政治宣言，在把西班牙的殖民半球视为一个整体空间的同时，畅想了由西班牙掌控的跨太平洋贸易路线的畅通无阻[136]。

"一幅地图并不是按照某物创造的模型，而是创造某物时参照的模型。"[137] 早期现代的欧洲地图充满了类似的对地理世界的"发明创造",而且往往是地图的构想在先,实体空间中的征服在后。前述两幅地图背后的命名冲突,与两国在现实世界中的冲突是一致的。

"印度",正如美国史学家罗纳德·因登(Ronald Inden)所说,"是一块被想象而非理性主导的土地"[138]。把本来不存在固定身份的空间单元创制出来,并以一厢情愿的想象来命名此单元,由此固化这个地理空间的神话(myth),这是地理学走入现代后一个显著的特征。

东、西印度的例子,再次让我们想起祛魅理论。祛魅,描述的只是现代认知的一个单向度趋向。但实际上,在祛魅的同时,新的神话也不断产生,我们不过以新的蒙昧替代了旧的。有学者以 Re-enchantment 来形容理性时代人们对宗教、魔术、神秘感以及回归自然状态的诉求[139]。这个词在很多时候被翻译为"返魅"。我在此处则更倾向于翻译为"重魅",因为新神话并非是对过去的简单回归,而是在理性基础上生成的,甚至就是对全新认知方式的迷信。不论是奥特柳斯的"东印度",还是维拉斯科的"西印度",它们和科学、理性的关系并非简单的符合或对立,作为帝国意识形态的一部分,此命名既借助了科学与理性,也凌驾于科学、理性之上。

除了发明与创造,另外一种重魅、塑造新神话的方式,可被称为"虚构"。虚构是将并不存在的地域政治想象强加在已知的空间上。17世纪是欧洲现代地图学大发展的时期,随着殖民、探险和商贸活动的展开,地球上的未知区域被不断探索。越来越多的地图集里加入了中国、日本甚至朝鲜等非欧国家的专图。不过在有关亚洲的地图集里,经常可以看到一个并不存在的实体:"鞑靼之地(Tartary 或 Tartaria)"。

鞑靼(Tatar)本是汉地对蒙古一部的称呼。或许在蒙古帝国向西扩张时，此名称传入欧洲。美国历史学者欧立德（Mark Elliott）引用一位中世纪史家的说法，认为蒙古西征带来的巨大破坏，令欧洲人想到希腊神话中冥王黑第斯所统治的地域"塔尔塔罗斯"（拉丁文Tartarus），因此 Tatar 就成了 Tartar [140]。蒙古帝国衰落后，鞑靼在欧洲成为对亚洲北方草原地带游牧民族的泛称，随后"鞑靼地"也就被用来指称从西伯利亚到中国东北部曾经为游牧民族统治的区域。

同时从奥特柳斯 1570 年首版的《寰宇大观》开始，"鞑靼地"就作为一个单独的地理区域出现在欧洲地图集中——这比单幅"中国地图"出现得还略早。从其中的《亚洲图》和《鞑靼王国图》（图 62）可以看到，中国和莫斯科公国（Moscovi）中间的北方亚洲大陆的广阔空间被统称为"鞑靼地"，面积几乎占了整个亚洲大陆的一半，与北美洲隔海相望。两大洲之间的海峡被命名为"阿尼安海峡"，也是一个虚构的地名。

此时俄罗斯的东扩尚未开始，"西伯利亚"之名还要等上很久才会成为通用名称。荷兰以及整个欧洲的地理学者，虽然对东南亚有了相对深入的了解，但对于亚洲北部草原地带的认知，还基本停留在蒙古帝国时代。他们大概无从了解今天西伯利亚到中国内陆亚洲边疆，其实并不存在一个统一的王国或政治体，生活在这个地域的人群，从语言、宗教到生产生活方式都很多元，并没有一个整体性的认同。

16—17 世纪耶稣会士前赴后继来到东亚，一方面为欧洲世界带回第一手的观察，另一方面也把欧洲人对世界的认知带给中文世界。比如艾儒略（Julio Aleni，1582—1649）的《职方外纪》就介绍过"鞑而鞑"，他说"中国之北迤西一带，直抵欧罗巴东界，俱名鞑而鞑。其地江河绝少，平土多沙，大半皆山"。此地气候苦寒，人迹罕至，因此

图 62：《寰宇大观》中的《鞑靼王国图》。

"未悉其详"。但是艾儒略还是花了很多笔墨，说当地民风如何剽悍，习俗如何怪异[141]。

　　借鉴明代地理资料而制作了《中国新地图集》的意大利耶稣会士卫匡国（Martino Martini），以《鞑靼战记》（De Bello Tartarica Historia）为题，记录了满人入主中原的见闻。欧洲人开始认定，存在不同的"鞑靼人"，满人属于"东鞑靼"，蒙古人属于"西鞑靼"，并在地图上延续了将"中国（China）"与"鞑靼地"分开的做法。尽管传教士们知道，所谓"鞑靼地"这个称谓并不存在于本土地理知识之中，但还是坚持使用这个名称。比如曾经跟随康熙皇帝巡游盛京和蒙古的南怀仁（Ferdinand Verbiest，1623—1688），就在日记中把盛京（即中

136

国东北）称作"东鞑靼地"，蒙古称作"西鞑靼地"[142]。

19 世纪之前，欧洲地图中的"鞑靼地"出现过许多变种，比如"俄罗斯鞑靼""中国鞑靼""独立鞑靼"等。似乎对这个鞑靼空间的纠结，并没有随着地理知识的增加而有所改变。最明显的例子，就是康熙年间法国耶稣会士领衔的清朝全国测绘[143]。在完成测绘后，耶稣会士为康熙制成《皇舆全览图》，其地名或以汉语、或以满汉双语标记，图上并没有鞑靼字样。但图样传回法国，经"国王地理学家"唐维尔（Jean-Baptiste d'Anville 1697—1782）加工后，于 1737 年出版了一本新的中国地图集，此地图集的标题就是《中国、中国鞑靼地和西藏新地图集》[144]。在 18 世纪的多数地图中，"中国（China）"和"鞑靼地"被画成以长城为界的两个国家，只不过两者同属于"中华帝国（Chinese Empire）"这个政治体。晚清名臣、地理学者徐继畬（1795—1873）在《瀛寰志略》中也注意到欧洲人地图里对"鞑靼地"的虚构，他的解释是"欧罗巴人罕涉其地，故不详其部落之名"[145]。

随着清朝对内亚边疆地带的巩固以及俄罗斯的东扩，"鞑靼地"逐渐被"满洲""蒙古""西伯利亚"等词语取代。但在 1806 年，英国制图家约翰·卡利（John Cary，1754—1835）还发表了一幅《中国鞑靼与独立鞑靼新图》，把从中国东北到西藏的整个内亚边疆视为"中国鞑靼"，阿富汗及中亚为"独立鞑靼"。当然，此时出现这种人为建构的地理认知，恐怕需要联系当时英国在印度及中亚的地缘扩张，这样才更好理解。

可见，地理知识的产生，一方面是通过实地调查、测量而形成的"自下而上"的自然知识积累，另一方面则是通过特定意识形态"自上而下"的人为塑造。地图不仅传递某一空间的信息，而且它本身就是人们主动塑造这个空间的产物。换句话说，不是地理塑造了地图，而是地图创制了地理，或者至少说，两者是互相生成的。

绘制地图既是将空间理性化、秩序化的重要手段，也是对空间重新发现、发明的过程。所谓西印度、东印度、鞑靼的命名，不但意味着发现，而且同时意味着认知和掌控。正因为如此，以欧洲为中心的近代历史，始终是一个关于"发现"的叙事。经由"发现"而来的掌控，通常连接着"占有"的法律概念。地图测绘虽然不必然意味着暴力占取，但它为空间赋予意义和秩序。以殖民主义的逻辑看来，这是对空间行使管辖权的先决条件。

3. 立法：未知领地和"自由"的海

几百年来人们习惯于赞扬哥伦布"发现"了新大陆，似乎"发现"本身开辟了新历史，惹得好事者总要围绕"谁先发现美洲"来挑动议题。那么我们能不能作一个反事实推想：如果是美洲原住民"发现"了欧洲，历史会怎样？

德国法学家卡尔·施米特（Carl Schmitt）对此有一个回答。在1950 年出版的名作《地球规治》（一般译为《大地的法》[146]）中，他说，那种认为印第安人可以像欧洲人测绘美洲一样准确地测绘欧洲的想法，是"可笑的时代错置"。为什么呢？因为"印第安人不具备基督教—欧洲理性的那种科学之力"。

地图所体现的绝不仅仅是知识或技术，而是赤裸裸的权力。和所有权力一样，地图是为了制造和强化等级格局而存在的。"当一个个人类群体被纳入文明等级的体系之后，他们拥有自然的资格，便也出现了等级。"[147] 在帝国时代，地图和殖民特权紧紧相连。施米特的那段话，把这层等级关系说得明明白白："发现"不算什么，"力"（power）才是根本。他断言："智识优势全然在欧洲一边，以至于新世界可被径直'拿来'。至于亚洲那个非基督教的旧世界，以及伊斯兰的非洲，在那些地方，只可能建立一些属国或者欧洲行使治外法权之地。"[148]

在他看来，"基督教—欧洲理性"的科学之力（英译本为 scientific power，可理解为"科学权力"）是欧洲知识天然优于（非欧洲）本土知识的重要依据，也是判断智识优劣的重要标准。地图测绘的"准确性"和"科学性"体现了知识层级的高下。问题是，这种准确性是基于欧洲标准的，或者更确切地说，是基于航海、通商、占有商品产地或港口、组织生产和贸易这种特定的资本主义需求的。在 15 到 19 世纪的世界，不是所有国家、所有社会都必然共享这些需求。所谓准确性，尤其是地图的准确性，从来都是因时、因地、因人、因用途而异，并无一套完全固定的标准。如果现代欧洲的测绘方法是"准确"的唯一模板，那我们也不会看到前文所说的那些刻意的虚构和想象了。

现代殖民帝国最根本的特质在于占取（occupy），占取首先是对空间的占取（包括领土、港口、运输线等等），其最重要的目的是资本积累。随之而来的则是对被占取地原住民的排挤、奴役和压迫。支撑着这种殖民行为的，是一套新的想象、建构、安排地理空间的方式以及对占取的"合法性"论述。现代地图是这套话语重要的表达形式之一。

图 63：英国制图家约翰·斯比得（John Speed）作于 1676 年的亚洲地图。地图两侧描绘了亚洲诸民族的画像。

围绕殖民资本主义的需求，15、16 世纪之后欧洲制作的世界地图有着鲜明的发展轨迹。首先是对海岸线的精确测量，这与当时的航海、贸易路线密切相关。与海岸线相比，内陆的地理信息显然不是此时制图学家的关注焦点。其次是将陆地和海洋二分，各大陆的轮廓线日益清晰。再次是以边界线和色块区分不同国家/政治体，国家被想象成了以陆地领土为基础、内部同质、外部边缘清晰的空间主权体[149]。在地图的装饰方面，物产和民族志图像逐渐取代了过去宗教性、神话性的图像（图 63）。表面上看，人类社会的多元和差异性被一套科学理性的大地测量标准抹平了，作为地理单元的欧洲，似乎与非欧世界并无不同。但正是这种把地球看作是一个个均质国家拼贴的方式，凸显了欧洲"智识"的优越感：欧洲人比那些生活在非欧世界的原住民，更了解他们家园的地理形态。一个全球等级秩序，也在这种智识和文明论的意义上被创造了出来。这就是刘禾所提出的以"地球空间"和"地球上的人心"为双重轴线的地缘政治结构[150]。

"权力从地图中走来，又行走于打造地图的道路上。"[151] 但是地图毕竟不像坚船利炮那样以暴力手段征服，它是和所谓"发现"的知识意义、思想意义联系在一起的，为暴力征服提供合法性依据。

施米特将"发现"的法律隐喻说得很明确：发现一块未知地域本身，并不自然赋予发现者合法资格。发现行为必须得到国际法秩序的认可，方才有效。而"发现"并非一个放之四海皆准的、谁都可以引用的概念，它必须是与"特定的历史，甚至是思想史情境"相关，这个情境即（欧洲人主导的）"地理大发现"。换句话说，施米特认为，只有欧洲人从大航海时代以来的"发现"才具备法律意义，可以获得承认，其他的"发现"都不能自动具备合法性。那么为什么原住民的发现不合法，只有欧洲人的发现（不论上面是否有原住民）才合法呢？他这样解释：

> 作为法律概念的"发现"，其含义必须诉诸：发现者比被发现者有更高的历史地位……若站在被发现者的立场，这种发现从来都不合法。不论是哥伦布还是其他发现者，都未得到被发现的王公的准许便不请自来。这些发现事先未获批准。所以，发现的法理依据必来自更高的合法性。只有当发现者在思想和历史上足够先进，能以更优越的知识和意识理解被发现者，此发现才合法。

套用布鲁诺·鲍威尔的一句黑格尔式格言：**发现者比其对象更了解他自身，并能够以更优越的教育和知识来驯服之。**[152]

在这里，施米特用文明的优越性来解释殖民主义的法源。他把资本逐利带来的暴力侵占，描绘为"基督教—欧洲理性的科学之力"对本土知识的征服。且不管本土知识本身是怎样的，它们必须被认定为非理性、落后、愚昧。所以，"地理大发现"并不只是关乎地理意识，与之相伴的还有欧洲一套安排地球空间的**法律意识**。这便是欧洲国际法（施米特称为"地球规治"）的起源。"当地球第一次被欧洲人的全球意识所包裹和测量，原初的陆地世界在"地理大发现"的时代就被改变了。其结果就是最初的大地法。它建基于两种空间秩序的特定关系：固定陆地与自由海洋，并在 400 年来支撑着欧洲中心主义的国际法。"[153] 因此他进而宣称："地图学档案在航海和国际法论辩两方面都极具意义，一份科学的地图测绘，宣示了对一块未知领土（terra incognita）的真正法权。"[154]

从这种鲜明的殖民帝国视角出发，地球空间在近代欧洲地图上表现为三种形态：一种是"已知"空间，包括亚欧大陆主要部分和北非，当地统治已经获得普遍认可；一种是"未知领土"（terra incognita），主要用于美洲、非洲、南方大陆（澳大利亚及南极洲），也包括过去无人涉足的岛屿和极地；最后一种是海洋。所谓"未知领土"，当然是指对殖民者而言的未知，在早期欧洲地图中，包括美洲在内的许多地域就被标注为未知领土。在 18 世纪以后的地图上也经常以空白表示。

英国小说家约瑟夫·康拉德（Joseph Conrad）在名作《黑暗的心》（图 64）中，就提到过地图上的空白。在小说的第一章，代表着白人殖民者身份的水手马洛说了这样一段话：

> 我小时候可喜欢看地图了。我会一连好几个小时盯着南美洲、非洲或者澳洲出神，为那些辉煌光荣的探险伟业心荡神驰。那时地图上有很多空白的空间，每当我看见一处看起来特别诱人的地方（但它们看起来都这样），就会把手指放在上面，说长大后一定要去那里。[155]

澳大利亚学者西蒙·瑞安（Simon Ryan）指出，把未知的空间在地图上留白，并不只是简单反映欧洲知识的空缺，而是急于抹去当地业已存在的社会和地理文化形式，并准备以新秩序投射其上，取而代之[156]。借由对这片土地的定义，殖民者就可以把掠夺行为用欧洲人听得懂的法律术语合理化。

地图上的"未知领土"，对应着日后国际法中的"无主地"（terra nullius）原则，意思是谁先占有，谁便拥有。而所谓"无主"，并不是说这片土地上无人居住，而是说即使这地方早有人居住，只要他们不是按照欧洲标准有效开发和利用这片土地、建立政府，那么这片土地就算是"无主"的。这样，发现、利用与占有的法律关系，就紧密结合在一起了[157]。这是欧洲国际法最基本的产生背景。因此施米特坦陈："国际法的传统历史，也是一部攫取土地的历史。"[158]

现代国际法的起源，最早便来自"发现"美洲之后带来的一系列与占取有关的争论。其核心命题就是：欧洲人究竟凭什么可以占有别人已经居住的土地，并为了获取利益而发动战争？西班牙学者维多利亚（Francisco de Vitoria）本身是神学家，但他之所以被后世追授为现代国

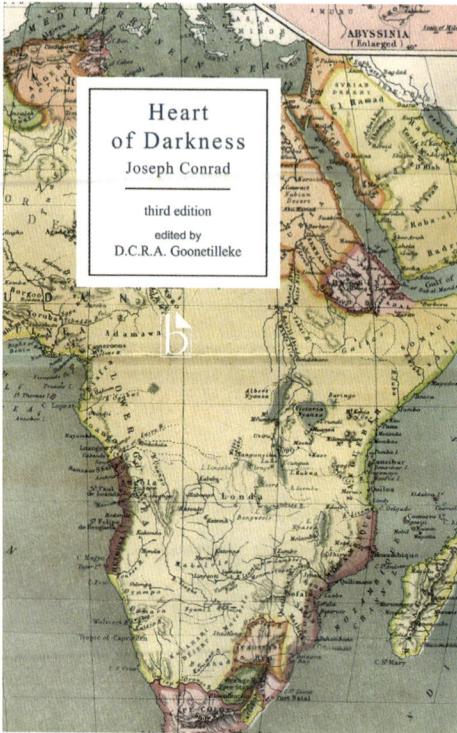

图 64：康拉德小说《黑暗的心》封面，Broadview 出版社，D.C.R.A. Goonetilleke 编辑，第三版，2020 年。

际法的鼻祖，就是因为他在著作中精妙地论证了这些问题。

维多利亚首先认为，不管是基督徒还是异教徒，在土地的所有权和管辖权上是平等的，西班牙不能以宗教或者文明理由剥夺印第安人的财产权。但是他并不认为西班牙因此便无权占领美洲。恰恰相反，他采取了一套与神学理由不同的，基于"万民法"（jus gentium）的论证。万民法赋予所有人迁徙、通商、传教的权利，而印第安人拒绝西班牙人行使此项权利，则可以被视为不正义，西班牙因此有理由对其发动"正义战争"。表面上，种族、宗教不能成为战争的理由，但欧洲人的行为准则以普遍权利的名义成为正义标准，这为掠夺、奴役原住民提供了更为隐蔽的、法律性的借口[159]。听上去，这和英国后来以清朝"拒绝自由贸易"为由发动鸦片战争颇有几分相似。

现代国际法的另一个起源，是对海洋空间秩序的规定。《托尔德西利亚斯条约》和《萨拉戈萨条约》以抽象的经线为界，其瓜分的领域既包含陆地，也包括海洋。这自然让所有后来崛起的殖民国家不满，特别是信奉新教的荷兰和英国。它们不断挑战西葡两国对东方贸易的垄断。荷兰联合省本是西班牙哈布斯堡帝国的一部分，从16世纪末开始，为争取独立而同西班牙陷入漫长的战争。双方的冲突不但发生在陆地，也发生在海上。荷兰地图上从不画"教皇子午线"，现实中也不断进行海上劫掠。后来围绕荷兰与伊比利亚半岛帝国对亚洲贸易航路的利益争夺，促使了现代战争法和海洋法的诞生。

这就要提到现代国际法的另一位鼻祖，荷兰法学家胡果·格劳秀斯（Hugo Grotius）。他以自然法为依据，借着一次海上抢劫案件，打破了西班牙对海洋的垄断。案件的发生地点不在欧洲，而在亚洲。

1603年，一艘从澳门出发、驶往马六甲的葡萄牙商船圣卡塔利纳号，在今天的新加坡海峡附近被三艘荷兰东印度公司的战船劫掠。船上的所有货物——主要是大量明代中国的瓷器、丝绸等——被没收，并带回荷兰拍卖，这次拍卖使一年前刚刚成立的荷兰东印度公司利润翻了50%以上。葡萄牙人当然对这种海上劫掠行径十分不满，打官司要求归还船只货物。荷兰东印度公司则聘请了年轻的格劳秀斯为公司辩护。格劳秀斯撰写了一篇长篇辩护词，其中一章在1609年被单独抽出来发表，题名《自由的海》（"Mare liberum"）。这篇重要文献专门论述海洋所属权的问题。格劳秀斯利用自然法的原理，提出海洋是自由的、公有的领域，任何人不能把海洋视作自己的属地，任何人都有权在海上无害通过。而因为荷兰与西班牙处于战争状态，葡萄牙当时亦是西班牙王国的一部分，因此荷兰对葡萄牙商船的劫掠是战争行为，船上的货物属于"战利品"。《自由的海》日后成为现代国际法尤其是海洋法的源头之一[160]。

需要注意的是，欧洲国际法并非主张海洋的绝对开放和自由。国际法是殖民帝国争霸的产物，它的根本目的从来不是提出所有人都适用的普遍性原则。在格劳秀斯的时代，自由开放的海洋本身就是一个备受争议的论点，在实践中更是自相矛盾。当英国东印度公司希图用格劳秀斯的"航行自由"理论，从荷兰垄断的东南亚香料贸易中分一杯羹时，格劳秀斯却以商贸合约为由，阻挠了英国的企图[161]。

一般谈到格劳秀斯，都从法学角度展开，把他的思想来源追溯到罗马的万民法及自然法。但这位国际法鼻祖也是地图爱好者，收集了很多地图。如果从地理空间角度展开，则可看到他的法律思想与帝国竞争背景下对亚洲空间的想象有着极为密切的关系。

经过多年的战争和论辩，欧洲的法学家们基本认定，海洋既不是国家领土（靠近陆地的领海除外），也不是无主地（因为这意味着可以先占先得），而是属"全体人之物（res communes）"[162]。由此，国际法区分了海洋的所有权和国家在海洋的司法管辖权。无人可视海洋为领土，但海洋也并非空洞而无法律的空间，国家可以在海洋上行使法权。当然，几百年以来，真正享有这种自由航行能力和管辖能力的国家并没有多少。更多时候，"航行自由"是殖民帝国的垄断性特权。

和在陆地上的争夺不同，殖民帝国的海上之争，争夺的不是海洋空间本身，而是航道。各霸权国也将陆地主权的专属特性延伸到船只和航道上。由此，"开放"的海面布满"主权走廊"（sovereign corridor），海洋是开放的，但船只和航线是有主权的。荷兰东印度公司的船只会尽量避开葡萄牙船队的航线；英国则曾寄望于开辟一条从北极地区通向东亚的"东北航道"，以免和老牌海上强权直接竞争。最终"发现"澳大利亚的英国船长詹姆斯·库克，就肩负着开辟"东北航道"的任务。

反映在地图上，我们看到，和大陆上充满斑斓的色块与清晰的边界线不同，欧洲地图中的海洋被表现为一个贯通、均质的整体。陆地被分割成一块一块的，海洋却似乎没有。这种在今天被认为是理所当然的空间表达，脱胎于殖民竞争，尤其是对海洋的自然法解释。地图和国际法一样，带有鲜明的地缘政治、文明主义因素，因此，并不像看上去那么自然而然。

4．帝国：张扬与隐藏之间

为了叙述上的连贯性，让我们暂时把时间拨快一些，跳跃到19—20世纪，看看后来崛起的英美，是如何在地图上构建自身的。

1886年7月24日，英国伦敦的《绘图》（*The Graphic*）杂志发表了一幅地图，全题为《帝国联盟：表现1886年英帝国幅员的世界地图》（*Imperial Federation：Map of the World Showing the Extent of British Empire in 1886*，图65）。因为英国女王维多利亚登基50周年庆典在即，所以此地图很快成为彰显日不落帝国辉煌殖民业绩的代表性图像之一，被广为印制。直到今天，这幅地图仍然引发很大的研究热情，成为学者们谈及英国史或帝国史的时候被经常引用的图像。

图 65:《帝国联盟: 表现 1886 年英帝国幅员的世界地图》。

19 世纪 80 年代的英帝国正处于黄金时期，硬实力和软实力都如日中天，达到了哥伦布以来所有殖民帝国的顶峰。《帝国联盟》生动体现了这种高扬的意识形态。它采用墨卡托投影法，对具体的地理信息表达得很少，重点突出的是英国的全球殖民地以及各个殖民地与宗主国之间紧密的物质联系。

以格林尼治子午线为中线，地图上的英属殖民地以粉红色填充，包括加拿大、英属西印度、西非、南部非洲、英属印度、英属海峡殖民地、澳大利亚和新西兰。另外还标注着英国掌控的要塞及港口，比如中国香港以及 1885 年刚刚占领的朝鲜巨文岛。在亚洲大陆北部的空白处，附有一张展示 1786 年英国殖民地的小地图，讲述了 100 年来帝国空间的大拓展。现在的殖民地，由横跨三大洋的航线紧密相连。在印度、加拿大、南非、西非、西印度群岛、澳大利亚和英国本土旁边，还附有统计表格，对比了1851年和当时的面积、人口、贸易总量以及宗主国和殖民地之间的进出口数量。

《帝国联盟》最显眼的地方，在于环绕着地图的装饰图像。地图下方，象征英国的不列颠尼亚女神（Britannia）手执三叉戟和米字盾牌，端坐在标注着"世界"的地球之上，地球由希腊神话中的擎天神亚特拉斯（Atlas，即"地图集"一词的来源）托于肩上。女神两旁环伺着代表殖民者和被殖民"土著"的人像以及各殖民地的代表性动物：殖民者大多手持猎枪，原住民大多捧着异域奇珍，向不列颠尼亚行注目之礼。右侧由上至下的三位女性，代表希腊、日本和罗马，她们虽然与英国的殖民地无关，但暗示了帝国"文明"的传统之深与散布之广。地图上方，另有三位女神侧卧在藤床之上，举起"自由"（Freedom）、"博爱"（Fraternity）和"联盟"（Federation）的横幅，在她们之间则是口衔橄榄枝的鸽子。

于是，《帝国联盟》完成了对大英帝国从实体到精神的完整宣传，以毫不遮掩的方式，赞颂了英国殖民者所达到的前无古人的"伟业"。殖民主义不再是地图后面的隐秘文本，而是地图本身的表现对象。海洋与陆地、占领和攫取、资本与统计、种族与秩序，所有帝国治理的要素，都汇聚于"自由""博爱"和"联盟"的政治话语之下。图像学（iconology）与地图学（cartography）水乳交融。

有趣的是，这幅地图的作者、著名插图画家沃尔特·克伦（Walter Crane）本身是一位社会主义者。这一身份引发了对《帝国联盟》更为丰富的解读和讨论。有学者认为，此地图的图像要素来自为伦敦正在举办的"印度与殖民博览会"创作的另一幅地图。对比之下,克伦的地图突出了劳动者的意象——比如画面左下的印度劳工、右下的澳大利亚白人矿工以及亚特拉斯神身上的不太引人注目的"人力"(human labour)字样——并且将殖民者与殖民地人民并列在一起,意在表达以劳动促成殖民者和被殖民者的团结。这里所谓的"劳动",并不是自然意义上人的劳作活动,而是资本主义意义上,作为资本的"人力",可被用来在"自由市场"上交换的生产活动。画面上各类人的价值,被悄悄地置换为"人力"的使用价值。

此图的统计数字,来自同期杂志上一篇与地图同名的文章。文章的主旨是呼吁应改革帝国政策,给予殖民地更多外交自主,以利联邦团结[163]。但即便这幅地图真的隐含了对帝国的温和批评和改革呼求,这种表达也还是根植于对帝国"团结"殖民地的期待。实际上,正如不少学者指出的,在殖民帝国扩张的事业中,很多开创了"自由""进步"理念的欧洲思想者同时也是帝国孜孜不倦的建设者[164]。一旦涉及殖民地问题,他们的"自由"更多是指殖民者有"教化"被殖民者、以促使他们"进步"的自由,而不是相反。

以地图来彰显帝国,并不只限于《帝国联盟》这种宣传品。地图测绘本身也是一种公开的宣示。1871 年,历时近 70 年的印度"大三角测量"(Great Trigonometrical Survey)终于完成。此项耗时耗资巨大的测绘工程,最早由英国东印度公司监督,后归由印度测量局负责,以三角测量法,实现了对印度次大陆从南到北、从东到西的网格状测绘。测绘不仅让帝国对殖民地有了更为深入的了解,而且也是实施殖民统治的重要组成部分。所以,尽管由于技术和后勤保障的原因,前后 700 多名测量员在漫长的 70 年中也并未走遍整个印度次大陆,但此次三角大测量仍然在"实践和话语两方面支持了殖民统治",凸显了殖民者的"理性、科学和自由"[165]。

在19世纪,自由主义成为英帝国标榜的意识形态,自由与殖民霸权并行不悖。新兴的美国也同样高举自由、文明大旗,其殖民扩张的速度和对原住民及黑奴的野蛮压迫,比英国有过之而无不及。早在1816年,美国就出版发行了第一张将本国画成横亘于大西洋和太平洋之间的全国地图。此地图题为《美利坚合众国地图,含邻近之英国与西班牙领地》(*Map of the United States of America:With the Contiguous British and Spanish Possessions*,图66),作者是苏格兰制图师约翰·麦里氏(John Melish)。

彼时美国领土虽然已经因"路易斯安那收购"[166]而翻倍,但也还只占有今天美国大陆部分的一半,远未扩张到尚在西班牙手中的西海岸。尽管如此,此图仍得到第三任总统托马斯·杰斐逊(Thomas Jefferson)的喜爱和肯定,乃至杰斐逊一直把它挂在位于弗吉尼亚蒙蒂塞洛庄园的家中。或许正说明这张地图充分表达了殖民者不断西进、实现"昭昭天命"(Manifest Destiny)的使命感。从这个意义上说,地图早于实际几十年,就预言了美国的领土扩张。

不过美国毕竟不同于英国,虽然两者皆宣称是"自由"的霸权国家,但采取了相当不同的自由主义空间论述。英国标榜自己是自由的帝国,美国政治精英却不喜欢用"帝国"一词,始终小心翼翼地回避国家论述中的"帝国"字眼。从表面上看,美国的扩张方式似乎不同于传统帝国:至少在菲律宾获得独立后,美国已经不谋求直接占据领土,改用不断增加海外驻军来牢牢把控全球空间。

在今天标准的世界地图中,美国看上去和其他国家差不多;也是由边界所包围的、内部同质的政治空间。地图中的美国就是本土 48 个州所组成的"地缘机体"（geo-body）形状，最多在角落里以附加形式放上阿拉斯加和夏威夷两个"海外州"。然而，这种标准的"图标地图"（logo map，图 67）远未能反映美国真正的司法边界。历史学家丹尼尔·伊默瓦尔（Daniel Immarwahr）在《如何隐藏帝国：大美利坚合众国史》中提醒说，除了两个"海外州"，图标地图完全隐藏了波多黎各、美属萨摩亚、关岛、美属维尔京群岛、北马里亚纳以及众多美国兼并的小岛屿 [167]。这些领地的陆地面积超过 1 万平方公里，人口超过 400 万，它们由美国联邦政府掌控，居民虽是美国国民（national），却不享受宪法规定的公民（citizen）权利。其中一些地方，美国的统治已超过一个多世纪，实质等于殖民地。

也就是说，所谓"合众国"或"联邦"，并不只是由 50 个州组成的，它是州与殖民地的相加。而且现在的州很多也是从以前的殖民地转变而来的。但是在图标地图中，美国的殖民地被遮掩掉了。同样遮掩掉的，是美国作为殖民帝国（colonial empire）的根本属性。

历史上的西进运动令美国完成了国家建设和帝国的塑型 [168]。实际上，西进运动并没有停止在西海岸。19 世纪末的美西战争让美国的殖民地扩展到整个太平洋，一直延伸到菲律宾。即使在今天，美国领土也西伸至关岛，而非阿拉斯加或夏威夷。以关岛为最西端，加勒比海地区的美属维尔京群岛为最东端，"大美国"领土的中间线（约西经 140 度左右），应该落在阿拉斯加到中东部太平洋，比夏威夷略往东一些，离大陆本土的西海岸还很远。当然，没有任何地图这样如实展现美国的宽阔幅员。更为重要的是，美国的帝国性已经不表现在领土上。借由其数百个海外军事基地，帝国势力扩展至所有大洲和大洋，其范

图 66：《美利坚合众国地图，含邻近之英国与西班牙领地》，今天的研究者认为，此图早在美国完成西进运动的几十年前，就预言了美国的扩张。来源：美国国会图书馆网站。

图 67：美国图标地图，仅显示 48 个州所在的本土。来源：Daniel Immarwahr, *How to Hide an Empire: A History of the Greater United States*. Page 8.

围之广和控制程度之深，远超鼎盛时期的英帝国。

以封闭的陆地领土空间定义国家，本是欧洲地图学在殖民时代的发明。随着殖民的深入，当代的世界地图也理所当然地只以封闭的边界标明国家。正是巧妙地利用这一点，美国隐藏了自己作为"无边界帝国"的属性，让包括美国人在内的全世界都错误地以陆地边界和海岸线来认知美国的形状。

其实在 20 世纪，航路、铁路已悄悄改变了国家的物理边界：边界往往不体现为线性的分割，而是空间之间的相互交叠。比如，享有治外法权的港口城市、由外国控制的本国铁路线，或者国土上的外国军事基地等。所以，延续至今的帝国—民族国家时代，一个国家真实的主权空间形态，并不一定表现为地图上闭合的"地缘机体"，而往往是交错、重叠、分散，或者也可能是千疮百孔的。航线和铁路线串起的一个一个飞地，遍布全球又相互联系的海外军事基地，构成新殖民主义更隐蔽、间接，但更为有效的统治方式。

所以，地图既可以将英国的殖民霸权赤裸裸地展现出来，也可以把美国的殖民霸权悄悄遮掩起来。

不过，殖民霸权不会真的被遮掩。美国真正的空间分布，其实很生动地体现在《美军联合司令部责任区域图》（*The World with Commanders' Areas of Responsibility*）中 [169]。

该图显示的是美国国防部如何划分美军的全球责任：6 个联合司令部把地球分割成几大块，其中海洋部分呈几何形分割。无处不在的军事力量对全球任一角落时时监控，帝国的触角无远弗届。可能这才是更为准确的"美国地图"。中国及东亚、澳大利亚和太平洋地区归于美国太平洋司令部（USPACOM），这是 6 个联合司令部中规模、人数和控制范围最大的一个。2018 年，太平洋司令部改名"印度洋—太平洋司令部"（USINDOPACOM），其责任范围达 2.6 亿平方公里，占整个地球表面积的一半以上。

从西葡的"教皇子午线"到美军联合司令部的"责任区域"，那些笔直整齐的分界线提醒我们，殖民帝国对地球空间的切割方法和想象方式，几乎没有本质性变化。

通常谈到帝国主义和殖民主义，我们会想到坚船利炮，或者经济压迫，但帝国的强制力量在大多数情况下是隐形的，在不为人注意的层面渗透。权力分有不同层次，既包括暴力强制（cohesion）、规训（discipline），也包括同意（consent），其作用方式并不相同[170]。就殖民帝国的霸权而言，坚船利炮是其暴力强制之一面；法律和仪轨——特别是国际法和外交——是其规训之另一面。而"同意"的议程设置和意识形态力，则是三种殖民力量中最隐蔽的，它塑造一种貌似放之四海皆准的知识体系，在以文明、科学、理性重新解释世界的同时，掌控了世界。现代地图就属于最为深层隐蔽的权力。它是一种深刻的议程设置，以对空间的重新组合和切割，配合着对人类社会的分类和等级化以及对人类历史的线性排列。在帝国扩张的过程中，地图测绘与暴力征伐、国际法规训互为表里，相互支持。

"地理大发现"以来的欧洲地图学发展，表面上看是服务于殖民帝国对地理知识"科学性"和"准确性"的需求，但其实帝国与地图的关系远较这种笼统的论述复杂微妙。地图的作用从来就不是对空间的复制，而是以高度选择性的方法，构建对空间秩序的解释。在所有的地图上，我们看到的都不是现实，而是用线条、色块以及象征符号等等建构的选择性视觉表现。很多时候，地图的内容超出地形地貌，还包含了民情、风俗、物产、历史等等。这些"数据"的选择，与地图制作者的政治、文化理念紧密相连。近世帝国追求的那种可视空间的"准确性和科学性"，也指向特定内容，比如资源、商路、财富、殖民以及地缘战略。

就这样，起源于欧洲的现代地图学为兴起于殖民时代的现代地理知识提供了一套完整的论述框架，现代地理观念又沿着地图学所规定的框架和方向延伸和发展，成为帝国意识形态在空间领域最为强大的表达者和宣传者。在其自身的发展演变中，也开始日益指向具有特定目的的"真确性"和科学性。在地缘政治斗争、国际交涉、国际法的创制中，这种带有特定目的的地图都扮演了极为重要的角色。

如前所述，15 世纪以来的欧洲地理"发现"和地图学发展，铺陈着一条晦暗的主题线，即对"东方"的探索和征服。从哥伦布、麦哲伦，到英国和美国，现代殖民帝国的形成机理中，有一项历史情境至关重要，那就是对亚洲的想象、进取、控制和争夺。能动者主要是欧洲，对象始终是亚洲。在寻找、控制亚洲的过程中，欧洲拓殖非洲和美洲、征服太平洋、开发西伯利亚和澳大利亚。所谓的"东方"（Orient），其实含义远超过亚洲，而可以指代所有非欧洲的、后来被欧洲殖民的空间。

Orient，既意味着"东方"，也意味着"方向"。哪怕是帝国家族的后来者——比如日本，其殖民对象也同样是亚洲。在这个意义上，我们也许可以说，所谓"海洋帝国"和"陆地帝国"的分野，其实无非反映出通往亚洲的手段是海路还是陆路而已，很难说是由于民族性格或政治文化的不同成就了帝国的不同性质。亚洲是方向，是目的。

由此也可以理解，为什么非洲距离欧洲那么近，但对非洲的大规模殖民迟至 19 世纪才开始。因为在寻路亚洲的过程中，非洲不过是中转站；而在开发美洲后，非洲的作用只不过是奴隶的来源地。19 世纪之前，欧洲对非洲内部既缺乏了解的兴趣，也缺乏探求的动力。直到殖民帝国在美洲、亚洲的竞争进入白热化之后，欧洲人特别是像比利时、德国、意大利等后发殖民帝国才越来越关注非洲[171]。1884 年，瓜分非洲的柏林会议召开，标志着为殖民主义服务的欧洲国际法体系进入了成熟和完善期。此后不久，它成为通行全球的法则。

对地图帝国主义（Cartographic Imperialism）总结一下就是：现代殖民性帝国的兴起，首先表现为对地理空间的全新认知和处理方式，表现为从开拓商路到占领殖民地的一系列重塑空间秩序的行为。全球空间第一次被整体纳入资本主义生产体系，在资本主导的生产—运输—消费链条中，形成相互关系和等级次序。同时，为这种秩序辩护的欧洲国际法也在地理空间的重塑过程中诞生、发展。15 世纪后兴起的欧洲地图学是这一系列变化最为鲜明的视觉表现。因此，近代以来有代表性的欧洲地图作品，不仅是殖民帝国地理知识的体现，而且也是其殖民权力和帝国意识形态的体现。

到了施米特写作《地球规治》的 20 世纪中期，他感觉到欧洲中心主义的国际法面临着巨大挑战：人们对地球的争夺已经突破大地和海洋，而延展到天空。"这种转变是巨大的，因为从天空看，并以空袭角度视之，大地和海洋表面并无差别。但对人的生命而言，无论是在地面还是水面上，来自天空的危险是一样的。"[172] 而在 21 世纪，网络世界为人类构筑了一个全新的空间感，大地—海洋—天空的三重空间，不再约束人的生产和消费。再一次，我们所身处的空间需要重新理解、丈量和管治，而帝国新的殖民行动也早已开始。

商业订制：资本时代的东亚画像

MAPPING

ASIA

1. Chinae：欧洲首幅"中国"地图

1584 年，在安特卫普出版的最新版本的地图集《寰宇大观》中，制图家亚伯拉罕·奥特柳斯增添了一幅新地图，名为"Chinae"。Chinae 这个拼写不同于一般拉丁文中"中国（Sina）一词"，也和前几版《寰宇大观》中亚洲总图里出现的"China"不一致，但指的就是当时欧洲人所认知的中国。这是欧洲第一幅以"中国"为名的单幅地图，图的背面还有一篇中国简述。那一年，是明朝万历十二年。

单是把"中国"作为一个独立的地理认知单元列入图册本身，就是一个不同寻常的举动。这当然不是说欧洲人对中国的兴趣从此时刚刚开始。我们都知道，将近 300 年前，马可·波罗就勾起了探险家们对中国的无限向往。但以往的地图中，中国最多只是在"亚洲地图"或者"鞑靼地图"中占据一隅，而地图买家越来越不满足于此，迫切地需要一个权威的中国画像。奥特柳斯的这幅《中国图》，让欧洲人第一次可以凝视这个遥远的国度。它也成为此后几十年间欧洲人对中国形状的标准认知，直到 17 世纪中期，才为耶稣会士卫匡国的新地图所取代。

今天提到奥特柳斯，最为人所知的一点，就是他是"尼德兰制图学派"的杰出代表。尼德兰制图学派于16世纪下半叶在低地国家（今天荷兰、比利时一带）兴起，在17世纪达到顶峰，是欧洲地图学发展史中承续古典、开启现代的重要一环。和16世纪初的西班牙、葡萄牙地图制作不同，在市场竞争的刺激下，低地国家制作的地图不再主要是人工绘制的、供国家或王公密藏的情报，而是可以批量印制、面向城市中产阶层的商品。尼德兰地区地图的生产、制作、销售和消费，正是欧洲现代资本主义各要素相互作用的结果，其中最重要的一些要素，包括印刷技术的传播、书籍市场的形成、市民阶层的兴起、出版行业的职业化以及不可或缺的——以荷兰东印度公司为代表的欧洲势力对亚洲的拓殖。

奥特柳斯的地图集《寰宇大观》，拉丁文为 *Theatrum Orbis Terrarum*。Theatrum 直译为"剧场"，这是源自古希腊哲学、由中世纪经院哲学传导到文艺复兴时代的观念，即世界是一个巨大的演剧场。Orbis Terraum 当然是接续了古罗马时代"已知世界"的理念。奥特柳斯虽然在标题中致敬古典传统，但书中表现的是鲜活的时代新知。

让我们来看看其中的中国地图（图68）。今天的人乍看此图，会觉得相当陌生：首先，和我们熟悉的以北为上的图很不一样，它是以西为上的。这在《寰宇大观》中倒并不少见，比如英伦地图，也是以西为上——这样更适于书籍的开本方向。其次，中国的海岸线是一条相对平滑的曲线，没有山东半岛和辽东半岛构成的凸起，而西方和北方则被长长的山脉围住，使中国看上去是一个椭圆形，像一把竖琴[173]。此外，地图下方画出了日本，却完全见不到中日之间的朝鲜。

不过，作者已经尽力让这幅地图反映最新的中国消息。在西部山脉的上方，有一段拉丁文注释：

> 位于 Sancii（陕西）省的这个圆形湖，是由 1557 年一次洪水
> 造成的。在这场洪水中，共有七座城市以及若干村镇被淹没，大
> 量人口死亡。只有一个男孩，因为一根树干获救。

图中央标记为 Sancii 的地方，果然画有一个圆形湖泊。仔细看，
湖中还有一个小人，坐在一根木头上，双手举起，像是在向上天祷告
（图 69）。为什么这件事情格外重要呢？这段描述应该指的是 1556 年的
嘉靖大地震。这是人类历史上最为惨烈的震灾之一，震中在陕西华县，
达到里氏 8 级以上，波及周围数省，当地水系被严重破坏。史载"或
地裂泉涌，中有鱼物，或城郭房屋陷入池中……河渭大泛，华兵（岳）、
钟南山鸣，河清数日。压死官吏军民，奏报有名者八十三万有奇"[174]。
可见地图不仅是地理信息的收集记录，而且也有传递历史信息的功能。
在这一点上，欧洲和东亚的地图学传统高度一致。也正是这一小段话，
提示关于这幅地图更多的背景信息。

奥特柳斯并不是这幅地图的原始作者。他注明此幅地图来源于
Ludovicus Georgius，这个拉丁文名字，一般被认为是指葡萄牙制图师、
巴布达的路易兹·豪尔赫（Luiz Jorge de Barbuda，1564?—1613?）。关
于路易兹·豪尔赫的生平，留下的资料不多，只知道他曾担任西班牙
国王腓力二世的"海图与世界地图制作师"。也有学者认为他曾经到过
中国。不过，关于这点还需要更多考证[175]。他制作的中国地图及文字
简述，主要取材于西班牙教士、地理学者伯拉迪诺·德·埃斯卡兰特
（Bernardino de Escalante）于 1577 年出版的《东方航海志》[176]。该书

图 68：奥特柳斯《中国图》，载 1584 年版《寰宇大观》。来源：美国地理学会图书馆。

图 69：奥特柳斯《中国图》局部，可见圆形湖泊中一个孩子骑木祷告，上方有拉丁文注释。

是 16 世纪以西班牙语出版的第一部关于中国的专著，影响广泛，也是后来著名的胡安·门多萨（Juan Gonzalez de Mendoza）《伟大的中华王国最著名的事物、礼仪和习俗的历史》的参考书之一[177]。但埃斯卡兰特恐怕没有到过中国，他的信息源，除了有到过西班牙的中国人的讲述外，主要是葡萄牙人的著述，包括历史学家巴罗士（Joao de Barros）的《亚洲旬年史》（*Decadas da Asia*）第三版和道明会传教士克路士（Gaspar da Cruz）的《中国志》（*Tratado das Cousas da China*）[178]。巴罗士也未到过亚洲，和埃斯卡兰特差不多，他对中国的描述很大程度上依赖其中国奴隶翻译的资料[179]。而克路士则是这些写作者中唯一到过中国的，而且正好在 1556 年到 1557 年短暂停留于广州。他从一位富商那里打听过大地震和洪水的事情。在《中国志》的第二十九章"一五五六年中国人受到上帝惩罚"里，他列出了七个受灾的城市和一些地方以及某地"只有一位小男孩获救"的传闻[180]。如果这段文字就是奥特柳斯地图上"七城市"和"洪水男孩"的来源，那么这个故事在 20 多年里由文字衍生出图像，可能也是通过葡萄牙、西班牙传到尼德兰，经过了多重转译和演绎。

《寰宇大观》中的中国地图，创下了欧洲地图学史上的几项第一：第一次画出了中国的长城；还在长城以外第一次画上了让欧洲人惊叹的风帆车；第一次给菲律宾的岛屿命名——虽然只有棉兰老（Mindanao）和宿务(Cebu)而没有吕宋。中国的沿海省份（从广西、广东、福建、浙江到山东）也都基本可以和现实对应。尽管如此，图上对于中国的展现，其实并没有超越《马可·波罗游记》太多。比如长城之外罗列了一长串的地名，配以排列整齐的城堡标志，显示作者并不清楚这些地名的相对位置和关系，只好一股脑堆上。北方山脉之外，点缀着几个蒙古包及帐篷状的城池，这些也都来自马可·波罗。

此时欧洲的地理学者尚未搞清"中国"和"契丹"（Cataio 或者 Cathy）的关系。在《寰宇大观》的亚洲总图（题为《亚洲新图》）中，China 只居于南方的广东附近，而 Cataio 与 China 并列，居于北方。显然，这是将 China 等同于马可·波罗提到的 Mangi（"蛮子"）。这个混淆的概念要再等许多年才被来华的耶稣会传教士最终澄清、改正。此外，该图的中国海岸线也延续了早先欧洲世界地图中粗糙的斜线。另一处体现认知顽固性的地方，是《中国图》上方标示的"清迈湖"（Chiama lacus）。这个被想象成东南亚多条大河发源地的湖泊，也由葡萄牙史家巴罗士在《亚洲旬年史》中最早记录。它在欧洲人的地图上顽强存在了 200 年，直到 18 世纪才被确认为虚构[181]。与此观念类似，中国境内也画着几处大湖泊，枝杈四散的大河流皆交汇于此。

也就是说，在这幅以中国命名的地图中，我们既可以看到在最近 20 多年里葡萄牙人获取的信息（嘉靖大地震），也能够看到马可·波罗近 300 年前带来的信息，还掺杂一些虚构和想象。不同时间的信息，被叠加在了同一张地理图画里。

可是葡萄牙人的商船早在 1513 年就已经巡弋于中国沿海，并不断带回关于东亚海洋和陆地的新地理知识，为什么东亚的轮廓线没有太多更新呢？况且当时欧洲也不是没有拿到中国人自己制作的中国地图。比如 1575 年，西班牙在菲律宾的总督就寄给国王腓力二世一幅中国人绘制的《古今形胜之图》（详见第六章）。那么既然如此，为什么制图师还是要坚持马可·波罗时代的认知，并一直延续到 17 世纪早期呢？这里面也许有偶然因素，导致制图师们错过了这样一幅重要的地图。或许还有其他的因素，导致他们不太情愿接受这幅图像。

不少学者已经指出，阅读地图特别是古代地图，并不只有科学性这一个视角[182]。地图中展现的政治诉求和文化思维也都极为重要。我们并不知道路易兹·豪尔赫的原图究竟是什么样的。哥伦布之后，西班牙、葡萄牙展开地缘竞争，大航海所产生的新地图多被君主视为国家机密，藏于深宫，秘不示人。最终很大一部分手绘作品都未能存世。如果不是奥特柳斯，豪尔赫的中国地图恐怕也很难流传下来。

《寰宇大观》则不同：它不是国家机密，而是向公众兜售的商品。我们只需要看一眼这张《中国图》，就立刻能感受到尼德兰学派对图画艺术性的追求和工艺的高超：它以铜版刻蚀，在印刷的底图上，手工着色完成。山川、河流、城池和海岸线，都以动感的点线勾勒点缀。图上的帐篷、舟车、动物造型精巧，与其说是说明性的，不如说是装饰性的，用以填充空白。在放置比例尺、标题和制作年份的角落，饰有精美的、由天使及动植物组成的涡卷图案（cartouche）。画幅中所有的字体整洁雅致。地图四周还配以略显繁复的边框，使之看上去更像是一幅可挂在墙上欣赏的巴洛克风格画作。

如果我们看得更细致一些，便可以见到日本岛左侧的海域画着一只海怪（sea monster）。第三章曾经谈及，海怪是中世纪到文艺复兴时期欧洲海图中常见的神话动物装饰。早期的海图中，海怪传达着本海域未被开发、具有危险性的警示。到了十六七世纪，海怪的神话性让位于装饰性，成了制图师提高地图售价的方式，因为"一般来说，有海怪的地图显得更丰满、更雍容、更奢华"[183]。

如果我们从满足顾客需求的角度理解这幅地图，也许就能理解奥特柳斯对信息的选择了。在1584年，尽管前几版《寰宇大观》已大获成功，但他仍然要不断扩充其内容，以应对对手的竞争。《中国图》令他再次抢得先机。也正因为面向的是一般消费者（而非君主），因此在得到豪尔赫的原图后，奥特柳斯要将它美化并详加装饰。至于地理信息，除了保留"洪水男孩"这种颇具传奇性的情节外，奥特柳斯还必须考虑到当时人们对中国的一般性认知，不能太过偏离一些既定印

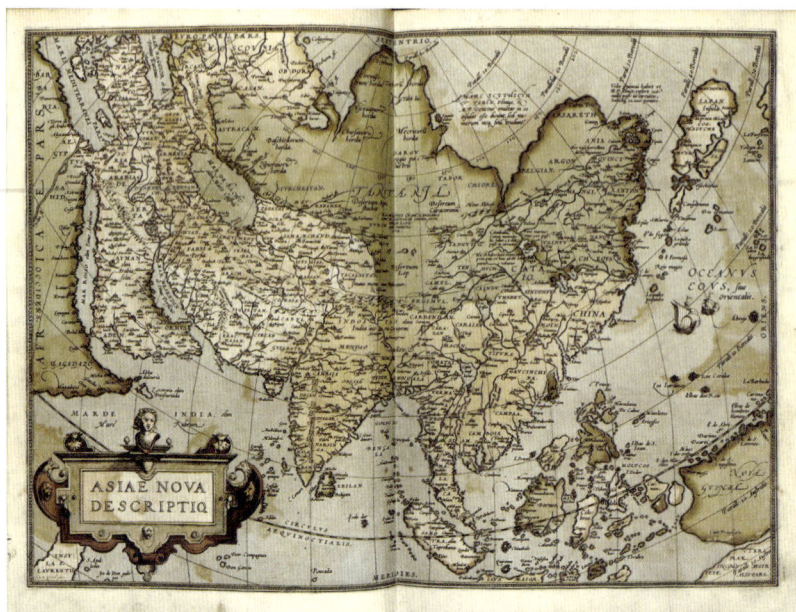

图 70：奥特柳斯《亚洲新图》，载 1570 年版《寰宇大观》。米源：美国国会图书馆。

象——即马可·波罗所带来的印象。所以一面以 China 命名中国，另一面在亚洲总图（图 70）中仍然保留了 Cataio 与 China 的并列。日本史家宫崎市定对此有很敏锐的观察："对于地理学家来说，地图最终只是一种商品，如果众人因没有出现 Cataio 就认为地图不精确，最终拒绝购买的话，那就糟糕了。"[184]

每一幅地图，当然都可以从多种角度赏析、解读。我在这里突出的，是奥特柳斯《中国图》与欧洲方兴未艾的商业资本主义的联系。这种联系既体现在地图的市场化、书商的职业化、地图消费的市民化上，也体现在作为新兴资本势力的荷兰强势介入、主导欧亚海洋贸易的网络上。以奥特柳斯为代表的尼德兰制图学派的兴起，正是因为它处在欧洲资本主义对内变革、对外扩张的时空交点上。

图 71：奥特柳斯《日本岛图》，载 1595 年版《寰宇大观》。

在发表了《中国图》11 年后，奥特柳斯又在更新版的《寰宇大观》中增添了欧洲地图史上第一幅日本和朝鲜地图（图 71）。虽然名为《日本岛图》（*Iaponia Insulae Descriptio*），但图上朝鲜占据了可观的位置。只不过当时的欧洲人仍不清楚朝鲜到底是岛屿还是半岛，更缺乏对其形状、大小的具体了解，所以把它画成一个状如悬针的岛（Corea Insulae），而对其北端则有意模糊处理。

日本的形状大体与行基图所绘类似，很可能就来源于某张行基图。可以明确辨认出三大岛：本州、四国和九州。当然，图上的地理信息也是经过多重传递的，比如三个大岛的名字分别是 Meaco（京都）、Tonsa（土佐）和 Bungo（丰后）。而且本州岛东西向延展，几乎和朝鲜构成垂直关系。有趣的是，朝鲜的南端和朝日间的对马岛，被分别注明是"盗贼角"（Punta dos Ladrones）和"盗贼岛"（Ilhas dos Ladrones），大概得名于当时盛行的倭寇吧。

《日本岛图》的原作者也不是奥特柳斯，而是葡萄牙人路易斯·特谢拉（Luis Teixeira）。他的生卒年份难以确考，但我们知道他出身于制图世家，服务于西班牙王室，有 15 张地图作品流传于世。除了这幅日本图，他还制作了亚速尔群岛和巴西东海岸的早期地图。特谢拉和尼德兰诸多制图师都有密切联系。奥特柳斯曾委托他绘制中国和日本地图，不过最后只有日本地图收录于 1595 年版的《寰宇大观》。我们不知道特谢拉从何处得到的资料，只能猜测是去过日本的耶稣会士[185]。和 1584 年《中国图》一样，这幅地图在以后的数十年中，成为日本和朝鲜在欧洲市场上的"标准像"。同时，这也标志着西班牙帝国力图保守东方地理信息秘密的政策被彻底攻破了[186]。

2. 竞争："黄金时代"的制图师们

在 16 世纪的安特卫普乃至整个欧洲，没有任何一本地图集像《寰宇大观》那样畅销不衰。它还远涉重洋，被耶稣会士们带到东亚，与罗洪先《广舆图》一样成为欧亚地理学交流的重要媒介。奥特柳斯及其后继者对地图数量和质量的不断追求，正是其成功的秘诀。从 1570 年首版到 1612 年停止更新，这本地图集从最早的 53 张地图，扩充到 167 张。除了拉丁文，它还以荷兰文、法文、意大利文、西班牙文、德文和英文出版，总共发行了约 32 个版本，直到 1640 年还在印制。奥特柳斯于 1598 年离世，其后人在 1601 年把他的地图刻板卖给了出版商乔安·弗伦特（Joan Baptist Vrients），弗伦特一直到 1612 年去世前，仍不断增添内容再版。

也就是说，《寰宇大观》平均每一年多就会推出新的版本，以此牢牢掌握它在地图集市场上的头把交椅。当时它主要的竞争对手有两个，一是杰拉德·裘德（Gerard de Jode）的《世界之镜》（*Speculum Orbis Terrarum*）。《世界之镜》初版于 1578 年，但销量远不如《寰宇大观》。裘德致力于扩充其内容，可惜天不假年，他于 1591 年亡故。他的儿子接过其未竟之事，两年后出版了新版，不但地图数量有所增加，有的质量甚至优于《寰宇大观》，怎奈《世界之镜》仍然不是对手。

说起来，其实路易兹·豪尔赫早在 1577 年就为裘德的《世界之镜》制作了一幅《中华王国图》（*China Regnum*）。但奥特柳斯利用他 1575 年获得的腓力二世地理学家的政治身份，极力压下此图。1580 年，他通过朋友得到豪尔赫的《中国图》，又继续等待了四年，才在确保市场优势的情况下，发表了经过修改的版本[187]。而裘德则直到 1593 年才在新版《世界之镜》中推出他的《中华王国图》（图 72）。但此时奥特柳斯早已占得市场先机，所以此图流传不广。值得一提的是，在今天的古地图市场上，裘德的这幅中国图因稀而贵，反而成为炙手可热的收藏品。

《寰宇大观》的第二个竞争者是杰拉杜斯·墨卡托的《地图集》（*Atlas*）。墨卡托的《地图集》是第一本以当代人熟悉的词语 "Atlas"（即地图集）命名的书籍，它是在这位杰出的地图学家过世一年后，于 1595 年首次出版的。但当时的《地图集》并未最终完成，墨卡托的儿子也没能持续更新图版，所以在 1604 年以前，《地图集》在市场上不敌《寰宇大观》。

图 72: 裘德《中华王国图》，载 1593 年版《世界之镜》。

活跃在尼德兰地区的制图家和出版商当然不止这几位，他们之间既有竞争又有合作，特别是墨卡托与奥特柳斯（图 74）。墨卡托不但创制了迄今最为流行的地图投影法，更可以说是欧洲商业地图出版业的开创者，他的活动遍及低地国家，直接推动了 16 世纪以安特卫普为中心的商业制图行业的发展。正是在墨卡托活跃的时代，地图制作"从一个少数学者和印刷工人从事的次要事务，转变为一大群企业家参与的主要经济活动"[188]。

安特卫普的崛起，和文艺复兴后期南欧和西北欧出现的两个趋势相关。第一是意大利城邦国家逐渐衰落，欧洲的经济中心向北迁徙。

图 73：《中国图》，载墨卡托—洪第乌斯《地图集》。来源：美国地理学会图书馆。

安特卫普毗邻海港，商贾云集，自然也成为财富、文化和信息交汇之所。第二是印刷术的兴起，带动了印刷制品——包括书籍和地图——的普及[189]。

古登堡印刷术在被发明出来后迅速推广，到了 1480 年，整个西欧已经有 210 多个城市开设了印刷作坊。德意志和意大利地区建立起庞大的书籍网络[190]。书籍成为利润颇高的商品，法兰克福书展也提供了各类书籍流通的重要平台。当时，诸多德意志地区的知识分子投身于天文学、地理学和制图学的研究。比如第一次在地图上命名"美洲"的马丁·瓦尔德泽米勒、对奥特柳斯产生巨大影响的塞巴斯蒂安·缪斯特以及杰拉杜斯·墨卡托。大航海和宗教改革大大刺激了欧洲人对世界的好奇心。在尼德兰地区，资本、技术和知识找到了最佳的结合方式。这里不仅聚集了大量出版商，而且有最好的雕版师，也有一代出色的学者。于是，现代制图术在此"变成了一项产业"[191]。

但是安特卫普的国际商都地位过多依赖于外部资源[192]。随着尼德兰与西班牙之间的矛盾日深，八十年战争爆发，安特卫普于 1585 年被西班牙攻陷，反而成了反新教改革的据点，商业地位也迅速衰落。而荷兰北部的印刷作坊则数量激增，成为新教出版行业的核心地区[193]。尼德兰制图学派的中心旋即转向了另一个国际商业都市：阿姆斯特丹。1602 年，荷兰东印度公司（VOC）成立，阿姆斯特丹随之成为欧洲航运、贸易和金融中心，其地位一直保持到英国崛起的 18 世纪。在文化方面，由于荷兰信仰新教加尔文宗，因此受到宗教迫害的新教知识分子大批移居荷兰，也让阿姆斯特丹成为新教欧洲文化艺术的中心。

尼德兰学派"黄金时代"在阿姆斯特丹延续的标志是 1604 年的一笔买卖。本地制图师约道库斯·洪第乌斯（Jodocus Hondius, 1563—1611，图 75）与大出版商柯内利斯·克莱兹（Cornelis Claesz, 1596—1609）携手，在莱顿的拍卖会上，以巨资拍下了墨卡托家族的制图铜版。此后，墨卡托的事业在洪第乌斯手中获得新生。洪第乌斯为《地图集》增添了许多新图，其中不少由他亲自绘制。1606 年，墨卡托—洪第乌斯《地图集》出版，含 143 幅地图，因制作精良，很快便销售一空。此后他又出版了口袋本的《小地图集》，同样大获成功。

新《地图集》增加了关于亚洲的篇幅，很多就来自《寰宇大观》——比如亚洲总图、鞑靼地图、日本图、东印度图等，可说是基本照搬。但其中的《中国图》（China，图 73）有了差别。

此图的基本格局仍然来自奥特柳斯，但旋转成了以北为上。辽东和山东半岛已经依稀可辨了。同时，他把奥特柳斯的《中国图》和《日本图》结合在了一起（尽管书中另有一幅单独的《日本图》），"竖式"中国只占据画面中间靠左的三分之一，右侧则完全给了太平洋；在画面右上方，还出现了北美洲。这样安排，似乎是为了展现美、亚两大陆与太平洋的地理关系。和流行多年的奥特柳斯《中国图》相比，洪第乌斯去掉了长城外罗列的地名，保留了"洪水男孩"的情节，又添加了关于风帆车和朝鲜的说明。特别值得注意的是：在日本右侧，洪第乌斯安排了一幅涡卷图案，上面画着一个日本人以长矛刺向绑在十字架上的天主教徒，下方的拉丁文图例也描述了日本对待教徒的种种"残忍"行径。可见丰臣秀吉与德川家康禁教的消息引发欧洲人的关注。但令人不解的是，为什么这个情节要放在《中国图》而不是《日本图》中？而且把这个涉及宗教的时事插入地图，是要传达什么信息呢？

　　天主教在"新大陆"和殖民地积极扩张之日，正是它在欧洲备受挑战之时。新教改革席卷西北欧洲，在张扬人文主义精神的同时，也刺激了资本主义的勃兴。一批新教国家借着不断积累的财富，开始挑战天主教帝国的权威。尼德兰首先掀起反抗西班牙哈布斯堡王朝和天主教压迫的斗争。这被恩格斯视为"欧洲资产阶级革命的第一幕"[194]。洪第乌斯早年就因躲避战争和宗教迫害逃到英国，与那里的制图学家过从甚密。而日本禁绝天主教、驱逐西班牙和葡萄牙人之后，荷兰东印度公司成为唯一可以合法从事对日贸易的欧洲机构，荷兰也因垄断东亚海上商路，长期称雄欧洲，获益无穷。如此看来，洪第乌斯特别强调天主教在日本的厄运，可能不只是批评日本，更是警告对手——热衷向亚洲传播天主教的西班牙——要小心为妙。把这则警示画放在

图 74：亚伯拉罕·奥特柳斯。

日本东侧，是为了暗示西班牙正是从美洲一侧的太平洋进入东亚的？还是纯粹只是装饰空白？答案恐怕见仁见智。

1612年，掌握着奥特柳斯图版的弗伦特逝世了，从此《寰宇大观》再未更新。同年，洪第乌斯也去世了。但幸运的是，他的遗孀、两个儿子和女婿发扬了他的事业，让家族生意蒸蒸日上，尤其是他的女婿杨·杨松纽斯（Jan Janssonius），不断扩张着墨卡托—洪第乌斯开创的地图王国。17世纪初，洪第乌斯《地图集》终于超越《寰宇大观》，之后垄断市场长达二三十年，以多种语言总共再版50余次，一时风头无两。

如果抛开其艺术性和商业性，就学术贡献而言，墨卡托—洪第乌斯地图对中国或东亚的描述其实没有太多突破。亚洲总图中，契丹仍然和中国并列；中国地图中，出现了好几个北京：Quincii（京师）、Paquin（北京）和 Xuntien（顺天），其中顺天还与杭州（Quinsay，行在）相混淆；朝鲜仍然被绘制成一个悬针型岛屿，其北方与大陆若即若离。而在小开本的地图集中，也许是出于纸张版式的考虑，中国地图保留了上西下东的竖琴形状，看上去与奥特柳斯的地图几无差别。在17世纪早期，其他国家的制图师也不过是在洪第乌斯的基础上出版自己的中国地图，仅在装饰上稍作改动。比如和洪第乌斯密切合作的英

图 75：老约道库斯·洪第乌斯。

图 76：约安·布劳。

国制图家约翰·斯比得（John Speed）在他的《中华王国图》上，不过是去掉了日本迫害天主教的内容，又在四周增添了一圈中国、日本和东南亚人的民族志画像（图 83）。总之，因为地位稳固，洪第乌斯《地图集》在首版后的 25 年中几乎没有更新。

新的竞争者至 17 世纪 30 年代才出现。这就是阿姆斯特丹另外一家显赫的出版世家布劳（Blaeu）家族。第一代的威廉·布劳（Willem Janszoon Blaeu，1571—1638）曾就学于丹麦天文学家第谷（Tycho Brahe），精通数学、地理和天文。在 1600 年前后，他在阿姆斯特丹开业，靠着出版单幅地图、制造地球仪以及制作航海指南和导航仪，积累起声名和财富。布劳家族与洪第乌斯—杨松纽斯家族在这些产品上互有补充，也有所竞争。但在地图书籍领域，墨卡托—洪第乌斯《地图集》的地位仍难以撼动[195]。

机会不期而至。1620 年左右，洪第乌斯的两个儿子分道扬镳，家族事业出现裂痕。布劳不知通过什么手段，获得了其中一个儿子手中的未刊地图，然后以自己的名义，在 1630 年出版了直接针对《地图集》的《地图集补遗》（*Atlantis Appendix*）。此时市场上很期待一部与《地图集》不同的新作品，布劳的"补遗"遂大受欢迎。自此，布劳家族与洪第乌斯—杨松纽斯家族的地图集竞争正式展开 [196]。而在 1633 年，好运再次降临：布劳被任命为荷兰东印度公司的制图师。这意味着他不仅可以靠公司订制的地图和导航工具获得稳定、丰厚的收入，而且还能够获得最权威的地理信息。1635 年，布劳以《新地图集》（*Novus Atlas*）为旗舰产品，不断扩充内容，开本越来越大，书也越做越厚。三年后威廉病逝，他的儿子约安·布劳（Joan Blaeu, 1596—1673，图76）一手接管家族企业，一手接过父亲在东印度公司的职位，继续与老对手杨松纽斯竞争。两种地图集互相比拼数量，收录的地图越来越多，到了 17 世纪 50 年代，《地图集》和《新地图集》中的图版多达400 多幅，加之大量的文字，只能分成多卷本发行。

约安·布劳更具野心。1662 年开始，他着手出版一套史上最为庞大的地图书籍，意图一劳永逸地实现对市场的垄断，这就是尼德兰制图学派的巅峰：《大地图集》（*Atlas Maior*），其副标题为"布劳的宇宙学，精确描绘陆地、海洋与天空"。在此后的十年内，《大地图集》以拉丁、法、荷、德、西等文字出版，各版分别有 9 至 12 卷不等，装下一整套，需要一个专门的书柜。全书收录近 600 幅地图，全部铜版印制，装帧精美华贵，根据顾客财力，有黑白本和手工着色本两种。这成为 17 世纪欧洲价格最为昂贵的一套书。

约安·布劳在前言——《致敬，率真的读者！》中，表达了他对地理的理解。首先，他把地理与历史紧密结合起来，"那些通晓事理之人，把历史定义为公民审慎之心，把地理定义为历史之心与历史的图像"。地理知识不仅关乎认知历史，而且关乎人性与政治：

> 地理不但通往人性的幸福与舒畅，而且通往人性的荣光。如果王国不再由河流、山脉、海峡、地峡与大洋所分隔，则帝国就会毫无限制，战争也永不停息。睿智的王公抑制其野心，不但乐于从其贪欲中学习，也乐于向地理学家们学习其王国的自然范围……[197]

将这段话置于刚刚结束不久的西荷八十年战争（以及欧洲三十年战争）的背景下，所谓"毫无限制的帝国"与"永不停息的战争"，指向的恐怕正是压制荷兰独立、无限扩张的西班牙哈布斯堡王朝。布劳主张王公要抑制野心，向地理学家（也就是他本人）学习，讥讽中含有强烈的政治宣言意味，正代表新兴资产阶级对旧封建贵族的挑战。

不少地图史家评论，《大地图集》获得了巨大的商业成功，却没有在学术上有什么进步。理由是绝大多数地图都是已发表过的，只以数量撑起规模而已[198]。这么说似乎过于否定布劳家族的地图学贡献。首先，《大地图集》的出版，商业目的肯定是最主要的，但布劳还有更大的抱负：他力图根据哥白尼日心说理论，对人类的宇宙观作出全新的图像解释，只不过他生前只完成了陆地部分，海洋和天空部分未能展开。其次，收录于《大地图集》的，包括此前单独出版过的图集，其中有些对欧洲地图学有巨大的推进。最明显的例子，是曾于1655年发行、后编入《大地图集》（拉丁文本）第十卷的《中国新地图集》（*Novus*

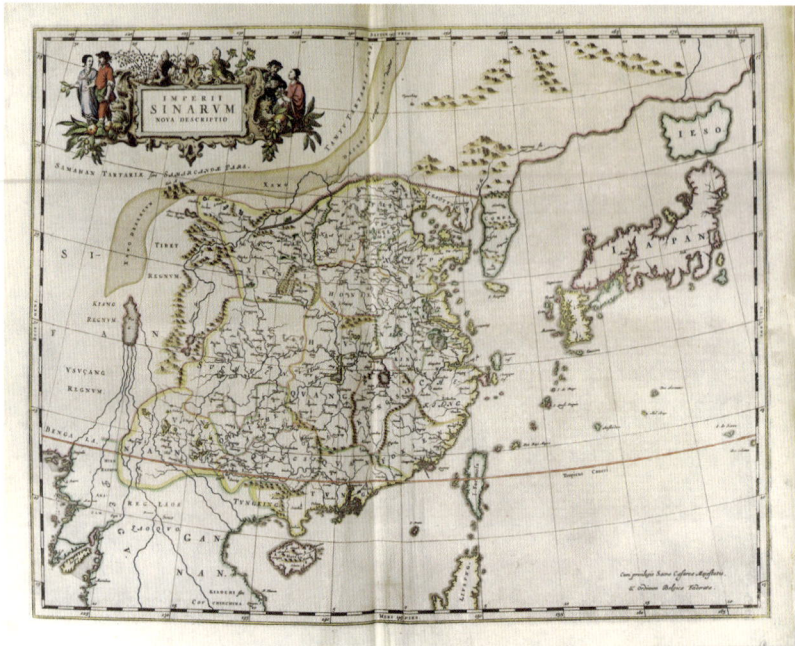

图 77：《中华帝国新图》，载布劳《中国新地图集》，1655 年出版。来源：美国国会图书馆网站。

Atlas Sinensis，图 77）。

　　《中国新地图集》是耶稣会士卫匡国（1614—1661）依据大量明代史籍、方志，外加他本人根据少量实测而推算的经纬度编纂而成的[199]。它收录一幅全图、十五幅分省图以及一幅日本／朝鲜图，不仅是欧洲出版的第一部中国分省图集，而且修正了前文提到的大量的模糊认知，彻底摆脱了奥特柳斯的风格。至此，欧洲地图学家终于走出了马可·波罗的阴影，欧洲地图中的东亚也更接近中国本土地图比如罗洪先《广舆图》中的形状了。《中国新地图集》此后被大量引用，成为 17 世纪中叶到 18 世纪中叶欧洲最具现实主义精神的东亚画像[200]。

耶稣会士和出版商的合作可谓机缘巧合。刚刚经历了明清鼎革的卫匡国,受耶稣会派遣回欧洲,向反对耶稣会传教策略的罗马教廷解释"中国礼仪之争"。他积极和布劳合作出版他的中国论述,大概也是希望公众能尽早读到这些作品,了解中国,以利其论争 [201]。而对布劳而言,卫匡国带来的独家资料,不但能更新对亚洲世界的认知,更可打破长期由洪第乌斯—杨松纽斯垄断的中国图像,同样有利于他的市场竞争。荷兰东印度公司成了两者合作的中介:公司让卫匡国免费搭船从巴达维亚(今雅加达)回欧洲 [202],而布劳在得到卫匡国的地图手稿后,也根据东印度公司掌握的资料,对海岸线进一步加工编辑 [203]。

就在布劳的地图事业迈向顶峰时,他的印刷厂在 1672 年毁于一场大火,许多铜版都被烧化。约安·布劳也在第二年亡故。他的对手杨松纽斯早在 1664 年就去世了。两大家族从此没落。而其他制图师再也没有能与这两套书竞争的雄心和财力。尼德兰制图学派最辉煌的年代走向终结。18 世纪,欧洲地图学中心南迁至巴黎。

3. 俗欲:地图的利润及消费

从上面的叙述中,我们可以看到,尼德兰制图学派地图最突出的特点,就在于它们是资本时代商业订制的产物。法国哲学家列斐伏尔(Henri Lefebvre)提出过"空间的生产"理论 [204],指资本主义不断重组、重塑着人类的生产、生活和社会空间。商业订制的地图,恰是此种"空间生产"一个生动的注脚,因为地图既是由资本空间生产的产品,本身又表现着地理空间。订制地图一方面宣示着(商业)利益、

（政治）权力和（知识）权威，另一方面也"显示了一种特殊的资本主义空间观念，这种观念强调扩张与产业，由个人主观排他性的边界所框定。因此这些地图反映并强化了当时荷兰所流行的法律和道德理念"[205]。

在此背景下，尽管在当时的制图学中心——安特卫普和阿姆斯特丹，几家著名的制图商竞争激烈，但和一般理解相反：商业竞争并不总是带来地理和空间观念的更新和改进，有时反而需要迎合大众既有的世界想象。地图的商品属性，构成早期全球化时代欧洲新兴阶层审美和消费品位的一道风景，也是商业帝国的一种权力表达。一方面，资本主义推动了地图学的现代演进；另一方面，地图又表达着资本世界主观的地球想象。

科学主义的进步史观会把地图学的演进看作是理性精神的必然胜利。如果充分考虑到十六七世纪欧洲地图学发展的资本主义背景，我们或许会少一些浪漫化理解。大航海时代的到来，刺激了资本主义的兴起，重塑了人与空间的关系，原本依靠神话、宗教和皇权建立的世界图景逐渐淡出。在利益的驱使下，地图的实用性和工具性凸显。制图学家也发现，人们对空间的图像需求日益增大，"空间"是可以被消费的，而制造"空间"更可以带来不菲的利润。欧洲的地图学革命，其原动力正是地图作为商品在世俗欲望的推动下被大规模生产和消费。

在安特卫普和阿姆斯特丹，官员、商人、学者和普通市民可以根据需要找到适合自己消费水准的地图产品。小张单图、大张挂图、各种型号的地球仪或者地图集，可谓应有尽有。大型地图集一般价格都很昂贵，而且非常重，更适合在图书馆或者大桌子上放置翻阅，而口袋本小地图集则适于携带，价格也相对便宜[206]。地图的价格不一，取决于尺寸和制作工艺（比如是否上色）。单张简易的欧洲地图可能只需要 3 斯图弗（20 斯图弗等于 1 荷兰盾）；四联张的城市俯瞰图大概要 10 斯图弗；6 联张的标有建筑物的大幅城市地图则要 40—60 斯图弗，相当于 2—3 荷兰盾。15 联张的大地图一般要 3—5 荷兰盾[207]。墙上挂图就更贵一些，可能要花十几个荷兰盾，与一幅油画的价格相当。《寰宇大观》1570 年上市时，据纸张、装帧和着色的不同，价格在 6 至 16 荷兰盾之间。1655 年布劳出版的《新地图集》，每卷价格已经涨到 25—36 荷兰盾[208]。

这些价格意味着什么呢？我们来看看当时人的工资水平。在 1570 年左右，一个印刷工人的年工资在 100—150 荷兰盾之间[209]。即《寰宇大观》相当于他一个月的工资。在 1660 年左右，画工给地图上色，报酬不过是每一幅 3 斯图弗；一个书店助理每周的工资是 2 荷兰盾（年薪是 100 盾多一点）；而在阿姆斯特丹的商业中心租一家书店店面，每年是 400—700 盾。布劳作为荷兰东印度公司的制图师，地位可谓令人羡慕，其年薪是 500 荷兰盾，大概是阿姆斯特丹一座房子的成本[210]。

于是我们大概可知《大地图集》的价格有多夸张了：一套黑白版就要 350 荷兰盾，而彩色版更高达 450 荷兰盾——大约相当于今天的两万英镑（或 18 万元人民币）[211]。而在 2018 年的一次拍卖会上，一套《大地图集》的价格被拍到了 60 万欧元[212]。布劳一共印制了 1550 套《大地图集》，除去成本，利润相当可观。自然，能买得起的要么是富商巨贾，要么是位高权重的政客。

虽然一套彩版《大地图集》的价格几乎赶上布劳在东印度公司的年薪，但他的实际收入不能以工资计算。公司规定，每艘船上都要配备航海图，而航海图须定期更换。每一幅海图，公司都支付给布劳 5—

9 荷兰盾，每船一整套海图要花费 228 荷兰盾。有学者估计，其净利润可达 164 盾，利润率超过 70%。1668 年，布劳向公司提交了 21135 荷兰盾的天价账单，照此估计，这年他从公司得到的净利润就达 1.6 万 [213]。而这还不包括一些私人订制的产品。1644 年，他向望加锡国王献上一只手绘地球仪，得到了 5000 荷兰盾的报酬。他得到的各种订单，数目少则几百，多则几万 [214]。布劳印制《大地图集》的 6 年里，他的印刷厂雇用了将近 80 人。印厂失火，其损失高达 38.2 万荷兰盾。从这里也能看出来，为什么很少有其他制图家能够与布劳或者洪第乌斯家族一争高下。因为即便有人获得了更新的地理知识和资料，高昂的制作成本与运营费用，也难以让这些知识转化为产品。

到了 17 世纪中期，阿姆斯特丹制图商之间的竞争，已经纯然是资本的竞争。无论是布劳家族，还是洪第乌斯—杨松纽斯家族，都明白获得更多顾客和更大市场的关键，主要是地图的数量而不纯是质量，是艺术的炫耀性而不是科学的严谨性。举例来说，奥特柳斯风格的《中国图》和《日本 / 朝鲜图》主导欧洲对东亚的空间想象半个多世纪，这并不是由于在此期间欧洲人没有获得更精确的地理资料。17 世纪初，已经有更多中国本国的地图，由商人或者传教士带回欧洲 [215]。但它们大部分并没有被商品化。这和当时生产端的垄断以及特定知识的消费惯性恐怕是有关系的。

那么在消费端又是什么情况呢？地图类产品从贵族王公专属变成了中产市民阶层可以拥有的财产。在尼德兰地区，不但商人、政治家喜欢地图，知识分子、医生、理发师、酿酒师甚至寡妇都是地图商的目标顾客 [216]，他们尤其热衷用挂图来装饰墙壁。"对荷兰公民来说，地图代表了技术和地理学的进步。此外，阿姆斯特丹制图商和书商享

图 78：维米尔《军官与微笑的姑娘》，1657 年。画面中的挂图是威廉·布劳的荷兰地图。

受的垄断利益，促进了一种国民意识的发展。"[217]

在加尔文宗主导的荷兰，新兴资产阶级追求财富和身份，既正当又是必须的。当经济成功和宗教拯救联系在一起，财富也就成了新的宗教。"现代性的核心，正是私域导向的工具理性得到了正面性的评价并主导了社会的发展。"[218] 一张大幅的墙上挂图，或者是书房中精美的地图集，既提供认知地理的方式，又是资产、身份和品位的象征。艺术史学者伊丽莎白·萨顿（Elizabeth Sutton）评论说：

> 印刷的地图不仅提供了国家治理的机制，而且强化了买家的身份认同。财产成为展现个人身份的内在需要，显示拥有财产则可以获得地位和承认。在现代资本主义社会，身份本身就是资本的形式，是在机械、去人性、同质的体系中彰显自我的一种方式。吊诡的是，每个人都必须拥有、掌控什么东西，来确认或宣称他的主体性、个性以及人性，以此延续着一种等级体系。[219]

用大白话说，市民在家里悬挂地图，在当时是极有面子、值得炫耀的事情，用来彰显自己独特的品位。对此最直观的视觉史料，就是17世纪风俗画家维米尔（Johannes Vermeer, 1632—1675）的画作。维米尔居住在代尔夫特，这座城市正好位于安特卫普和阿姆斯特丹之间，也是荷兰东印度公司的总部所在地之一。他传世不多的油画中，有相当一部分表现了市民家中挂着的地图或者摆放的地球仪，它们正是洪第乌斯或者布劳的产品。（图78）历史学家卜正民（Timothy Brook）在《维米尔的帽子》中，就以七幅画作中的物品为线索，展现了17世纪全球网络的蓬勃景象[220]。正如他指出的，当时荷兰的这类凸显市民日常生活的画作中，订制者无不以拥有的商品来炫耀、昭示身份，包括来自中国的瓷器、丝绸，来自美洲的海狸皮、白银以及来自非洲的黑奴等。地图和地球仪，正成为这些全球流动的商品在此汇聚的线索和隐喻。

从这里也可以看出，中产阶级市民群体对地理空间的消费行为（观赏地图）与全球化时代的商品消费行为是紧密地联系在一起的。而背后支撑这种联系的，是崛起的商业帝国以及这个帝国在全球的殖民扩张。这是理解尼德兰学派兴盛的关键。

当然，也必须说明，虽然资本刺激了地图在大众层面的推广和消费，令制图在十六七世纪成为一项针对市场、利润丰厚的职业，但是能拿到市场上出售的地图，一定不是最机密、最紧要的地图。比如荷兰东印度公司的航海地图就是秘不外泄的，布劳家族对外出售的地图集里，并不包含他们为东印度公司制作的最新版地图。哪怕在今天，任何国家也都对本国最关键的地图严格保密。

4．权力：从公司到帝国

1592 年至 1594 年间，阿姆斯特丹的知名出版商柯内利斯·克莱兹（也就是和洪第乌斯一起买下墨卡托底版的那位）出版了一系列供航海所用的海图。这是荷兰联合省最早的一批反映非欧洲世界海岸线的地图。其中有一幅《摩鹿加群岛》（*Insulae Moluccae*，图 79），表现的是从中国南部沿海、中南半岛一直到所罗门群岛的东南亚海域，完整描绘了今天菲律宾、马来西亚、印度尼西亚和新几内亚的主要岛屿。

此图最特别的地方，是在下方绘制了肉豆蔻、丁香和檀香等当地特产，并附上简要说明。因此这张地图有个昵称叫"香料地图"。它的作者是阿姆斯特丹首屈一指的天文学、神学和地理学者彼得勒斯·普朗修斯（Petrus Plancius，1552—1622）。

普朗修斯也是尼德兰制图学派的代表人物之一。他早年是加尔文

图 79：普朗修斯《摩鹿加群岛》，制作于 1592 年左右。

教会的教士，因躲避与西班牙的战争和宗教裁判所的迫害，从布鲁塞尔逃到了阿姆斯特丹，之后开始钻研地理学和地图学。1592 年，他制作了一幅广受欢迎的世界地图，从此声名鹊起，此后受邀为荷兰的海外贸易公司制作海图。

《摩鹿加群岛》主要依靠葡萄牙人的资料制成，有很多地名翻译自葡语[221]。这是因为当时葡萄牙垄断东南亚香料贸易，而荷兰联合省的航海事业才刚起步，必须借鉴葡萄牙人的材料。不过很快，荷兰人就于 1595 年派出了第一支驶向东南亚的船队，他们避开葡萄牙控制的马六甲，从巽他海峡进入太平洋。在随后的几年中，荷兰人陆续占领了爪哇和巴达维亚，开始了与葡萄牙的竞争。普朗修斯制作的海图，为这一系列航海行为奠定了坚实的基础。经过几年的探索之后，1602 年荷兰东印度公司正式成立。普朗修斯是公司的创始人之一，也很自然地成为公司的第一位制图师[222]。

普朗修斯身上集中体现了时代的大主题：新教与天主教的对立，荷兰联合省与西班牙帝国的政治矛盾等。但他的这幅东南亚地图充满了经济冲动，表达了对资源的占取欲望。在欧洲人眼中，正是香料把散乱的东南亚群岛凝聚成一个可以被整体认知的地理单元。如果说当时的中国还只是一个充满传说、传奇的地方，那么东南亚则完全是功能性、物质性的。这片海域所蕴藏的财富几乎唾手可及——只要我们能够找到最佳的航行方法。顺便提一句，普朗修斯对尼德兰学派的另一个主要贡献，就是在海图中运用了墨卡托发明的圆柱投影法。事实证明，这种投影法最适合用来远程航海。而远航的最直接目的，在这张地图中已经说得非常清楚了。

资本主义不仅仅意味着贸易和商业，它更要求地理空间的认知要配合新的生产方式，包括土地、自然资源、劳动力、运输和市场的有效组合配置。新的制图术自然而然也反映着这种看待世界的意图。尽管《摩鹿加群岛》图上仍能看到一些海怪，但地图上密密麻麻的航向线把巨大的西太平洋海域牢牢锁在人类可航行、可认知、可占领的意识里。资源和航道取代了浪漫化或鬼神化的虚空，地球上的"空间"（space）就按照这种经济理性被重新分隔或合并，产生出全新的意义，变成了"地方"（place）。普朗修斯地图带给读者的，不是对异国或异域文化的想象，而是对财富的憧憬。

当然，把地理与财富联结认知，不是从尼德兰制图学派才开始的。人类对物质的渴求从来就是地理探索的动力之一。比如，著名的 1550

年迪塞利耶世界地图，说明文字以及图像异常丰富，重点表现世界各地的自然物产以及贸易，对亚洲的兴趣尤其浓厚。这正是应了订制人法王亨利二世的要求[223]。但是，如果没有与印刷资本主义和新兴资产阶级的强大逐利需求相结合，地图所能产生的现实作用是大打折扣的。普朗修斯则不一样，他从对手那里秘密获取情报，然后加工成自己的地图，再交付出版商批量发行，推动荷兰的商业公司去建立海上霸业。

普朗修斯开创的地理学家、出版商与国家公司的合作，在17世纪30年代被布劳家族继承。和前者一样，布劳父子持续为东印度公司提供航海服务。在《大地图集》中，表现东南亚海域的两幅地图（《东印度群岛》和《摩鹿加群岛》）都延续了普朗修斯的海图风格，画面布满了航向线，和其他东亚图像很不相同。

当然，光是画地图，还不能建立起新的空间解释。前面一章，我们已经了解到，在荷兰东印度公司成立的第二年，它就和葡萄牙发生了冲突。一艘满载中国商品的葡萄牙商船圣卡塔利纳号，在新加坡海峡附近，被东印度公司的船劫持。葡萄牙提起诉讼，公司则请来胡果·格劳秀斯（图80）来辩护，并引出《自由的海》的发表。在这之后，格劳秀斯继续完善自然法哲学，于1625年出版了更为系统的《论战争与和平法》（*De Jure Belli ac Pacis*，图81）。这本巨著吸收了很多他在此前为东印度公司所作长篇辩护词中的思想，被公认为是现代国际法的理论基底。现代国际法所关注的根本问题之一，简单说，就是如何以欧洲人的私有产权概念为参照，判定陆地和海洋空间的主权性质。

而《论战争与和平法》在阿姆斯特丹的出版商，正是威廉·布劳。布劳家族与格劳秀斯有不少合作，这基于两者的共同点：都是与正统加尔文派不同的抗辩派（Arminianism），也都相信伽利略阐释的日心

图80: 胡果·格劳秀斯。

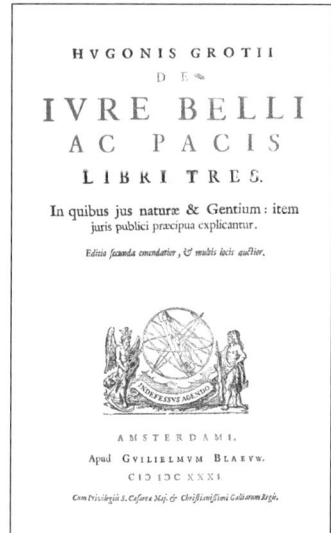

图81: 1631 年格劳秀斯《论战争与和平法》荷兰文版，由威廉·布劳出版。

说 [224]，共享一套宇宙观；他们都是社会名流，具备政治影响力，可相互带来利益，也都是东印度公司倚重的"知识资源"。

制图商和法学家，一个重塑空间的视觉解释，一个重塑空间的法理解释，以不同的方式建构着现代资产阶级帝国，也彻底重新定义了地球空间。

与此同时，当我们理解空间的方式是以资本扩张的经济理性替代过去宗教式、神话式或者自然式的框架时，那么对于人的理解也会随之改变。人本身成为某种资源，成了资本主义生产体系中的所谓"劳动力"，或者表达文明地位的符号。这点在尼德兰派地图中，也有明显的体现。

在地图中想象异域的人种，古今中外并没有太大差别。《山海经》

中奇异的人群，同赫里福德世界地图中的妖魔、《纽伦堡编年史》中的志怪人像，都属于这种前现代地理现象的产物。但是到了17世纪，这些怪诞的人群在新型地图中逐渐退场了，但对于异域人群的描绘，依然是地图表现中非常重要的一部分。因为地理描画日益"科学"，所以人群描画也显得"客观"和"科学"了。这部分地图，我们姑且称之为"民族志地图"（ethnographic maps），它们不但展示地理空间，并且展示空间中的人。

典型的就如杨松纽斯在17世纪三四十年代发表的《亚洲地图》（图82）。和其他尼德兰学派地图作品不同，这幅地图的上下两边各选取了六座亚洲城市的图景，左右两边则各有五组当地人的图像。上边的六座城市都是亚洲本地的古城，分别是法马古斯塔（塞浦路斯）、罗德岛（希腊）、大马士革、耶路撒冷、亚丁（也门）和霍尔木兹（波斯）。下边的六座城市则是欧洲殖民者定居的城市：印度果阿、加尔各答、锡兰的康提、爪哇岛的万丹、马鲁古群岛上的瓜马拉马和中国的澳门。左侧边栏的民族，写着"叙利亚人""阿拉伯人""亚美尼亚及波斯人""印度人"和"苏门答腊人"。右侧的民族，则标注为"爪哇人""摩鹿加及万丹人""中国人""俄罗斯人"和"鞑靼人"。

地图以直观的方式，把人与空间联结起来，在艺术装饰效果之外，也强化了族群与地域间的对应关系。据说这样编排地理—人种信息的构想，来自小约道库斯·洪第乌斯——即老约道库斯之子、杨松纽斯的妻兄。其实，早在17世纪20年代，与老约道库斯过从甚密的英国制图师约翰·斯比得就制作过一系列带民族志肖像的地图（也包括亚洲图，见图63），只是配的都是单人像，而非双人像。图83是斯比得绘制的带民族志的《中华王国图》。

图82：洪第乌斯—杨松纽斯《亚洲地图》，制作于17世纪中期。

图83：约翰·斯比得《中华王国图》，1626年出版。

地图风格当然依从典型的墨卡托—洪第乌斯《地图集》模式，但上方添加了四幅情景图。从左至右，表现传说中的风帆车、澳门、行在（杭州）和日本人迫害基督徒——其基本图形与洪第乌斯《中国图》上的涡卷图案很相像。左右两侧，则列有三名中国男子、一名中国女子、两名日本军士以及一男一女"澎湖人"的形象。这些形象的来源未知，但能明显看出很大程度上是欧洲人想象的投射。

上面两幅民族志地图，除了城市选取，其殖民主义色彩还不太容易体会。这是因为当时欧洲占据主流的人群分类中，亚洲还处于文明世界之中，尚未被认定是人类发展的野蛮或半野蛮阶段。但我们看同时代制图师所作的非洲或者美洲民族志地图，就会发现殖民主义色彩比较明显了。比如老洪第乌斯1606年制作的《美洲地图》（图84）。

在画幅的左卜角，有一幅漂亮的涡卷图案，内容是巴西原住民制作木薯根酒的情景。这些南美原住民大多赤身裸体，或者仅以简单的树叶遮蔽，代表着荷兰人对美洲居民的大体认识。1621年，荷兰西印度公司成立，仿照东印度公司的模式，荷兰政府特许西印度公司在巴西、加勒比海和北美地区从事跨大西洋的奴隶贸易。那么奴隶的来源呢？我们可以在洪第乌斯的女婿杨松纽斯制作的非洲地图上找到。图中撒哈拉以南的黑人原住民形象也大多是赤身裸体的（图85）。

非洲大陆周围充满了海怪和绕行的欧洲帆船，大陆内部则点缀了不少奇异的动物。这种蛮荒与野蛮性的暗示，在同系列的亚洲和欧洲民族志地图中是看不到的。如果把非洲图和其他图放在一起观看，那么一种人类文明的等级序列感已经呼之欲出了。

1648年，荷西之间的八十年战争，随着全欧洲三十年战争的结束而结束，参战各国签署的《威斯特伐利亚和约》成为现代国际体系的滥觞。直到这一年，荷兰作为一个"共和国"才正式成立。但是这个新国家的基础：宗教理念、价值体系、地理观、商业实践、殖民行为和战争原则，早在荷兰东印度公司成立的 17 世纪初，就已经奠定了。

尼德兰制图学派所代表的地图资本主义，与上一章提到的地图殖民主义和帝国主义紧密相关。欧洲地图学走向"现代"，当然是哥伦布开启所谓"地理大发现"的结果。而从原动力上说，此种"现代"受资本驱使、服务于开拓商路的需求；其最突出的表现形式，是欧洲强国对"未知领地"的殖民和掠夺；最后形成了欧洲与世界最根本的权力关系，即帝国主义的等级秩序。资本主义、殖民主义和帝国主义构成欧洲"现代"情境的三位一体。

亚洲既然是刺激欧洲人满足私欲、追寻现代的某种源头，那么当欧洲的地图和制图学来到东亚，又会产生什么样的碰撞和反应呢？东亚有没有像欧洲那样的地图市场呢？下一章就来谈谈这个问题。

图 84：洪第乌斯《美洲地图》，制作于 1606 年。

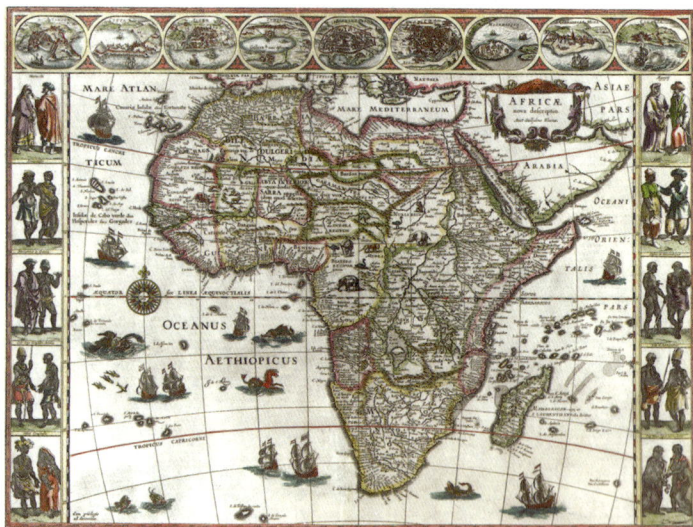

图 85：杨松纽斯《非洲地图》，大约制作于 1636 年。

六　东西交融：「九州」与「亚洲」的相遇

MAPPING ASIA

1. 隐晦的十字架：传教士在东亚

1596 年，初出茅庐的约道库斯·洪第乌斯在阿姆斯特丹出版了一张以墨卡托投影法绘制的《基督教骑士世界地图》。其主题，据说是为了捍卫新教信仰 [225]。八年之后，他通过拍卖获得了墨卡托遗留下来的制图铜版，开始编纂著名的墨卡托—洪第乌斯《地图集》以及口袋本《小地图集》。在 1607 年版的《小地图集》中，洪第乌斯刊印了一幅简约版的《基督教世界分布图》(*Designatio Orbis Christiani*，图 86)。这是地图学史上最早运用图例——也就是抽象符号——的主题性世界地图之一。

洪第乌斯的图例表达的是宗教信仰的空间分布。像当时主流的欧洲知识人一样，他首先假定所有人类都会信奉宗教，而他认定的宗教主要分三大类：基督教、伊斯兰教和偶像崇拜，分别用十字架、新月和箭头代表，基督教中天主教和新教的区别不再重要。地图上，欧洲都是十字架（只有俄罗斯附加了一个箭头），西亚、北非多是新月，美洲布满箭头，左上方的拉丁文注解写着："亚美利加各地的土人不识基督而崇拜魔鬼，除了西班牙人建立殖民地的某些地方。"在契丹（Cathaio）旁边，他标上了代表伊斯兰教的新月，不知是否因为耶律大石的西辽

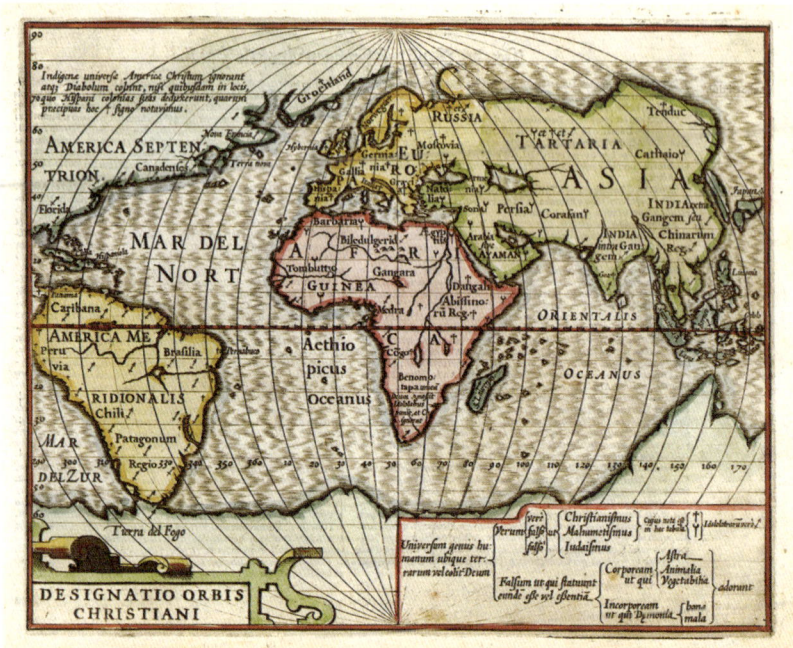

图86: 洪第乌斯《基督教世界分布图》，1607 年出版。

图87: 洪第乌斯《基督教世界分布图》的东亚部分。日本 Japan 旁边标注了代表异教徒的箭头和一个很小的、代表基督教的十字架。

军队曾经征服中亚穆斯林地区。东亚大陆的其他部分，包括"恒河外印度"以及"中国"，都是箭头——也就是"偶像崇拜者"的地方。

只有在最边缘的日本，他标注了两个符号：一个箭头和一个小得几乎看不清楚的十字架（图87）。

1607 年，是日本庆长十二年。这个时期，日本统治者与欧洲天主教会之间的关系略为缓和。此前，结束了战国纷争的丰臣秀吉在 1587 年下达驱逐传教士的《伴天连追放令》，又于 1597 年公开处死了 26 位天主教徒。"长崎二十六人殉教"的消息通过葡萄牙传教士路易斯·弗洛伊斯（Luís Fróis）的记述传遍了欧洲。洪第乌斯很可能读到，或者至少听闻过弗洛伊斯的《二十六圣人殉教记》，所以他会在墨卡托—洪第乌斯《地图集》中更新一幅《中国地图》（见第五章图 73），上面装饰了日本刽子手以长矛刺向绑在十字架上的天主教徒的图案——这正是弗洛伊斯亲眼看见的长崎行刑的场景。丰臣死后，德川家康重新统一了日本，得到天皇所赐"征夷大将军"之位，在 1603 年建立了江户幕府。两年后，他把将军之位传给儿子德川秀忠，自己则以大御所的身份于幕后执掌国政。德川家康并未像丰臣秀吉那样颁布进一步驱逐传教士的谕令，而距离此后秀忠与三代将军家光的严厉禁教尚有十几、二十多年的时间。西、葡支持的各教团，仍可在天主教大名的庇护下活动。也许这就是为什么洪第乌斯会在《基督教世界分布图》上给日本标记一个模棱两可的十字架。

16—17 世纪，日本曾经历一段天主教迅速传播的时期。这与欧洲新教改革运动兴起、旧天主教势力不得不向海外拓殖新领地有密切的关系。这就涉及现代地理学、地图学与宗教的瓜葛。

和中国古代地理之学类似，欧洲的地理之学也不纯是现代意义上的科学，科学的背后其实有更深层的宗教和文明等级意识。在所有"理性主义"的表征之下，是隐性或显性的神学因素。欧洲地图学近代发展的影响因素，除了前文提到过的殖民主义、帝国主义冲动，也同样延续了古典时代的宗教冲动。

自奥斯曼帝国 1453 年攻陷君士坦丁堡，东罗马帝国覆灭，传统的欧亚陆路交通为强大的穆斯林对手所阻，欧洲基督教世界就想尽办法开辟通往东方的新道路。此时，古代关于"祭司王约翰"的传说再度兴起，令基督徒们不断憧憬着去东方寻找盟友。哥伦布探险的动力之一，也是寻访信仰基督教的大汗，联手夹击奥斯曼帝国。

1534 年，西班牙人依纳爵·罗耀拉（Ignacio de Loyola，1491—1556）与方济各·沙勿略（Francis Xavier，1506—1552）等人在巴黎成立了耶稣会。他们反对新教改革，发誓捍卫教皇，并积极向海外宣教。罗马教廷起初也利用耶稣会的拓殖势力，令在东半球揽有保教权的葡萄牙统领耶稣会在亚洲的事务。随着葡萄牙势力在 16 世纪初拓展到东亚，传教士们也接踵而至。

1549 年，方济各·沙勿略在一位日本人的帮助下登陆鹿儿岛，开始了他在日本的传教事业。这是西欧天主教传入东亚之始。两年后，沙勿略决心前往中国，希图以中国的天主教化，实现整个东亚的天主教化。行至广州外海的上川岛，他一病不起，于 1552 年病逝。

沙勿略为天主教在东亚的传播奠定了最初的基础。特别是他确立了走上层精英路线，令传教在日本大获成功[226]。随后的几十年中，日本许多地方大名成为基督徒（日文称"吉利支丹"），强令领地内大批百姓集体入教。就在沙勿略去世的那一年，日后以"利玛窦"之名闻名华夏的马泰欧·里奇（Matteo Ricci）降生于意大利的马切拉塔城。30 岁那年，他登陆澳门，开始了长达 28 年的在华生涯。站在今天回望，人们大多认定是利玛窦第一次给中国人带来了一整套西欧知识体系。其中最重要的学科之一就是地图学，而且是正值盛期的尼德兰制图学派的地图学。

东亚与西欧地图的第一次接触，就是在欧洲殖民与传教的背景下开始的，时间正是 16 世纪中叶 [227]。不过需要指出的是，在利玛窦之前，欧亚地图已有过几次接触，只是没有立刻带来冲击和影响。

比如有史可考的第一幅传入欧洲的中国地图《古今形胜之图》（图 88）。

这幅地图是明嘉靖三十四年即 1555 年，由福建的金沙书院复刻的，木雕版印刷，作者为喻时，出版商名甘宫。它近似《华夷图》结构，以明代疆域为核心，旁及朝鲜、日本、琉球、三佛齐、爪哇、渤泥（加里曼丹）、天竺及西域诸国，是当时民间通行的世界认知。它虽然不能代表明代地理地图技术的最高成就，但至少比同时期欧洲地图中表达的中国内容要准确、详尽很多，对主要河流、海岸线以及朝鲜半岛的形状有清晰的描画。它可能由从事南洋贸易的中国商人带到了吕宋，辗转为当时西班牙驻菲律宾的总督拉维查理士（Guido de Lavezaris）获得 [228]。经过简单地翻译、注释后，1574 年，总督将此图及信件呈送给腓力二世国王。可惜到了西班牙后，它一直被雪藏于塞维利亚的印度档案馆，乏人问津，直到很晚近的时候才被重新发现。这幅地图对同时代的欧洲制图学没有产生什么影响 [229]。我们也只能假设，创作出第一幅《中国图》的西班牙制图师、巴布达的路易兹·豪尔赫未曾见过此图 [230]。或者即使有人见过，也出于某种原因，未曾想过忠实摹画、刊行这张中国地图。否则欧洲的中国地理图像演进史，肯定是另一番模样。

虽然沙勿略早在 1549 年就到了日本，之后耶稣会又派出了多批传教士经营日本教区，但没有证据显示他们有意向日本人传授地理知识和地图技术。法国教士裴化行撰写的《利玛窦神父传》中言及耶稣会

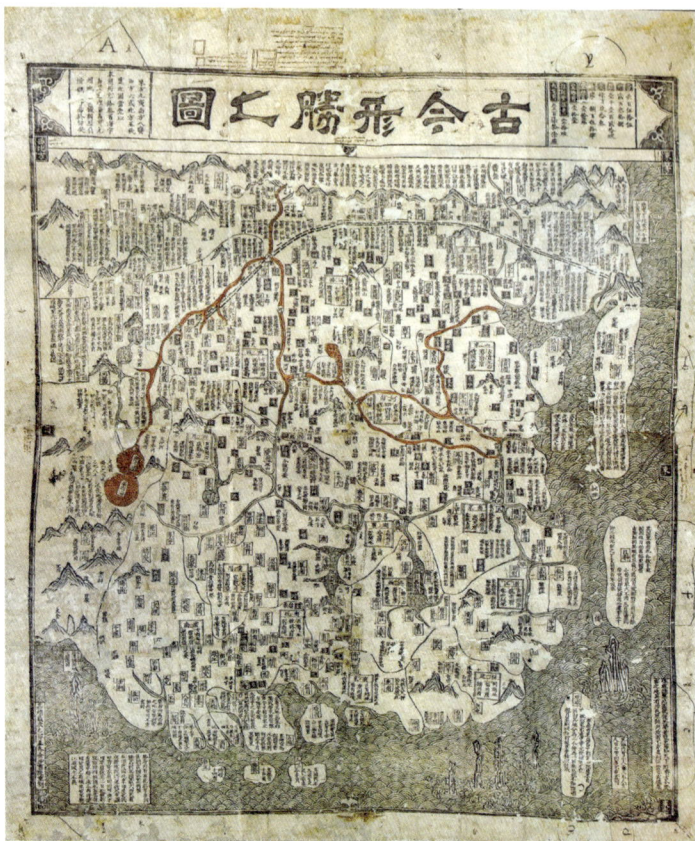

图88：《古今形胜之图》。

在日本的传教，曾经透露一个细节："四位使者从罗马带回一本奥特柳斯的《地图集》，只是作为玩物。"[231]

所谓"四位使者"，指的是"天正遣欧少年使节"。九州地方的吉利支丹大名，在耶稣会远东负责人范礼安（Alessandro Valignano）的提议下，向罗马教廷派出了以伊东祐益等四位少年为核心的使节团。他们于1582年出发，经澳门、果阿，游历了葡萄牙、西班牙和意大利等地，并在 1590 年返回日本。使节们带回了古登堡活字印刷机，也带回了一些地图、书籍。这个时期正是奥特柳斯《寰宇大观》主导欧洲地图市场的时代，使团成员关注到这本图集，觉得新鲜有趣，是很正常的。然而它被带回日本后，如同《古今形胜之图》抵达欧洲的命运，"只是作为玩物"，然后就被搁置、遗忘了。

在此后的数十年中，不断有耶稣会士试图把中国图像介绍到欧洲，比如第一位进入中国内地传教的罗明坚（Michele Ruggieri，1543—1607）。长期以来，罗明坚在沟通中西文化交流方面的贡献，一直为利玛窦的光芒所遮蔽，对他的评价直到最近才有所改变 [232]。

1588 年，罗明坚受命结束其在中国的任务，返回欧洲。直到去世前，他都致力于完成一部中国地图集，其中包括总图及各省分图。但十分遗憾的是，这部图集一直深藏在耶稣会的档案馆中，要等到 1987 年才被重新发现。其中的地图大多还是粗糙的手稿状态，罗明坚甚至都没有来得及为这部图集命名。2013 年，澳门文化局刊行了罗明坚的中国地图集，以其全国总图中题写的"大明国"（Tamincuo）一词，定名为《大明国图志》（图 89）[233]。根据汪前进先生的研究，罗明坚地图集的直接资料来源是官修的类书《大明一统文武诸司衙门官制》[234]。而这本书中的图像信息，则间接取自罗洪先的《广舆图》[235]。也就是说，早在卫匡国—布劳地图集出版半个多世纪前，就已经有欧洲传教士试图把中国本土的地理地图学成果译介到欧洲去了。

1607 年罗明坚去世的时候，欧洲地图市场上认知的中国的标准样貌，仍然是奥特柳斯的竖琴形状。墨卡托—洪第乌斯的《地图集》刚刚出版，其中也仅仅是把奥特柳斯的上西下东的中国，扭转为上北下南，就写实性而言，远较罗明坚粗略的地图逊色。在罗明坚带回

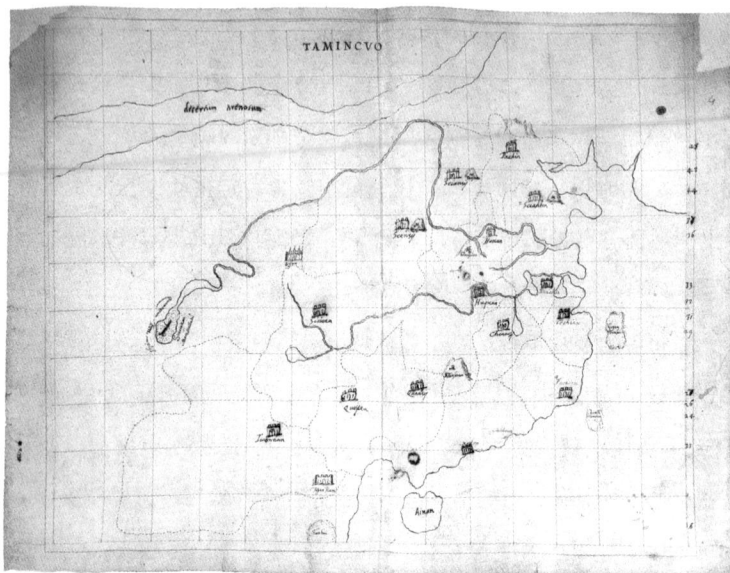

图 89: 罗明坚的《大明国图》。来源:《大明国图志》, 澳门特别行政区政府文化局, 2013 年。

的地理地图资料中, 只有一幅据说是利玛窦仿照《广舆图》绘制的中国总图, 在后来产生了些许回响。法国制图学家尼古拉斯·桑逊 (Nicolas Sanson, 1600—1667) 曾出版过一张《中华王国图》(*La Chine Royaume*), 就是根据这幅手绘地图刻制的。只是桑逊地图首版时已经是 1656 年了 [236]。

虽说前几次的接触并不算成功, 但我们倒也不能说, 东亚本土制作的地图从未在欧洲留下任何痕迹。比如, 奥特柳斯《寰宇大观》1595 年版中增添的《日本图》(第五章图 71), 就明显呈现日本行基图的风格。可以肯定, 这源于某位在日本传教士带回或者复制过他获得的本土地图, 继而影响了欧洲制图师。

1625 年，在英国出版的一部四卷本著作中，出现了一幅标有汉字"皇明一统方舆备览"的中国地图（图 90）。在标题字符之间，夹着出版者给它起的英文标题"*The Map of China*"（中国地图）。这部著作的全名是《哈克吕特遗稿，或珀切斯的朝圣之旅》（*Hakluytus Posthumus, or, Purchas his Pilgrimes*），作者是英国著名的旅行故事作家、神父塞缪尔·珀切斯（Samuel Purchas）。珀切斯此前已经发表了两本以"珀切斯的朝圣之旅"命名的作品，都是以游记形式展示世界各地"上帝造物"的丰富内容，大受欢迎。但他本人其实从未出国，书中的旅行故事都是远航归来的水手们讲给他听的各地掌故。本书书名中的哈克吕特（Richard Hakluyt，1553—1616）是英国著名的航海家和探险家，出版过畅销的航海书籍。《哈克吕特遗稿》中的一些故事，顾名思义，就是来自哈氏生前的手稿。

　　这幅地图并非英国人带回的第一幅中国地图。1588 年，英国探险家托马斯·卡文迪什（Thomas Cavendish，1560—1592）就曾将一幅明朝地图带回伦敦。这是他在环球航行时，从墨西哥附近的一艘西班牙船上获得的。虽然原图已失，但哈克吕特曾经请人翻译过此图上的数据。当代学者贝瑞保（Robert Batchelor）据此认为它是罗洪先《广舆图》的某个衍生版本[237]。

　　根据珀切斯的记述，《皇明一统方舆备览》的原图来自东印度公司船长约翰·萨里斯（John Saris），他是从一位在万丹（位于爪哇岛）的中国商人那里获得的。此后，地图被带回英国，最后落到哈克吕特手中。历史学家卜正民推测，哈克吕特得到地图的时间在 1610—1613 年之间[238]。珀切斯在书中翻刻了这幅地图，但所有具体的地名全省略，以小方格替代，只保留了最重要的地理标记：沙漠、长城、河流，并描

图 90:《皇明一统方舆备览》，发表于 1625 年出版的《哈克吕特遗稿，或珀切斯的朝圣之旅》。

摹了标题中的汉字字符。有趣的是，珀切斯为这幅传统中国地图配上了经纬线。此外，他还在图的边缘添加了三幅人像：利玛窦神父以及一男一女两位中国人。珀切斯的书十分畅销，但书中这幅地图似乎对欧洲的地图学影响不大。比如，朝鲜作为半岛，在这张地图中是很清楚的，但在欧洲主流地图中，要再等几十年才得到确认。

　　另外一幅借用东亚本土地图的欧洲制图，是荷兰东方学家、制图家阿德里安·雷兰德（Adriaan Reelant，1676—1718）在 1701 年出版的《日本帝国图》（*Imperium Japonicum*，图 91）。此图的母本是日本

图 91: 阿德里安·雷兰德《日本帝国图》。

浮世绘画家石川流宣制作的《日本海山潮陆图》。雷兰德在图上也描摹了各藩国的汉字字符[239]。

《皇明一统方舆备览》和《日本帝国图》当然都体现了东西方地图的碰撞交会，不过它们上面描画的汉字更多是一种商业噱头，而不能算是对东亚空间观念的引介和吸收。珀切斯也非常清楚，对他者地理的描绘，更多是一种自我投射。他在书中有这样一段话：

> 我们的地理学家，的确都是在用自己的方式理解中国，正如你

之前读到的那样，他们对世界其他地方的理解模式一无所知，而总以想象的方式将它们表现在自己的地图中；同样地，对这些地方一无所知的我们，也总以这些有着花俏想象的地图来自娱娱人。[240]

这一段话，放在中国人看欧洲的情况上也是同样的。"寰宇"与"天下"之间的确很难通约，因为其背后基本的宇宙想象以及支撑这种想象的文化政治传统实在大异其趣。

也因为如此，本章后面将提到的两位耶稣会士就很值得钦佩，他们为沟通东西两种宇宙观和文化观付出了巨大的努力。此二人就是利玛窦和卫匡国。一般谈到此二人，会说利玛窦把欧洲世界图景带入中国，展示给中国人一个全新的世界；卫匡国则将中国的地理构想引入欧洲，告诉欧洲人一个更真实的东方。这话大体虽然不错，但也有明显的局限：他们并不是简单地传播、复制已有知识，而是在结合东西方不同地图学传统的前提下，通过富有创造力的翻译、转化，主动创制出对于世界的新解释。东西方的知识在他们那里不是单向的传递，而是有机的交融和创新[241]。

2. 利玛窦：以"大州"释"寰宇"

1584 年是中西地图交流史上极有意义的年份。那一年，亚伯拉罕·奥特柳斯在《寰宇大观》中加入欧洲第一幅以"中国"命名的地图。同年，利玛窦在广东肇庆刊刻了《山海舆地图》。这是他来到中国后绘制的第一幅地图，也是"第一幅近代意义上的汉文世界地图"[242]。中国人此后逐渐接受的地球与大洲的观念，很大程度上皆由此图始[243]。

一切源于肇庆知府王泮的一次拜访。那时利玛窦等传教士驻扎于一座天主教堂，为了让教堂看上去显得像佛教庙宇，他们给它起名"仙花寺"。王泮对远来的教士以礼相待，帮助他们解决过不少纠纷，也常去仙花寺看望。

会客室的墙上，挂着一幅从欧洲带来的世界地图。王泮被其吸引，驻足观看，得知这是真实的天下图景后，十分惊讶。王泮出生于浙江绍兴，他熟悉的天下图像都以明朝十五省为主体，四周点缀着一些域外小国。可在这张地图上，世界如此之大，中国位于这张地图的最东方，且只是东方的一部分。王泮于是提议将这幅地图译为中文，便于深入研究。利玛窦马上着手绘图。他把原图放大，这样可以有更多空地加注比欧洲文字大的中文字符；去掉了穿过福岛（今西班牙加纳利群岛）的子午线；而且为了符合中国读者的观看习惯，把中国从地图的东方一角挪到了接近中央的位置，使全球大陆以太平洋而非大西洋为中心排布两边[244]。此后利玛窦制作的世界图都沿用此布局，这也是今天中国人制作的世界地图的标准版式。

由于《山海舆地图》未能传世，所以我们无法确知那幅挂在仙花寺墙上的母本究竟是哪张。从利玛窦留下的简短描述看，那是一幅形制较大的挂图。若以欧洲当时流行的挂图产品来推测，此幅世界地图很可能就出自墨卡托或者奥特柳斯之手[245]。

有一点须明确：利玛窦并不曾有"传播科学到中国"的主观意图。之所以他在中国会被看作是西方科学的重要"传播者"，主要是因为中国人对他所带来的欧洲世界观中的"科学"部分格外感兴趣。其中既包括肇庆知府王泮，也包括瞿汝夔、章潢、李之藻、杨廷筠、徐光启、李贽、冯应京等多位名流。

而利玛窦的过人之处，在于他明白中国士人对新知识的渴求，是沟通两种世界观的重要桥梁。他希望的是这架桥梁最终能够通向基督福音，令中国人接受天主教。为此，他小心翼翼地在中国多元的文化体系中选择盟友，睿智地采取了合儒的策略，后来更以"泰西儒士"的身份广泛结交士林，获得了极高的声誉。与本土文化相协调，也是耶稣会远东负责人范礼安一向主张的。正是他调来了罗明坚和利玛窦，并坚持让他们学习汉语，用中国人的语言文字向中国人传播新宗教。这个策略在中国证明是成功的。

地图恰好是所有沟通桥梁中对中国人最有效的一座。于利玛窦而言，恐怕属于无心插柳。他谈到肇庆制图时说："按照上帝的安排，对不同民族在不同的时候采用不同的方法去帮助人民关心基督教。实际上正是这有趣的东西，使得很多中国人上了彼得的钩。"[246] 据金尼阁的记述，利玛窦在图中介绍各国不同的宗教，趁机加入了"中国人迄今尚不知道的基督教的神迹的叙述"，以此希望"在短时期内用这种方法把基督教的名声传遍整个中国"[247]。

《山海舆地图》大获成功。王泮出资印制了多份，分赠友人。许多官员和士人对这幅地图大为欣赏，广为散播，以至于还出了一则趣事。1594 年，利玛窦等传教士由南京礼部尚书王弘海带领，北上北京。他们带了这张地图作为进献给万历皇帝的礼品之一。王看到地图，极感兴趣。恰在此时，应天巡抚赵可怀也呈送了一幅地图给王，与利玛窦图十分相似。王弘海于是对利玛窦说，"我中华亦识各大部洲……此种学识得入中国，非自尔等始耶"。但他不知道的是，赵可怀是从镇江知府王应麟那里得到的《山海舆地图》，一见倾心，便命人在苏州镌石，还配上一篇赞美的序文。由于赵在序文中未提及出处，因此让人感觉此图乃赵可怀原创。按照今天的话说，利玛窦在南京撞到了自己肇庆地图的"盗版"。王弘海得知原委后却更为高兴，因为赵可怀在士林中享有盛名，他的"盗版"是对《山海舆地图》的莫大肯定[248]。

从利玛窦的记述看，明末士人对世界地图抱有极大的热忱，虽然这并不一定意味着他们完全接受或理解地球与大洲的观念，但至少说明他们对新事物是充满了解的兴趣的。利玛窦认为，他在肇庆制作的《山海舆地图》十分粗糙，错谬很多，所以又应中国友人的要求，在南昌和南京更新了世界地图。这两幅图的原本也已不存，但南昌绘图的摹本收入了章潢的《图书编》，冠名《舆地山海全图》（图92）。南京绘图的摹本收入了冯应京的《月令广义》，进而又收录于同时代王圻编辑的《三才图会》，冠名《山海舆地全图》（图93）。从摹本上看，这两幅世界地图的母本都应该是奥特柳斯的世界地图。

1601年起，利玛窦定居北京。在他进献给万历皇帝的礼物中，就有奥特柳斯的地图集《寰宇大观》[249]。在京期间，他继续应友人及皇帝之请，制作了几种世界地图。其中最负盛名、流传最广、影响最大、现存原本和摹本也最多的，就是1602年他与李之藻合作出版的《坤舆万国全图》（其彩色摹绘本见图94）[250]。

今天可以确定，此图的世界想象正来自奥特柳斯的《寰宇大观》。除了图像相近外，还有文字证明：利玛窦曾写信给耶稣会，说自己手头没有好地图，恳请教团寄给他一份。教廷原本打算寄去墨卡托地图，但碍于墨卡托激进的反天主教立场，所以后来选择了立场温和的奥特柳斯[251]。同时，利玛窦还参考了其他数种中外史地资料，更新了中国及东亚区域的形状[252]，并且延续了将太平洋置于中间的构图方式。因

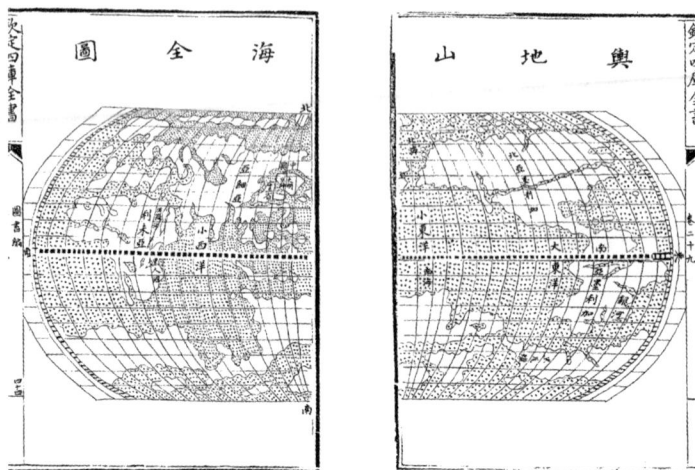

图92：《舆地山海全图》，载章潢《图书编》。同书中还有一幅表现南赡部洲的《四海华夷总图》，见第二章图18，说明章潢并未在不同的世界观中作非此即彼的选择。

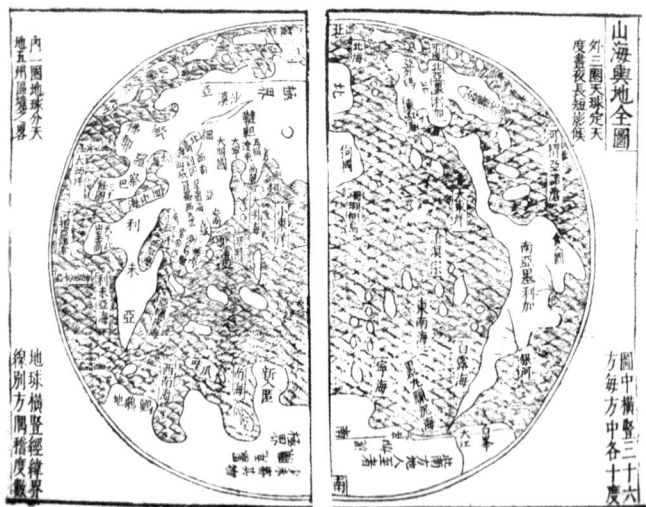

图93：《山海舆地全图》，载王圻《三才图会》。

此无论从图形还是注释上看，汉文的《坤》图都更为复杂、丰富，可以说是一幅百科全书式的地图。

关于这幅划时代的巨幅地图，研究作品已经汗牛充栋，我们无需过多介绍其中所反映的地理和图像信息。这里仅想提出一个思考方向，那就是利玛窦是如何协调东西方两种宇宙观，向他的中国读者解释看上去如此惊世骇俗的世界图景的。

必须先强调两点：第一，利玛窦以及欧洲当时的主流地理观念，在现在看来也是不"科学"、不"准确"的，他带来的宇宙观当然有其相对的先进性，但无需把这种宇宙观绝对化、价值化；第二，利玛窦并不想以欧洲观念挑战、替代中国主流的儒家观念，这与其传教的根本目的不符。他力图寻找的是一条两相协调之道。

《坤舆万国全图》的序文就体现了这种妥协的努力。利玛窦首先从天地关系讲起，"地与海本是圆形，而合为一球，居天球之中，诚如鸡子，黄在青内"——鸡蛋及蛋黄的比喻，既来自中国传统的浑天说，也符合古希腊直至文艺复兴时期的地心说。接着，"有谓地为方者，乃语其定而不移之性，非语其形体也"——很明显，他故意弱化了"天圆地方"与地球观念的矛盾，让人觉得"方"与"圆"并不那么截然对立。在花了数百字介绍南北极、赤道等概念后，他又说"以天势分山海，自北而南为五带"——这是亚里士多德的五气候带之说。

而更为重要的是后面几句：

> 又以地势分舆地为五大州：曰欧罗巴，曰利未亚，曰亚细亚，曰南北亚墨利加，曰墨瓦蜡泥加……其各州之界，当以五色别之，令其便览。各国繁夥难悉，大约各州俱有百余国……

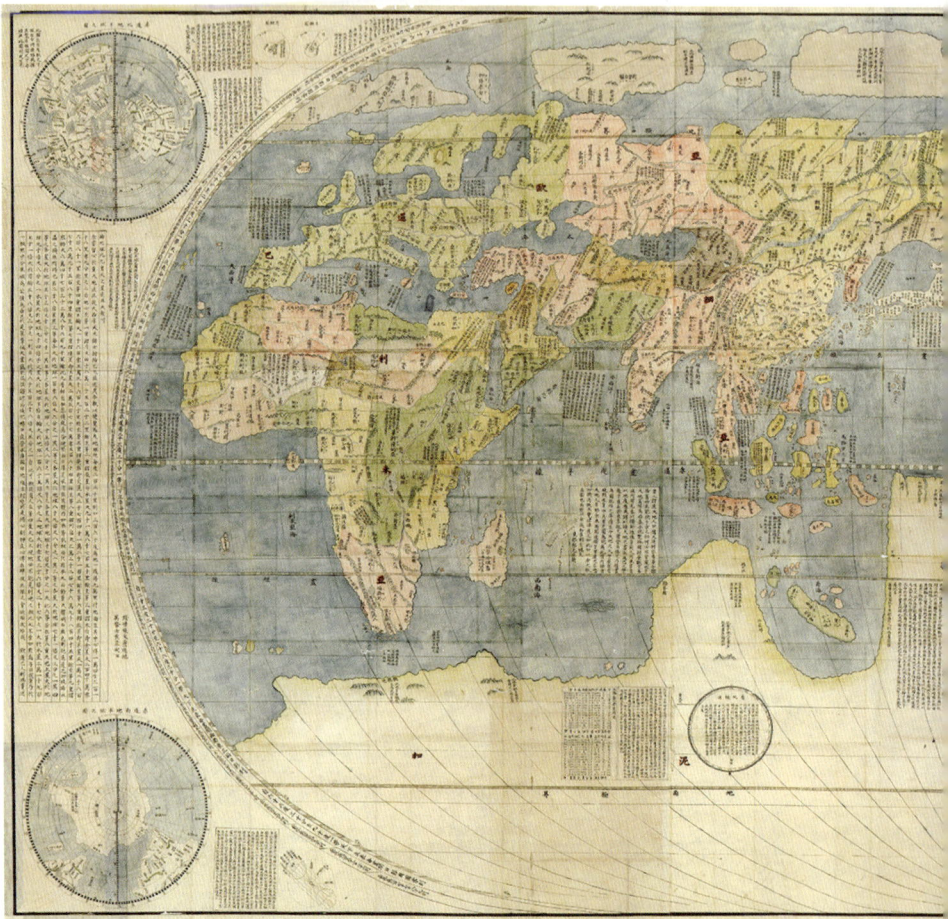

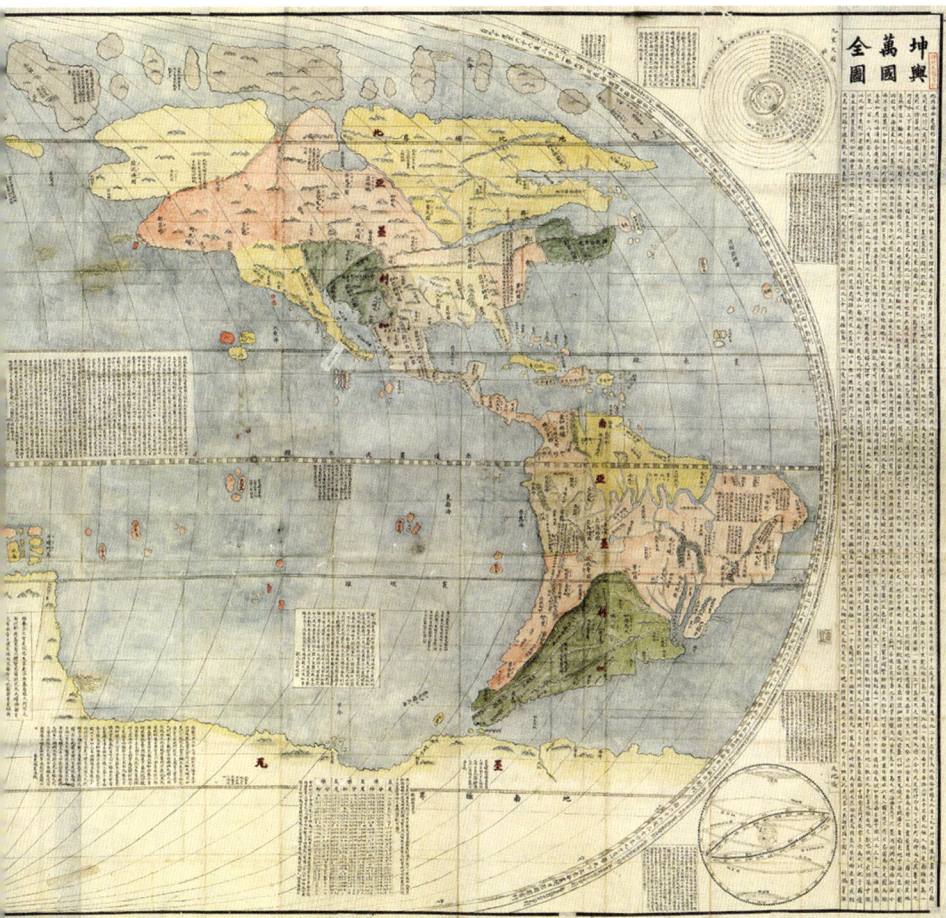

图 94:《坤舆万国全图》，日本摹绘、着色并翻译版，日本东北大学藏品。

此处，利玛窦——也许是在他的中国友人的建议下——绝顶聪明地把奥特柳斯原图中的 Orbis Terrarum（即"寰宇"）解释为中国传统中的"舆地"；又以"禹别九州"的文脉，提出"地分五州"，用"州"统称欧人所谓"人居世界"的几个部分。这种对应，若不是深通两种文化的人，绝不能如此信手拈来。当汉语世界读者读到"分舆地为五大州"，会立刻联想到禹别九州之说，而不感觉那么陌生。

须知在利玛窦的时代，欧洲文献提到人居世界的大陆组成，要么直呼其名（如"亚细亚"），要么用"部分"（part）。西文中的 continent 一词，也尚未固定指大洲。18 世纪中期之前的多数情况下，continent 所指的地域可大可小，并不与岛屿严格区别 [253]。而汉语的"州"以及衍生的"洲"字，原义就是水中高地，用来指地球上的大陆，十分恰当。也就是说，以一个抽象的概念（"州／洲"）统称地球的大陆板块，汉语还要早于欧洲语言。而这正因为利玛窦借了"九州"之"州"，套用在人居世界的大地分野上。

并且他告诉读者：每个"州"之中都有百余国，因此这个地球（"坤舆"）由"万国"组成，示意大明国只是其中之一。这也是汉语地图中第一次以"万国"观念置换通行的"华夷"话语。

利玛窦努力弥平"九州"与"人居世界"的本体论差异，同时又让中国人了解自己在全球的真实位置。这让人想到他在介绍基督教时，用汉语词"天主""上帝"来对译基督教中的唯一神 Deus（陡斯），以尽量弱化一神教信仰与天道、天命观念之间的根本不同，降低两种文化之间的异质性。这里面既有将中国传统和基督教作融合的努力，也有把中国纳入基督教世界的期待，可谓用心良苦。

在《坤》图序言中，利玛窦并没有直接提到天主、创世等宗教观念。但其宗教诉求虽隐而不显，倒也并非无迹可寻。比如在详解经纬度概念之后，他顺便攻击一下佛教世界观："释氏谓中国在南赡部洲，并计须弥山出入地数，其谬可知也。"由此可知，利玛窦绝不想让读者由"五大州"联想到佛教的"四大部洲"。而地图史家哈雷更是分析了《坤》图的"隐藏议程"，指出利玛窦在基督教圣地添加注释，却对伊斯兰教圣地不予解释[254]。此外，在图上"欧罗巴州"的注释中，他说此地"有三十余国，皆用前王政法，一切异端不从，而独崇奉天主上帝圣教"，完全不提天主教与"异端"新教正打得不可开交。

在他所说的"五大州"中，"墨瓦蜡泥加"即 Magallanica，是以通过南美洲南端海峡（今麦哲伦海峡）进入太平洋的麦哲伦命名的传说中的"南方大陆"，故不应将其误解为今天的南极洲。"亚墨利加"是被"发现"了百年的美洲，此时名称已经相对固定；"利未亚"即利比亚，非洲的别名。而亚洲和欧洲的汉译名称"亚细亚"和"欧罗巴"一直沿用至今。

亚洲与九州，就这样相遇了。

利玛窦之后的耶稣会士延续着他的工作，以地理、地图知识传播欧洲的宇宙观和世界观。艾儒略在利玛窦、庞迪我等人遗稿的基础上，添加新的资料，于 1623 年出版了近代第一部介绍世界地理的中文著作《职方外纪》。其中的"亚细亚总说"提到"亚细亚者，天下一大州也。人类肇生之地，圣贤首出之乡"——再一次以"州"称呼世界的不同部分。在"亚墨利加总说"中，艾儒略还介绍了哥伦布，他被译为"阁龙"。艾儒略说，"初，西土仅知有亚细亚、欧罗巴、利未亚三大州"，而阁龙去往亚墨利加，则全因他勤于学习，又受天主感召，要去海外未知的国度"广为化诲"，完全隐去了这位"发现者"西行的真实动因[255]。

在《职方外纪》中，艾儒略加入一幅《万国全图》，形制仿照利玛窦世界地图，但比较简略。同一年，《万国全图》单独出版，其上有艾氏撰写的《万国图小引》，提到"地在天之中，形圆而德方，永不迁移"。这是继续了利玛窦糅合"地球"与"地方"两种舆地观的做法，且用更带儒家色彩的"德"来解释地舆之"方"。

又过了半个世纪，比利时耶稣会士南怀仁（Ferdinand Verbiest，1623—1688）编绘了巨幅地图《坤舆全图》，并撰写《坤舆图说》作为说明。《坤舆图说》中的地理描述，大体仍然取材于利玛窦和艾儒略的中文著作，比如在"地体之圆"一节中说："世谓天圆地方，此盖言其动静之义、方圆之理耳，非言其形也。"[256]《坤舆全图》则和前两人所绘的地图有所不同，它以东西两个半球来展现世界，并且可以明显看到新发现的澳大利亚——尽管它仍然被算作南方大陆"墨瓦蜡泥亚"的一部分。

需要注意的是，利玛窦、艾儒略或南怀仁都没有把"亚"和"州"连在一起，创制出"亚州（洲）"一词。后世汉语使用者，把"亚细亚为天下一州"转变成"亚洲（州）"，逐渐约定俗成[257]。

同时应承认，利玛窦带来的新世界图景虽受欢迎，后来又在多种本地图书中被翻刻、加工[258]，但并没有成为当时中国主导性的地理认知。沟通是初步的，距离真正的相互理解还有很长一段路要走。明清两代，对地圆说和五大州说存疑者、斥之为荒诞无稽者有之，以战国时阴阳家邹衍的"大九州"之说附会者有之，试图以利玛窦学说证明西学东源者亦有之[259]。这些其实都极为正常，并不值得今天的人嘲笑：任何新鲜的地图，在刷新认知的同时，肯定会带来不适，更不要说是那种彻底颠覆世界观的地图。还记得吗？马丁·瓦尔德泽米勒在他的

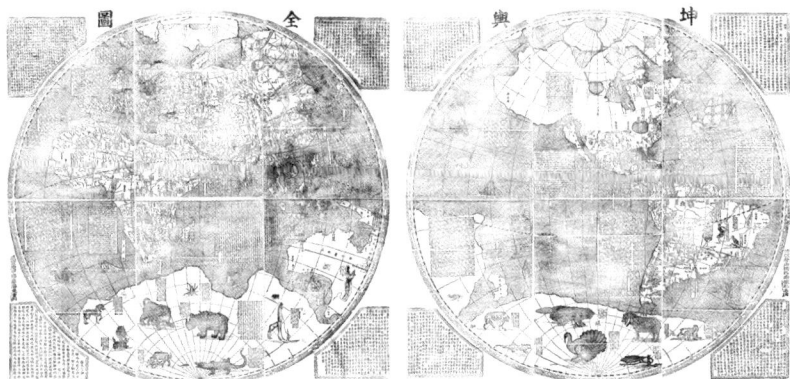

图 95：南怀仁制《坤舆全图》。

1507 年世界地图上也预测他的读者也许会排斥新的世界图景。但是从利玛窦、艾儒略到南怀仁，欧洲文艺复兴时期的地理地图学的确在中国和东亚的世界想象中占有了一席之地，他们的著作被编入《四库全书》，"寰宇大观"亦成为东亚多元地理观一个新的组成部分。

3. 卫匡国：以"帝国"释"中国"

利玛窦的沟通努力是双向的。他还摹写过中国地图——很可能是参考《广舆图》而制，并把它寄回欧洲。他在日记中夸耀说，地图的反响不错。"他们以为我是又一托勒密。"利玛窦写道，"假若寰宇压缩为中国一域，毫无疑问，可以称我为世界上最伟大的数学家兼自然哲学家。……他们认为我是一个学识无比渊博的异人……这真叫我忍俊不止。"[260]

不过实际情况是，他寄回的（或者是由罗明坚带回的）地图对欧洲主流的中国认知没有产生太大改变。前文提及，半个多世纪后，法国制图师尼古拉斯·桑逊才根据他的地图制作了一版新中国图。

但利玛窦带回的中国信息的确有划时代意义。其中最重要的一点，是他以亲身经历、交流和阅读证明了长期以来欧洲关于中国的知识有根本错误："契丹"（Cathy）与"中国"（China）不是两个国家，而是同一个。从他开始，很多传教士都不断试图劝说欧洲知识界接受这个观点，但从16—17世纪流行的地图看，似乎收效并不立竿见影。从奥特柳斯到洪第乌斯，欧洲地图上的中国地形、省份、河流、山脉等，错误的信息陈陈相因。和明代中国人一样，欧洲人接受一种奇异的新观念也不那么容易。

来华耶稣会士是两种知识体系的中间人。他们一方面要把中国拉入到基督教世界，另一方面又要告诉基督教世界中国独特的文化、政治和文明形态。地图是一座桥梁，利玛窦偶然发现中国人对欧洲地图的热情，用它来"启蒙"中国；而罗明坚等一众耶稣会士则从一开始就希图以中国地图来"启蒙"欧洲。

最终完成这个任务的，是经历了明清易代的意大利人卫匡国。他把中国本土的地理信息带入了欧洲地图。

卫匡国1614年出生于特伦托（Trento）。彼时利玛窦已经去世四年，但两人也有智识上的联系。卫匡国加入耶稣会后，就学于最高学府罗马学院中的私立数学学校，该校的创始人是著名的天文学家、数学家克里斯托弗·克拉乌斯（Christopher Clavius，1538—1612）。克拉乌斯是利玛窦的老师，利氏著作中所谓的"丁神父"。他参与修订了格里高里历——也就是现在世界上通行的公历系统，也是利玛窦带入中国的数学、历算知识的来源。克拉乌斯的另一位学生、后来以《中国图说》闻名的基歇尔（Athanasius Kircher，1602—1680），就是卫匡国的老师[261]。

卫匡国 1640 年出发来中国，1643 年定居杭州。这个年代，耶稣会士已经和明廷建立了良好的关系，像汤若望（Johann Adam Schall von Bell，1592—1666）等精于数学的教士，还帮助明朝军队制作红夷大炮。但第二年李自成的军队就攻入北京，崇祯皇帝自缢于煤山，吴三桂引清军入山海关，明室南迁。卫匡国因其精湛的数学技艺，受到过南明隆武帝朱聿键的接见，朱聿键还请他帮助明军防守浙江和福建。不过很快，清军便攻下两省。

卫匡国这样记述他与清军的遭遇：

> 我住在温溪城一所很好的房屋里，居民不愿逃亡，这时全城一片混乱。我知道鞑靼人到来，马上在屋正门贴一张长宽的红纸，上面写道："此屋系欧罗巴人居住，他是传教的教士。"我曾留意，中国官员巡游时往往在居住的宅门上张贴这类告示，让大家知道屋内有大人物居住。在大厅入口，我摆出我最大和装订最精美的书，以及数学仪器、望远镜和其他光学镜子，诸如此类我认为最显眼的种种物品；最后把救世主像放在陈设它的祭坛上。用这个有效的方法，我不仅未受一般士兵之害和抢劫，而且还得到鞑靼统将的好意邀请和款待。他问我愿不愿意改换我的中国服装，剃掉我的头发。我欣然同意，于是他让我当场剃光头。[262]

这段戏剧性场面出现在拉丁文第二版《鞑靼战纪》中。虽然其真实性遭到一些学者怀疑[263]，但是卫匡国心甘情愿剃发易服，转而效忠清朝，这是没问题的。当时北京的耶稣会士比如汤若望也很快投效新朝。汤若望更是深受顺治皇帝信任，执掌钦天监，负责制订历法。这当然是耶稣会入华传教以来一次巨大的成功。1650 年前后，卫匡国前往北京，取得了汤若望的信任。在北京的经历让他更加坚信，满人入主中国，对欧洲传教士总体有利。

然而，汤若望此时也深陷麻烦之中：他坚持利玛窦的合儒策略，但在耶稣会内部以及其他教团中引发争议，他们认为利玛窦将 Deus 翻译为"天主"，允许教徒敬天、祭孔、祭祖，有违正统教义。此为"中国礼仪之争"的开始。1651 年，卫匡国起身返回欧洲，他的任务就是亲自向罗马教廷解释礼仪之争，争取对汤若望的支持。

作为受葡萄牙和西班牙资助的天主教士，卫匡国从澳门出发，先来到西班牙控制的马尼拉。几个月后，他的航船被西班牙的对手、荷兰东印度公司俘获，被带到了公司在东南亚的基地巴达维亚（今雅加达）。此时，卫匡国再次展现了他灵活的手段：他向信奉新教的荷兰人提供了有关清朝政府对欧洲态度的宝贵一手信息，使得荷兰人对他信任有加 [264]。东印度公司很快决定，给卫匡国提供免费服务，让他搭乘荷兰船只返回欧洲。

回到欧洲，卫匡国与当地东方学家多有往来，终于彻底消除了他们长期以契丹、中国为两国的误解。同时，他出版了《鞑靼战纪》等著作，向欧洲读者介绍了发生在中国的朝代更迭。经人介绍，他结识了阿姆斯特丹的大出版商约安·布劳，两人合作数周，完成了一本新的中国地图集的绘制、加工和出版。终于，这一次欧洲人带回的中国地图没有被束之高阁，而是面向众多读者发行了。这当然有两人对市场的敏感，也因为两人在宗教意识形态上都采取较为灵活的立场，并不因为宗派不同而错过合作的机会。就在卫匡国回到欧洲时，另一位在华耶稣会士，波兰的卜弥格（Michał Piotr Boym）也已回到欧洲，他受南明永历朝廷所托，前来请求教廷支援。卜弥格也带回一套自己制作的中国地图集，但未能出版[265]。

卫匡国—布劳合作的这部作品，即 1655 年《中国新地图集》（*Novus Atlas Sinensis*），后来收入宏大的《大地图集》工程。正是它彻底扭转了奥特柳斯以来欧洲地图中的东亚形象（见第五章图 77）。

今天，学者们对卫匡国的制图过程有了较为深入的论证[266]。卫匡国并未能在中国到处游历，他本人实测的地方也不太多。这本地图集是在他赴欧途中完成的，他的主要工作是将一本随身携带的中国地理书上的数据加工转化，并添加新内容。这本地理书就是万历年间出版的凝香阁本《广舆记》。卫匡国所使用的工作本现藏于梵蒂冈。

《广舆记》最初由浙江人陆应旸（约 1572—约 1658）编辑，早期版本中并无地图。凝香阁插辑本由阎子仪补入总图和分省地图，所依据者还是罗洪先的《广舆图》。但《广舆记》中的地图描摹得并不精准，且去掉了罗洪先地图中的计里画方网格。卫匡国所做的重要改编，是利用自己精湛的数学知识，根据《广舆记》中的位置、路程、距离等信息，给这一组地图重新画上网格——但不是用二维的计里画方，而是用表示三维的经纬线。

这样一来，来自中国"天圆地方"观念的地理数据，就转化成了欧洲"寰宇"观念下的地图形象，"中、西地图学融为一体"[267]。

在转换过程中，中国作为一个幅员辽阔、风俗多样且语言文化不同的中央集权政治体的概念，得到一次完整的彰显。卫匡国—布劳为每幅分省地图都配上精美的涡卷图案，展示当地服饰、物产、生产方式或历史掌故。那么，在欧洲概念中，应该如何称呼这样一个国家呢？卫匡国所用的定义，是 imperium 这个拉丁词语，在 19 世纪后期进入汉语世界后，被翻译为"帝国"。这也是欧洲主流地图集中第一次明确以"帝国"称呼中国。

欧洲语汇中，imperium 用来指罗马帝国，后来延伸指拜占庭东罗马帝国、奥斯曼帝国以及多数情况下只作为松散联盟存在的神圣罗马帝国。其余欧洲政权多称王国、公国、侯国或者共和国。19 世纪之前，汉文文献中很少用"帝国"一词，即使偶尔出现，其含义也与 imperium 非常不同。在耶稣会士到达中国前，欧洲地图中的中国，要么只有名称，要么冠以"地方"或"王国"（royal，kingdom）。比如奥特柳斯的《中国图》就只标 Chinae，到了裴德、约翰·斯比得的中国地图，则标注"王国"（Regnum/Kingdom）。利玛窦的中文世界地图中都是称"大明国"。

美国历史学家欧立德认为，第一部正式出现"中华帝国"的欧洲著作，是葡萄牙耶稣会士曾德昭（Alvaro Semedo，1585—1658）在 1642 年出版的《中华帝国以及其耶稣会士的传教文化》西班牙文版 [268]。但这个说法并不严谨。根据多位中国学者的研究发现，早在 1563 年葡萄牙人巴罗士的《亚洲旬年史》第三版中，就有将中国称为"帝国"的前例。在 16 世纪后半期，来华传教士们往往将"王国"与"帝国"混用，早期"王国"更为常见，两词选择有很大的随机性。利玛窦在其札记中，明确把明朝的"皇帝"对译为意大利文的 imperator（帝王）。到了明清鼎革前后，随着传教士对中国了解的深入，使用"帝国"的频率开始超过"王国"。而至 17 世纪后期，"帝国"成了对中国更为通行的定义 [269]。

卫匡国恰好经历了明清鼎革，代表了当时在华传教士对中国的典型认知。和利玛窦一样，他也是较早的一位持续使用"帝国"一词来解释"中国"的人。他进而把"中华帝国"的称谓固定在欧洲出版的中国地图中，包括《鞑靼战纪》中的地图插页以及后来的大型《中国新地图集》（图96）。在这个意义上，卫匡国可谓是以图像确认中国为"帝国"之始 [270]。

此后，越来越多的欧洲地图文献采纳了"帝国"的定义。布劳的竞争对手，洪第乌斯家族的杨·杨松纽斯也在 1657 年出版的地图中将中国定义为"帝国"。而随着满洲（卫匡国所谓"鞑靼"）的统治日益稳固，欧洲地图中的"中华帝国"逐渐从明代行省扩展至内亚边疆，有时还包括朝鲜。只是他们仍然在"中华帝国"疆域内区分"中国""中国鞑靼"以及西藏。

和 imperium 直接相关的，是卫匡国采用拉丁文 provincia（也就是英文词 province 的来源）来对译中国的"省"（图97）。这个词也是更多使用于罗马帝国时代，指的是罗马在意大利之外的行政任命以及区划。在欧洲国家，不同的 provincia 有不同的意味，与中央政权的关系也有强有弱，不少 provincia 其实相当独立。另外，耶稣会也把海外教区称为 province，比如"印度省"和"日本省"（中国是"副省"，1623年从日本省中分出 [271]）卫匡国之前，欧洲人解释中国的行省，时而用 provincia，时而用"王国"，不太统一。而卫匡国既然认定与中国更可类比的是罗马帝国，那么用 provincia 翻译明代中央集权制度下划分的行省，在欧洲语境下就显得顺理成章了。

卫匡国不但以前所未有的详尽细节将中国的地理图像展示在欧洲人面前，而且用欧洲人熟悉的方式提供了对中国国家性质的理解——尽管这种理解在今天看来，有很多值得讨论的地方 [272]。卫匡国和利玛窦、艾儒略等人一样，都是用本土的文化资源去嫁接外来的新鲜文

图 96：《中国新地图集》中中国总图的标题部分，译为"中华帝国新图"。

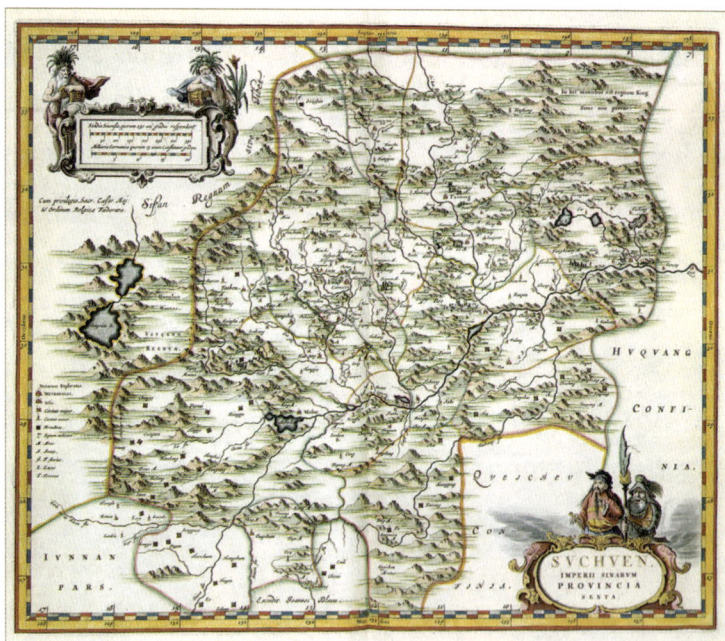

图 97：《中国新地图集》中的"四川，中华帝国第六省"，右下装饰图案是三国时代的蜀将关羽和周仓。

228

化，以力图柔化后者的异质性。同样，他的工作也并不是单向的"东学西渐"。1648 年左右，卫匡国将西班牙法学家弗朗西斯·苏阿瑞兹（Francisco Suárez）的著作翻译为中文，这是把新出现的欧洲国际法理念引入中国的最早尝试[273]。

而他回到欧洲的最重要任务——向教廷解释中国礼仪，也收获了满意的结果。教皇亚历山大七世 1656 年裁决，只要耶稣会认为中国教徒的礼仪无关宗教信仰，便允许他们敬天祭祖。在欧洲社会，卫匡国的记述带来一股中国热。荷兰最伟大的剧作家约斯特·凡·德·冯德尔（Joost van den Vondel）根据《鞑靼战纪》等资料，创作了欧洲第一部中国题材的戏剧《崇祯，或中国统治的衰亡》。而一些青年耶稣会士受卫匡国的感召，也加入赴华传教的队伍中，其中就包括在中西文化交流史上起到重大作用的比利时人柏应理。卫匡国本人于两年后携南怀仁等十六位耶稣会士回到中国，最终病逝于杭州。

卫匡国个人的经历和他所从事的工作，同时面对着当时亚欧大陆上出现的三重政治—文化矛盾[274]。一是以西、葡为代表的天主教势力与以荷兰为代表的新教势力的全球竞争；二是中国的明清易代；三是东西方的文化交流进入了由最初的相互欣赏到发现根本差异的困难阶段。三者相互缠绕。卫匡国以柔软的身段，游走于前两种矛盾之间。而最后一种矛盾虽然暂时缓解，但并未最终解决。

在北京，康熙皇帝初登基之时，杨光先挑起历法之讼，辅政大臣鳌拜等借机打压传教士，致使汤若望等被判凌迟。只因京城突发地震，且有彗星出现，清廷才免其死刑。1669 年康熙亲政，剪除鳌拜，为汤若望平反，重用南怀仁，并在 1692 年颁布容教令，为天主教传教打开方便之门。但与此同时，"中国礼仪之争"在罗马教团内部日趋白热化，敌对的教团借此攻击耶稣会，令18世纪初的几位教宗分别颁发谕令，不许用"天主"或"上帝"称Deus，也不许行祭孔祭祖之礼。康熙帝屡次沟通未果，只得在1720年下令禁教。传教士们虽然仍可服务于清廷，但不能传教。

"中国礼仪之争"最终对东西交流造成极大破坏。有趣的是，中国与欧洲之间的地理、地图交流，却在"礼仪之争"的背景下达到了前所未有的顶峰，其标志就是18世纪前20年间康熙《皇舆全览图》的测绘以及杜赫德编纂的百科全书《中华帝国全志》1735年在法国的出版（详见第七章）[275]。可惜这种沟通、交流的努力，最终因罗马教廷的内部斗争和意识形态的偏见而中断了。1773年，耶稣会被罗马教廷取缔，在华传教士的数量随之日益减少。

站在世界地图学发展的角度，可以发现一个现象：利玛窦《坤舆万国全图》是一幅以汉文标记、面向中国读者的地图，但资料的来源主要是欧洲地理学；卫匡国—布劳《中国新地图集》是以数种欧洲语言书写的、面向欧洲读者的地图，但其依赖的最主要的数据来自中国的地理书籍。两套地图在各自的传统中都是开创性的新作品。我们似乎很难用"中国"或者"欧洲"这样的定语去界定这两部地图。它们既是欧洲的，也是中国的。也是从这个时候开始，欧亚两种地图学传统不断融合，你中有我，我中有你。

这种文化融合状况是典型的全球化现象。当然，在早期全球化之前，文化就已经在不断交流、融合。但亚欧大陆两端的系统性交往，是16—17世纪借由西欧和东亚各自现代性的开端才有了条件。

4. 传教士们的东亚遗产

利玛窦带来的地理观并没有简单取消中国传统地理观，但如果由此认为它没有产生影响、进而论证亚洲的封闭性，则值得商榷。实际上，"五大州"为代表的新世界观走出了中国，不仅流传至朝鲜和日本，而且被其吸纳到本土的制图之中。

我们来看一幅《大明九边万国人迹路程全图》（图98）。从画面上方的序和署名得知，此图的发行者是"姑苏王君甫"，时间是"康熙二年"，也就是1663年。为什么出版于清初的地图会堂而皇之地题为"大明"？我们一会儿再谈。先来看看这张图上的信息：

此图的主体部分是长城、黄河及海岸围起来的明朝直省地区，地名注释详尽。同当时主流地图一样，以"地方"观念取大地为方形。但是，大地四周有海洋包裹，北方更出现了"北极冰海"。再仔细看，图中左侧是非洲，往上以地中海分开的是欧洲。右上的一片大岛屿写着"北亚墨利加"，右下的中型岛屿写着"南亚墨利加"。非洲、欧洲和美洲上各有一些国家，一望而知是直接或者间接来自利玛窦的世界地图。比如欧洲外海有"卧兰的亚岛"，这是指今天的格陵兰岛，利玛窦的《坤》图作"卧兰的亚大州"[276]，南怀仁《坤舆全图》则改为"青地"。北亚墨利加有"加拿太"（即加拿大）、"花地"（佛罗里达），海中还有一座大岛是"古巴岛"。南亚墨利加则有"伯西尔"（巴西）、"字露"（秘鲁）等。

但图中的这几个大洲只是象征性地摆放在那里，并不写实。比如北美和南美洲一上一下，成了相隔遥远的两个岛屿。图中的地名，不仅位置摆放较为随意，而且多有漏字，显示抄录者并不真的知晓（或

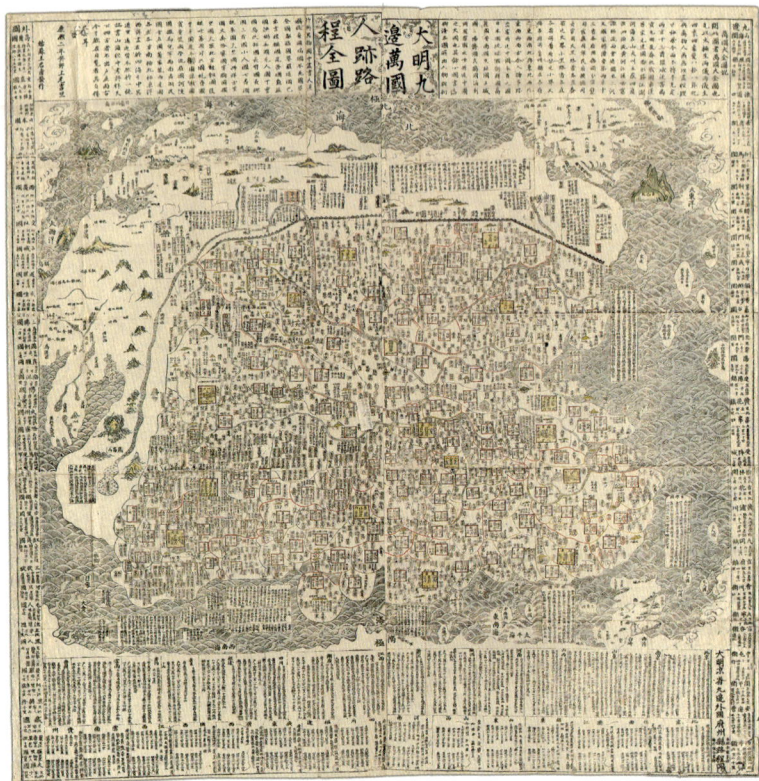

图98:《大明九边万国人迹路程全图》,日本京都梅村弥白复刻本。来源:加拿大不列颠哥伦比亚大学图书馆。

在意）其实际地理信息。更有意思的是,海中散布的小岛上,还注有"川心国""三首国""毛人国"等来自《山海经》的地名。

可知这是一幅以华夷图为主要构图原则,也能看到《大明混一图》些许影子的世界图像。在海外部分,它大量采用了利玛窦带来的"五

232

大州"信息以及小部分《山海经》内容。也就是说，它把利玛窦的"寰宇"又内化为"华夷"的等级结构，尽管标题上还保留了利玛窦开创的"万国"和"全图"两个词。

可是，这幅地图真的参考过利玛窦的世界地图吗？为什么它看起来不像任何一幅利玛窦地图呢？

卜正民对江南地方的世界地图制作有过一番查考[277]。明朝后期，南京曾发行一幅大尺寸挂图——《乾坤万国全图古今人物事迹》。此图的基本版式（标题、序文、图解的位置）和构图方式，与《大明九边万国人迹路程全图》是一致的。但在其序文中，直接提到了利玛窦："近睹西泰子之图说，欧逻巴氏之镂版，白下诸公之翻刻有六幅者，始知乾坤所包最钜，故合众图而考其成，统中外而归于一。"可见图中"乾坤所包"，很大程度上来自利玛窦，并且作者曾亲眼看过其六扇屏的地图，若此说为实，则根据已知材料，似乎只能是《坤舆万国全图》[278]。

此图作者署名"梁辀"，是"常州府无锡县儒学训导"，出版的年份是"万历癸巳"，即1593年。这个年份十分可疑：利玛窦的《坤》图作于1602年，而梁辀的序言有多处直接引用或者改写李之藻在《坤》图上的题跋，因此卜正民认为，梁辀地图不可能作于1602年之前，而只能是此后。最关键的是，梁图把利玛窦地图上的信息又按传统的华夷图样式处理了。

而梁辀序文中的部分观点，后来被吸收、改写进1643年出版的形制类似的地图《皇明分野舆图古今人物事迹》。其署名作者是南京的"季明台"。在这幅地图中，所有利玛窦提供的信息都不见了，"万国全图"的字样也从标题上被取消掉了，替换成"皇明分野"。但就在第二年，另一位作者曹君义出版了《天下九边分野人迹路程全图》。该图不但把"皇明"又改为"天下九边"，而且在标题中恢复了"全图"。更重要的是，它在中央大陆的上下左右四方都画上了海洋，甚至还添加了利玛窦图中才有的经线和纬度标记。

又过了近20年，苏州的王君甫出版了《天下九边万国人迹路程全图》，与曹君义的地图标题只相差两个字，即将"分野"又恢复成了利玛窦用过的"万国"。这幅地图是曹君义图的"近乎完美的复制"，但是去掉了经纬度标记。此时已是清朝康熙二年（1663）。

前面分析的地图，正是王君甫的这幅，只不过原来题目中的"天下"被改成了"大明"。回到最初的问题：为什么作于清代的地图会署"大明"？在该图右下角一处不太起眼的地方，提示了它的实际发行者"本朝帝畿书坊梅村弥白重梓"。这里的本朝是指日本。日本京都的出版商梅村弥白原样复刻了王君甫地图，但修改了该图的题目。这说明王君甫的地图突破了清朝初年的海禁，流传到了日本。

而利玛窦知识的奇幻之旅并未就此结束。梅村出版的王君甫地图，后被日本僧人凤潭使用，成为他《南瞻部洲万国掌果之图》（见第二章图 27）里中国及南北美洲部分的最重要来源[279]。此处的"万国"转换成了对"南瞻部洲"的描述。

总结一下就是：利玛窦带来的寰宇观（orbis terrarum），经过梁輈、季明台、曹君义、王君甫的多次转译，融合进了本土地图样式，然后传到日本，由梅村弥白在京都重新发行，继而又影响到僧人凤潭，进入了他的佛教宇宙观。利玛窦依据奥特柳斯地图制作的"万国全图"，成了完全不同的、本土化而又多样的"万国之图"。

之所以出现这种现象，是伴随着早期全球贸易网络的建立，东亚地域也出现了较为繁盛的商品市场。地图业和图书业兴起，出现了学者所谓的"晚明印刷爆炸"，新奇的地理想象也借着书籍的跨国贸易而实现跨边界流动。[280]

而此时的日本，虽然已经禁止天主教多年，但因为此前和葡萄牙、西班牙的长期交往，又通过长崎和荷兰的贸易往来以及通过海商同中国、朝鲜的联系，其实已经广泛接触到欧洲的地理观念，也引入了欧洲的地图样式。日本把当时的对欧贸易统称为"南蛮贸易"，故由此带来的新地图也被统称为"南蛮系地图"。和中国情况相似，日本上层人士对南蛮地图的接受度很高，不少匠人复制欧洲地图，做成屏风，装饰家庭。17世纪之后，南蛮系地图成为日本地图的一种新风格[281]。

比如图99这幅世界地图屏风，它采用了普朗修斯1592年世界地图的投影法[282]，但其拉丁文标题（Typus Orbis Terrarum）则似乎是来自奥特柳斯《寰宇大观》中的世界总图。和利玛窦一样，匠人将太平洋而非大西洋置于世界的中心。此屏风的背面，画着一幅行基图样式的日本地图，标题是体现佛教观的《南瞻部洲大日本国正统图》，说明不同宗教观和世界观的并行共存。

利玛窦的《坤舆万国全图》流传到日本，旋即出现了彩色复刻本（如本章图94），上面一些重要的地名旁边，也添加上了日本的假名。此后，又有更多地图根据利玛窦地图发展出来。1645年制成的《万国总图》（图100），既有地图，又有世界各国的人像，很能代表同类南蛮系地图的样貌。这些地图中的人像资料应该来自欧洲流入的其他地图书籍。

18世纪，幕府对不涉及基督教的西洋书籍解禁，更多地理书和地图被引入东瀛。利玛窦系世界地图在日本被多次复制，形形色色，不

图99：世界及日本地图屏风（江户时代）。东京国立博物馆藏。

能尽数。之所以种类繁多，是因为当时的长崎和其他大城市印刷业非常发达，地图作为商品，深受消费者喜爱，利玛窦系地图因其新奇和精美，拥有庞大的消费人群。这种情况和欧洲的阿姆斯特丹等商业都市、明清的江南地区是非常一致的。

除了商业因素，由利玛窦等传入的地圆说、五大洲说，也在江户时期日本的思想界引起震荡。比如，儒学者新井白石（1657—1725）在其地理学著作《西洋纪闻》和《采览异言》中，就多次参考利玛窦地图和图说。而倡导以"国学"寻求日本独立文化身份的本居宣长（1731—1801）也高度评价西洋地理学，其意在以实测为基础的欧洲地理观批驳佛教的须弥山说，让日本思想摆脱佛教的影响[283]。

利玛窦地图在日本的影响力一直持续到江户时代晚期。1785年，著名地理学家、水户藩儒者长久保赤水（1717—1801）在以经纬度绘制出日本全图之后，又完成了《改正地球万国全图》。该图在利玛窦

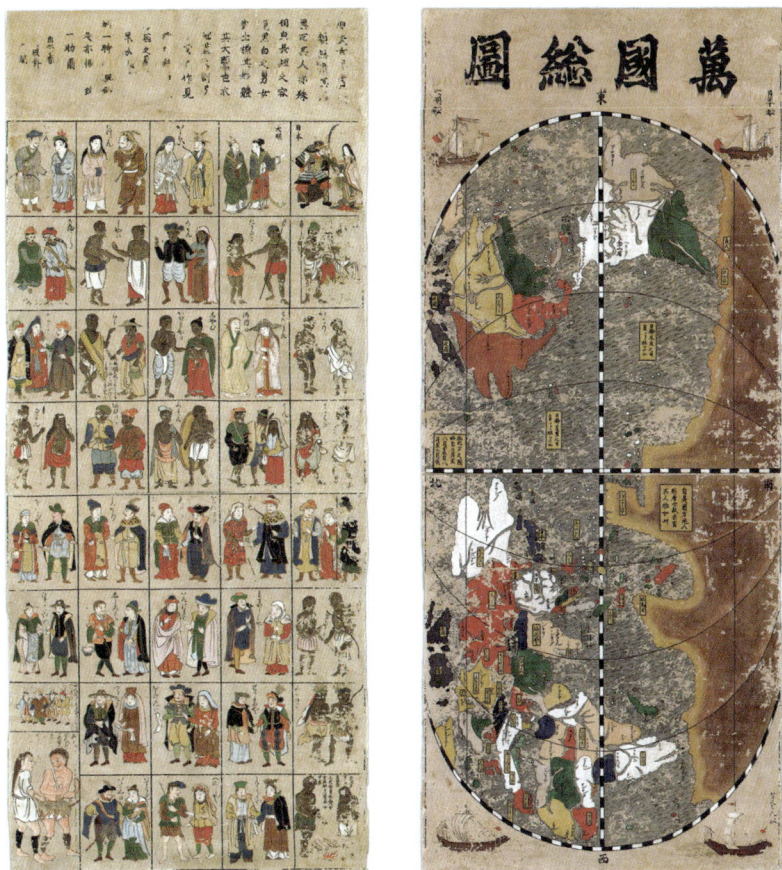

图 100：《万国总图》制作于 1645 年。来源：加拿大不列颠哥伦比亚大学图书馆。

《坤》图基础上，完善了日本北方虾夷地区的描绘。第二年，他接受藩主之命，开始为水户学巨著《大日本史》撰写地理志。作为日本现代地理学的先驱之一，长久保既是国学—水户学一脉的重要人物，也是受兰学刺激而引入西学、倡导实学的代表[284]。而《改正地球万国全图》

（图101）正体现他身上多重思想的交叠，揭示出幕府末期日本思想学术存在的巨大活力。

欧洲传教士的地图也深刻影响到朝鲜半岛[285]。《坤舆万国全图》出版的第二年，1603年，朝鲜赴京使臣李光庭、权禧就带回"欧罗巴舆地图一件六幅"。同年利玛窦与李应试合作出版的《两仪玄览图》又在第二年被朝鲜使臣带回。这份地图现藏于韩国崇实大学，与辽宁省博物馆所藏的一份一起成为目前世上仅存的两套《两仪玄览图》。1631年，朝鲜使臣郑斗源带回大批欧洲书籍、地图和仪器，其中有利玛窦所作天文及数学书、南北半球星图以及艾儒略的《职方外纪》和《万国全图》。郑斗源与耶稣会士还保持着联系。到了1645年，已经入主中原的清朝，将为质九年的朝鲜昭显世子送回。昭显世子与汤若望交好，临走时汤若望赠送给他很多西洋数学和天文书籍以及一个地球仪。可惜世子回国仅70天就猝死，他带回的物品大多被毁弃。

除了引入中国出版的西学书籍和地图，朝鲜官方还复制过利玛窦及南怀仁的世界图。1708年，朝鲜肃宗命人将《坤舆万国全图》复写于一组八扇屏上。1768年再次复制此图[286]。这些书籍和地图直接刺激了晚期朝鲜王朝以"天学"为名的西学的兴起，之后成为朝鲜实学发展的重要诱因[287]。当然，和在中国的情况一样，朝鲜士人对地圆说等新地理观念也存在怀疑、拒斥和接受等不同的态度。但是争议的存在正说明其影响的广泛。像李瀷、丁若镛等实学者，从接受欧洲宇宙观开始，借重新认识中国与世界的关系，反思朝鲜在世界中的位置[288]。这些新思想，为此后现代思潮在半岛的兴起铺设了道路。

18—19世纪，朝鲜民间一些受利玛窦影响的地图作品，很多是通过中国书籍中的摹写本——比如王圻的《三才图会》或者吕抚的《三才一贯图》等——再次翻刻复制的。在一本名为《各国图附天下总图十三省图》的地图册中，有一幅《天地全图》，表现地球为九重天所包裹，而地球上则分布五大洲。这一宇宙构造明显来自《坤》图右上角的"九重天图"。学者杨雨蕾发现，地球图形虽然是五大洲结构，但其上收录的地名混合了利玛窦、南怀仁的介绍以及《山海经》等传说资料[289]。

欧洲地图在朝鲜的本土化还体现在19世纪的一本便携地图册《舆地图》中。这是美国地理学会图书馆的藏品之一。和朝鲜时代的许多同类地图册一样，它由朝鲜各道分图、朝鲜图、中国图、天下图等组成。但这本手绘地图册和其他图册又有明显不同：一般图册中的《天下图》，如第二章第二节中介绍的，更多地体现《山海经》想象的模式（见第二章图21），但在这本图册里，天下变成了地球五大洲的模样（图102）[290]。

此类五大洲世界图最早出现于18世纪后期，其来源应该是清代再版的《三才图会》中的《山海舆地全图》（本章图93）[291]。但具体这张图则很可能是再度传抄18世纪的抄本（或者抄本的抄本）。除了一些很明显的、体现时代感的修改，比如把"大明国"改为"大清国"，也能看出抄写者其实并不清楚原版地图中的地名，以至于有很多错误。举例来说，原图中"卧兰的亚大州"就被抄成"卧兰的亚"和"大川"；"利未亚"抄漏了"利"字；"南亚墨利加"成了"南亚异利加"；"北亚墨利加"成了"北亚黑利加"；"亚细亚"仅存一个孤零零的"细"字；"欧罗巴"与"佛郎察"两词因为隔得太近，被乱抄成了"欧佛郭"和"罗察色"……

一方面，我们当然可以说这幅地图体现了对利玛窦知识的误读和

图 101：长久保赤水《改正地球万国全图》。来源：加拿大不列颠哥伦比亚大学图书馆。

图 102：《舆地图》中的《天下图》。来源：美国地理学会图书馆。

240

不求甚解。但另一方面，如果考虑到在同类图册由"天下图"风格主导的世界想象中，终于出来这样一个另类的天下想象，那么也可以说，以利玛窦为代表的传教士地理学，已经借由重重传抄，深入到了朝鲜民间，刷新着阅读者心中"天下"的视觉感受。

谈到不同文化的相遇，殖民帝国主义者往往喜欢采用"文明冲突"的论调。他们构想的世界中，文明是有等级的，高等文明必然淘汰低等文明，淘汰的过程必然是碰撞和血腥的厮杀。但历史发展的轨迹呈现出另外的模式。拿"亚洲"与"九州"的相遇来说，东亚人部分接纳了新的地理认知方式，但"新"没有取代"旧"，反而经过杂糅、转写，让本就多元多样的世界观念，又多了一个新元素。而欧洲的地理认知也接纳并吸收了东亚人的空间想象。"文明的冲突"并未出现。19世纪以来的残酷压迫和艰难抵抗与"文明"无关，那是殖民与反殖民、帝国与反帝国的权力冲突。

七

务求精准：观看领土与测绘帝国

MAPPING

ASIA

1. 跨越欧亚美：俄罗斯的西伯利亚测绘

1689年9月7日，尼布楚。经过漫长的谈判，清朝与俄罗斯的代表在此签署条约，划定两国在黑龙江流域的边界。

谈到《尼布楚条约》，我们一般会从中国或者俄国的角度出发，认为它是两国历史上的一起边疆事件。可是，《尼布楚条约》不仅是中俄两国的事，它发生在亚欧大陆现代变革的历史节点，具有多层次的全球史意义。从地理、地图学角度看，《尼布楚条约》签订于人类最终完成描绘亚洲大陆轮廓的前夜，引发了欧亚几个大帝国之间的知识与权力互动，也开启了东亚世界对国家空间的全新认知。

这一章，我们就分别从俄国、法国、中国、朝鲜和日本几个国家的制图学视角，捋一捋《尼布楚条约》前后串联起来的历史之网。

15世纪后期，欧洲东部边缘的莫斯科公国摆脱了金帐汗国的统治。大公伊凡三世（1440—1505）引入拜占庭帝国的双头鹰国徽，作为莫斯科公国的国徽。他的孙子伊凡四世（即伊凡雷帝，1530—1584）建立了强有力的中央集权国家，并在1547年改莫斯科公国为"俄罗斯沙皇国"，成为第一位正式以"沙皇"（tsar，"凯撒"的俄语发音）头衔统治俄国的君主。不过在西欧地区，特别是天主教地区，人们仍多以 Moscovia 称呼俄国。比如在《坤舆万国全图》中，利玛窦就记录其为"没斯个未突"；艾儒略的《职方外纪》和南怀仁的《坤舆图说》，在欧罗巴词条下，有对"莫斯哥未亚"的介绍，强调其地苦寒，风气晚开[292]。

第四章曾提及，西欧制图师一直对亚洲内陆特别是北方地带没有概念，仅以"鞑靼地"一名想象。欧洲人对这个地域的了解，是随着俄罗斯的西伯利亚征服才逐渐开始的[293]。但因为俄国地处欧洲边缘，此时正醉心于海洋的尼德兰制图家们，对这个发生在欧亚内陆的事件并无关注。

第一波征服始于 1579 年。伊凡四世此时陷于同波兰—立陶宛争夺波罗的海沿岸地区的战争，急需扩大财源，于是授权富商斯特罗加诺夫家族向东拓殖。后者为毛皮贸易的巨大利润驱使，雇佣哥萨克首领叶尔马克·齐莫菲叶维奇（1532—1585）率军攻打位于今天乌拉尔地区的西伯利亚汗国。1582 年，西伯利亚汗国覆灭，随后俄国借哥萨克的力量大举东进，只用了 60 年，就把势力扩张到鄂霍次克海沿岸，东望太平洋。1587 年，在原西伯利亚汗国首都附近，沙俄建立了托博尔斯克城（Tobolsk），这里遂成为后来整个西伯利亚地区的行政中心。

俄国东扩的主要经济动力是获取皮毛，其拓殖方式是沿着河流推进，一边建立定居点，一边向当地部族收取皮毛贡赋——即所谓牙萨克（iasak）。因此，俄罗斯对西伯利亚空间的最初理解，也是以河流、定居点和部族为最重要的参考。早期的俄罗斯地图没有什么留存。有史可查的第一次大规模的国家测绘，是 16 世纪末到 17 世纪初由沙皇鲍里斯·戈杜诺夫（Boris Godunov）下令进行的，但此次测绘也没有留下地图实物，仅有文献记录[294]。

1667 年，受当时沙皇委托，西伯利亚总督彼得·伊万诺维奇·戈杜诺夫（Petr Ivanovich Godunov, ？—1670）组织人手，绘制了一张西伯利亚全境的地图。正是这张制作于托博尔斯克的地图，奠定了俄国西伯利亚制图的基础框架，后世称之为《戈杜诺夫地图》。《戈杜诺夫地图》（Godunov map）的原件已不存，但有几件摹写本传世[295]。比如下面这张藏于哈佛大学霍顿图书馆（Houghton Library）的摹本（图 103）。

从图像上看，《戈杜诺夫地图》有几个显著特征，也是后来俄国西伯利亚地图所共通的。第一，地图将亚洲大陆画为四方形，并以南为上，南、东、北三面环海。这暗示了跨越北冰洋通往东亚的可能性。第二，地图全以手绘，没有经纬度或者其他数学方法，如果按照今天的地图学标准（即数学化、抽象化的准确性），总体来说比同时代西欧和中国的地图"粗糙"。第三，图上最重要的地理坐标，也是制图时最先画上的，是河流。鄂毕河、勒拿河、叶尼塞河、黑龙江及其支流等都突出显示，这是俄国东进最重要的地理标识。除了河流，图上也标出重要的殖民据点，还有当地族群的信息。图上乌拉尔山的走向大致写实[296]。更值得我们关注的，是左上方的两排弧线标志：那是长城，长城内的城堡表示中国。

就在这张地图制作出来的那一年（1667 年），黑龙江流域发生了一起逃人事件，激化了清朝与俄罗斯本已存在的矛盾。索伦部的达斡尔首领根特木尔率部投靠了俄罗斯。根特木尔原居住在贝加尔湖以东的尼布楚地区，1653 年，因不满哥萨克侵扰，迁居嫩江流域，向清朝输诚。清廷将根特木尔编入八旗，封为佐领，年俸 1200 两白银。但仅仅 15 年后，趁清廷注意力被南方的三藩之乱牵制，疏于北部边防，根特木尔又倒向沙俄，逃回尼布楚，并于 1684 年受洗为东正教徒[297]。康

图 103:《戈杜诺夫地图》，谢苗·列梅佐夫 1697 年摹本，现藏于美国哈佛大学霍顿图书馆。来源：哈佛大学图书馆网站。

熙亲政后，屡次同沙俄交涉，索还根特木尔，但都没有结果。

　　1675 年，沙俄派出由尼古拉·斯帕法里（Nikolay Gavrilovich Spafariy）率领的使团前往北京。此次使团的目的，一是希望与清廷进行贸易，二是搜集沿途的情报。斯帕法里是祖籍希腊的摩尔达维亚人，天资聪颖，一生经历堪称传奇 [298]。为了准备此次出使，斯帕法里精心准备了两年时间，搜集了大量有关中国及西伯利亚的信息，包括各类地图，其中自然就有 1667 年的《戈杜诺夫地图》[299]。虽然康熙对使团礼遇有加，但同时再次提出，沙俄应停止滋扰边境，并遣返根特木尔。斯帕法里无法答应，再加上双方在礼仪问题上争执不下，使团无功而返。

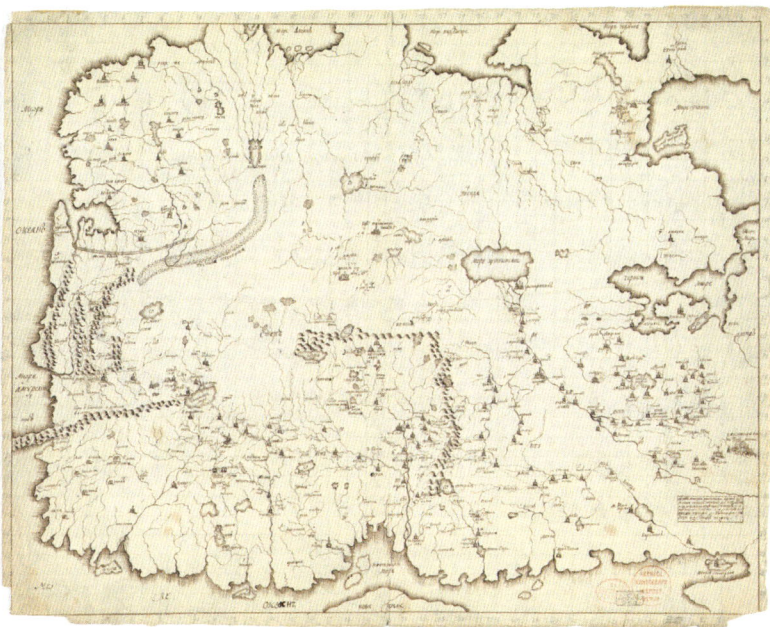

图 104:《斯帕法里西伯利亚地图》，制作于 1678 年。来源：哈佛大学图书馆网站。

不过，斯帕法里使团在沟通中西交通方面仍然有很大收获。在北京期间，他认识了为他们翻译的耶稣会士南怀仁，两人一拍即合。斯帕法里向南怀仁展示了俄国人制作的西伯利亚地图，南怀仁极感兴趣。长久以来，西欧天主教士只知道从海路前往中国，没想到陆上有一条更为便捷的通途。南怀仁后来寄信给耶稣会总长，希望打通"从莫斯科到北京的通道"，并附上从斯帕法里那里得到的地图[300]。斯帕法里则从南怀仁那里得到了卫匡国的《中国新地图集》和《鞑靼战纪》。回国后，他在撰写的报告中将这些资料翻译为俄文，成为很长时间内俄国最权威的中国知识来源[301]。

1678 年初回到莫斯科后，斯帕法里提交了一系列书籍、手稿和报告，包括《中国纪事》《出使报告》《旅途日记》以及已经佚失的莫斯科至北京的《总示意图》和《单独图册》。他的这些著作并未在俄国发表，却很快透过到访俄国的法国人、荷兰人、瑞典人和希腊人流传到了西欧，引起轰动，以至于"许多国家的学者都把这些著作当成十七世纪末俄中关系史、西伯利亚和中国以及整个东亚的地理、民族志学、历史的最重要的、百科全书式的文献资料"[302]。他的报告中附有一张地图，称为《斯帕法里西伯利亚地图》（图 104），这是对《戈杜诺夫地图》的一次重大改进。

在绘制技巧上，这幅地图显然成熟很多。它秉承了以南为上、视亚洲大陆为方形的传统，但内容更为精细复杂。学者戈尔登伯格（L. A. Goldenberg）认为，它明显参考了卫匡国的《中国新地图集》以及其他一些西欧地图学作品[303]。这一论断有一定道理：除了中国部分的形状相近外，朝鲜作为半岛也极为清晰，这是卫匡国地图区别于此前地图的一个特征，长城以外沙漠的形状也颇能看到间接影响了卫匡国的《广舆图》的影子。此外，斯帕法里的报告中大量抄录了《中国新地图集》中的文字，还附有《鞑靼战纪》的部分翻译，说明卫匡国的作品的确是斯帕法里重要的参考资料。

另外一处值得关注的地方是地图左下方的横向山脉：它突破方形大陆，一直向东延伸。有人认为那可能是亚洲大陆最东北部的楚科奇半岛或者堪察加半岛。不过斯帕法里自己在旅行记中记述说西伯利亚一处山脉状陆岬，或可直达美洲[304]。

17 世纪 80 年代，平定了三藩之乱、收复了台湾的康熙帝，终于可以腾出手处理北方边扰。在两次雅克萨之战后，1689 年，清俄双方议和，并签订了《尼布楚条约》。因为根特木尔两年前已经死在了去莫斯科的路上，所以清朝不再追究索讨之事。两国确立边界，规定从此不得收留逃人。此条约是现代最早的国际条约之一，也是第一次以"中国"为清朝国名签署的国际条约[305]。其权威文本是拉丁文本，并有俄文和满文两种正式文本。

服务于北京的耶稣会士徐日升（Tomás Pereira，1645—1708）和张诚（Jean-François Gerbillon，1654—1707）同清朝代表索额图、佟国纲一起奔赴尼布楚，他们既是翻译，也是谈判的参与者，更是拉丁文本的起草者。在讨价还价中，双方都出示地图以论证边界，但俄方的地图是基础。地图史家列奥·巴格罗夫（Leo Bagrow）依据张诚的描述，推断此地图可能很接近斯帕法里地图[306]。因为张诚提到，俄国人曾指出："他们去到北极和东海，到处都被海包围，只有一处往东北延伸的地方除外。那是一座伸向远方大海的山系，他们无法抵达山脉的尽头。……如果亚洲和美洲在什么地方相连，那就应该是那里了。"[307]

《尼布楚条约》奠定了中俄两国超过一个半世纪的和平，两国此后各自巩固疆域。清朝解决了同俄罗斯的争端，可以更从容地应对西北方准噶尔部的进犯[308]；沙俄则继续拓殖亚欧大陆东北部。条约签订七年后，西伯利亚总督下令绘制全西伯利亚的详细地图。这一次的任务，委托给了俄罗斯地图史上最重要的人物——谢苗·乌里亚诺维奇·列梅佐夫（Semyon Ulianovich Remezov，1642—约1722）。

谈到17—18世纪西伯利亚地区的勘测和制图，乃至彼得大帝时代俄罗斯的制图，没有任何人的贡献能出列梅佐夫之右[309]。列梅佐夫祖辈被流放到西伯利亚，他本人生长于托博尔斯克。从他的祖父开始，列梅佐夫家族就任职于政府。他的父亲曾经是戈杜诺夫总督的亲随，因此列奥·巴格罗夫猜测，其父很可能就是《戈杜诺夫地图》的主要作者。谢苗·列梅佐夫本人不但是制图师，也是画家、历史学家、建筑师、税收官、城市规划师等。他设计建造的托博尔斯克城堡（克里姆林），是西伯利亚地区唯一一座克里姆林建筑。而他的地图学作品，主要集中在三部手稿地图集中，分别是《手绘图集》《公务图集》和《西伯利亚图集》，由他和他的三个儿子共同完成[310]。因为这些作品大多制作于托博尔斯克，所以这座城市便成为西伯利亚地图的生产中心。

18 世纪之前，俄国并没有职业制图师。如前所述，俄国地图绘制相对粗糙，以河流和定居点为最主要地理参考，并没有使用经纬度、投影或者比例尺的习惯。列梅佐夫的地图继承了俄国地图传统，比如多数以南为上、方形大陆、以河流为主要表现对象等。但这并不是说他没有吸收西欧地图绘制的技术。1698 年，他前往莫斯科，学习了奥特柳斯、墨卡托和布劳的地图绘制法[311]。在他的《手绘图集》(*Khorograficheskaya Kniga*) 中，就有一幅临摹威廉·布劳的两半球世界地图[312]。

最终完成于 1701 年的《西伯利亚图集》(*Chertëzhnaya kniga Sibiri*) 综合了大量新地理信息，不仅河流描绘细致、标注详尽，而且还有一幅以斑斓的颜色划分族群空间的民族志地图，突出了俄国空间内的多元性[313]。这部手稿成为研究 18 世纪初期俄国东扩的百科全书[314]。我们从其中的《西伯利亚总图》（图 105）可以看到，它恪守《戈杜诺夫地图》的基本格局，也继承了斯帕法里地图中那条向东北延伸的山脉。在左上角的东亚部分，朝鲜半岛和日本岛都清晰可见。

西伯利亚各行政区域中，最靠近中国的是涅尔琴斯克（即尼布楚）。在图集的《涅尔琴斯克图》（图 106）中，蜿蜒的黑龙江及其繁密的支流构成画面的主体。中国的长城和戈壁沙漠占据了右上方的主要部分，

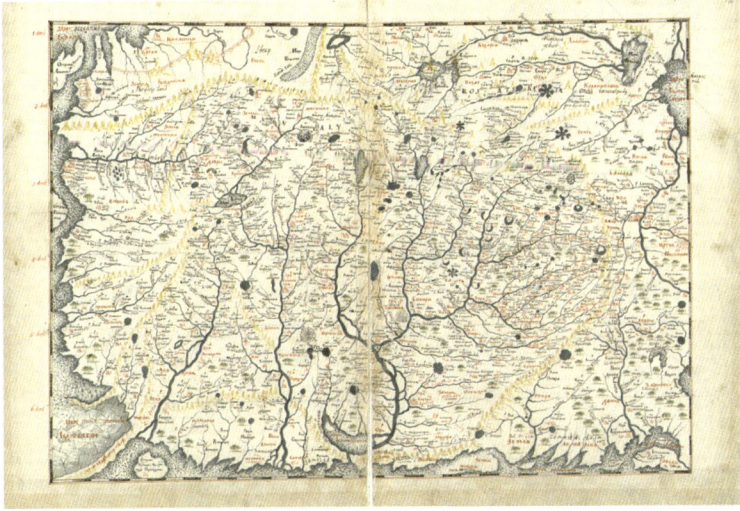

图 105：谢苗·列梅佐夫《西伯利亚图集》中的《西伯利亚总图》。来源：НЭБ Книжные памятники 网站。

图 106：谢苗·列梅佐夫《西伯利亚图集》中的《涅尔琴斯克图》。来源：НЭБ Книжные памятники 网站。

曲折的长城图案绘制得尤其细致精美。（图107）图上以红色的虚线表示通驿路线。左上角的日本也添加了一些城市名称。这体现了俄国对东亚的了解已日益深入。

列梅佐夫不断向莫斯科寄送西伯利亚地图，而俄罗斯最新的探险发现，也常由托博尔斯克传达到欧洲。比如，1699年，哥萨克探险家弗拉基米尔·阿特拉索夫（Vladimir Atlasov）将一幅堪察加半岛地图寄给莫斯科，经过托博尔斯克时，列梅佐夫将其复制，并更新了自己的地图。几年后，关于亚欧大陆东北端最大半岛的图形，就出现在了西欧制图家制作的亚洲地图上 [315]。

列梅佐夫家族取得的巨大的制图学成就，当然脱离不了早期全球化时代沙俄国家建设的高歌猛进。1696年，年轻的沙皇彼得一世获掌实权，他师从西欧，展开了一系列现代化改革。1712年，他迁都圣彼得堡，重组中央与地方权力。又过了9年，俄国终于击败宿敌瑞典，赢得了耗时21年的"大北方战争"，夺得波罗的海的控制权。同年，彼得一世正式称帝，改俄罗斯沙皇国为"俄罗斯帝国"。

崛起中的帝国最需要全新的国家空间认知。1701年，彼得一世成立莫斯科数学—航运学院；1715年成立圣彼得堡海军学院；1724年成立圣彼得堡科学院，积极引入科学测绘。圣彼得堡科学院成立后，皇帝委托伊万·基里洛夫（Ivan Kirilovich Kirilov）聘请外国教师，基里洛夫找到了法国科学院的天文学家约瑟夫-尼古拉·德利尔（Joseph-Nicolas Delisle，1688—1768）。德利尔到任时，彼得大帝刚刚逝世。生前，皇帝命科学院制作第一本包含全帝国的地图集。可是，两位最重要的主持者基里洛夫和德利尔在技术问题上发生了分歧。德利尔力主以天文计算的方式，先采集多个地点的经纬度——这是当时卡西尼家族在法国进行全域测绘的方式。而基里洛夫则主张采用俄国传统方法，从实地探查入手，以河流为主要地标，夹杂些许数学测量和经纬度。此外，基里洛夫考虑的不仅是制图法，更是俄罗斯的地缘战略和全球地位。他极力主张俄罗斯控制中亚以打开通往东方的大门。在后来的一份报告中，他呼吁俄国在乌拉尔河建立要塞，以牵制中亚各部族，"如果俄国犹豫，则中亚可能被卫拉特人、波斯人甚至荷兰人控制，而俄国若能从中亚获得财富，则可类比西班牙和葡萄牙占据美洲[316]。

结果两人分头测绘，基里洛夫率先在 1734 年出版俄国地图集，而德利尔耽于缜密的考察和计算，迟至 1745 年才出版他的俄帝国地图集[317]。虽然在俄国不算太得志，但德利尔对法国的东亚制图起到了关键作用，我们后面会再次提到他。

随着俄国的扩张，不论在欧洲还是亚洲，关于中亚、北亚的认知迅速积累。在与瑞典的战争中，俄国俘获了一些瑞典军官，他们转而投效俄国。其中一位约翰·古斯塔夫·勒内特（Johan Gustaf Renat），在之后俄罗斯与准噶尔蒙古的冲突中，又被准噶尔部俘获。准部首领策妄阿拉布坦和噶尔丹策零留下勒内特，让他负责制造枪炮，以对抗清朝军队。勒内特在新疆地区生活了 17 年，还遇到一位辗转流落到准噶尔的瑞典女性布里吉塔·施尔正菲尔德（Brigitta Scherzenfeldt），并和她结了婚。1733 年，夫妻二人获释回国，勒内特带了两幅蒙古地图到瑞典。其中一幅是对清朝西域地图的摹写，另一幅据说是噶尔丹策零所亲绘，这成为极为稀见的蒙古人自己绘制的准噶尔地图（图 108）[318]。图上以托忒蒙古文标注重要地标，虽然没有网格系统，但位置关系相对准确写实。巴尔喀什湖、额尔齐斯河的比例略为夸张，可以看出清朝地图和俄罗斯地图的双重影响，山脉的画法则较为独特[319]。该图展示

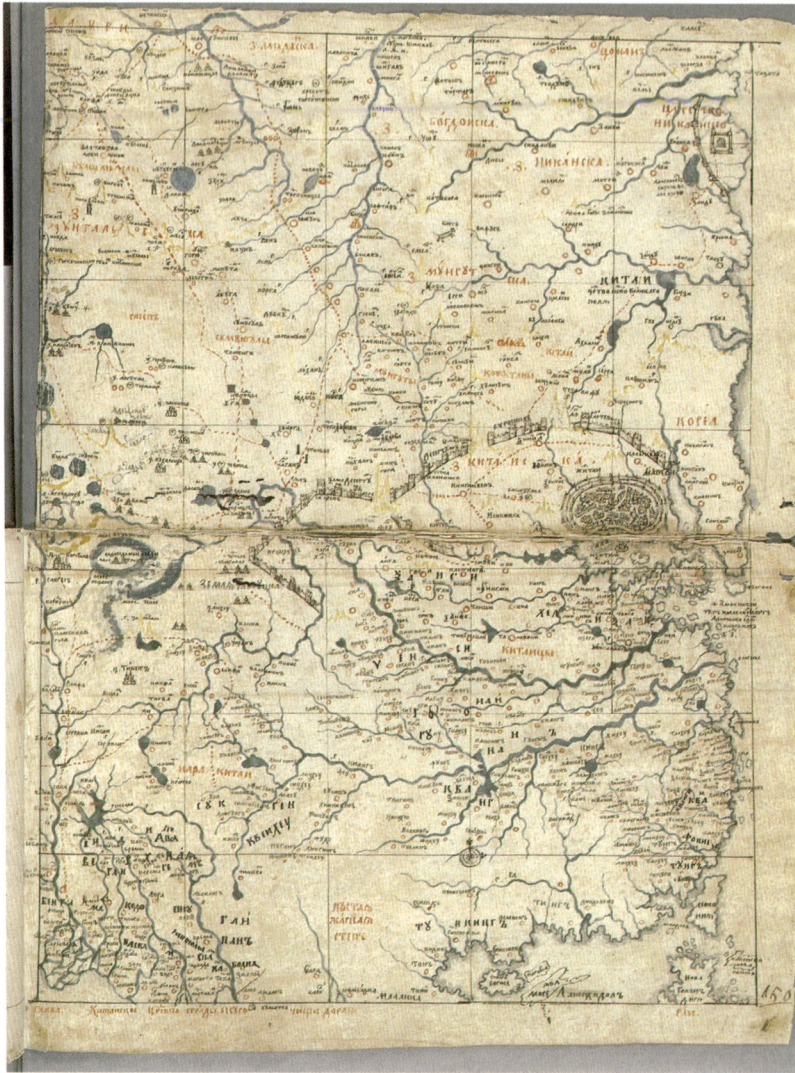

图 107：列梅佐夫《地区图集》中的中国地图，此图以北为上，具体资料来源不明。它表现了当时俄国制图师对中国地理的认知，也清楚展现了中国与西伯利亚之间的关系。来源：哈佛大学图书馆网站。

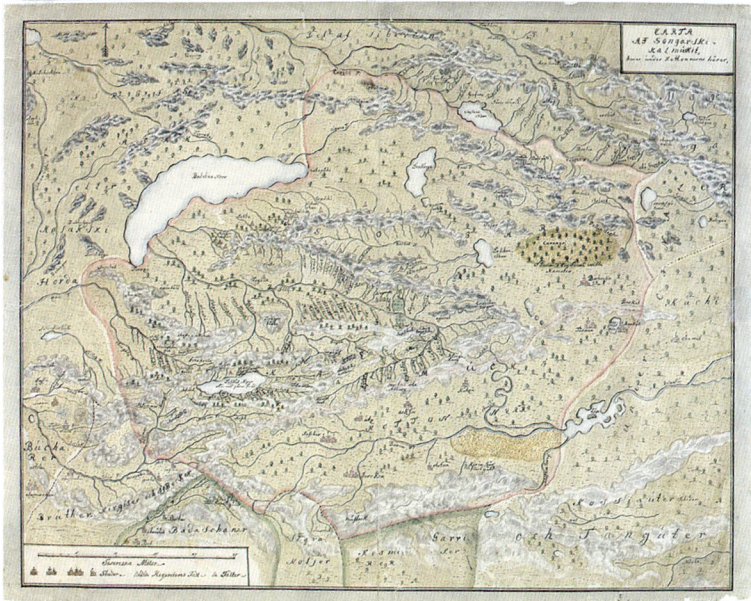

图108：勒内特带回并复制的蒙古地图，据说原图作者为噶尔丹策零。

了游牧的准噶尔政权对疆域的观念以及对地理信息的理解[320]。

　　另外一位更为出名的瑞典战俘是菲利普·约翰·冯·史托兰伯（Philip Johan von Strahlenberg）。和勒内特一样，他也是在1709年沃尔塔瓦河战役中被俄军俘获的，但他在1711年被送往了托博尔斯克。在那里，他精心收集关于西伯利亚的地理和风俗情况，还会见过谢苗·列梅佐夫，获得了不少资料。史托兰伯回国后，出版了《欧亚北方与东方部分》（*Das Nord-und Ostliche Theil von Europa und Asia*），并附有他绘制的俄国地图。该书很快就被翻译成其他欧洲语言。

而史托兰伯更为人所知的作为，是提出了新的欧亚两洲分界线。他将欧亚传统边界，即流入亚速海、黑海的顿河，向东移到了乌拉尔山、乌拉尔河一线。这在俄罗斯的亲西方改革者中大受欢迎，特别是历史学家、政治家瓦西里·塔季舍夫（他甚至认为史托兰伯是听取了他的建议）。这样，俄罗斯的欧洲部分大大扩充，既强调了莫斯科—圣彼得堡核心区的欧洲性，又使其亚洲殖民地牢牢从属于帝国版图[321]。俄国作为一个跨界帝国的身份更为笃定了，"居寰宇各部之间"，成为俄罗斯宇宙观下的自我定位[322]。史托兰伯的分法虽然引发很多争议，但逐渐为更多人接受。1745 年法国人德利尔出版的俄国地图集就采纳了史托兰伯的这个分界。

新的欧亚分野，在俄罗斯帝国的双向崛起中渐渐成型了。

但是，帝国对自己的空间想象永远无远弗届。18 世纪早期，俄罗斯的探险队不但发现了堪察加半岛，也探查了其西南方的千岛群岛，日本北方门户洞开。俄罗斯不但跨越了欧亚，还要跨越到美洲。彼得大帝 1725 年临终前，曾下令探索从亚洲通往美洲的道路[323]。1732 年，米哈伊尔·格沃兹杰夫率领探险队，从楚科奇半岛出发，向东行驶，抵达了阿拉斯加的威尔士王子角。这是俄罗斯人第一次从亚洲行至美洲。丹麦籍的俄国军官维图斯·白令（Vitus Jonassen Bering）也持续在此地展开探险，包括绘制了第一份楚科奇东部的地形图[324]。后来这个亚美间狭窄的海峡，就以白令的名字命名。自此，欧洲地图中长期存在的一处虚构地域——分隔北美与亚洲的阿尼安海峡——终于祛魅退场了。

俄罗斯的帝国扩张，和随之而来的西伯利亚测绘，完成了人类忠实描摹亚欧大陆轮廓线的最后一块拼图，也重新定义了亚欧边界。它引发的地缘与知识震荡，则席卷了整个大陆。

2. "毫无差忒": 从法兰西到大清的国家测绘

1689 年的尼布楚谈判中, 法国耶稣会士张诚工作勤勉, 得到双方的肯定。条约签署时, 是张诚代表中方大声宣读了拉丁文文本。索额图曾言:"非张诚之谋, 则和议不成, 必至兵连祸结, 而失其好矣。"[325]

但是照理说, 张诚本来"不该"出现在尼布楚的。四年前, 这位刚满 31 岁的让-弗朗索瓦·热尔比永 (Jean-François Gerbillon) 还在法国外省地区教着他的语法、修辞和数学课。谁能想到, 转眼他就被清廷赐予三品顶戴, 委以重任, 成了欧亚帝国折冲交往的见证人。

张诚来到尼布楚, 是政治、宗教、科学网络的多层交叠下出现的一个机缘巧合。一年前, 张诚就曾跟随清朝的官员和军队前往贝加尔湖地区谈判。但队伍行至蒙古克鲁伦河地域时, 被进犯的准噶尔部噶尔丹的军队所阻, 无功而返[326]。那时的张诚抵达北京才三个多月[327]。在漫长的旅途中, 他已经学习了满语, 而汉语尚不熟悉。与清朝官员的汉文交流, 主要依赖于同行的葡萄牙神父徐日升。徐日升长张诚九岁, 1672 年就已到澳门。他接替了 1688 年去世的南怀仁, 成为北京耶稣会使团负责人。但徐日升对张诚心怀顾忌, 因为法国并没有保教权, 不能向东方派出教士, 而张诚一行五位竟然绕开了葡萄牙, 由暹罗 (今泰国) 而至中国。这破坏了耶稣会士必须先至里斯本, 由葡萄牙派出, 并且必须效忠葡萄牙的规矩。在徐日升的操作下, 五位法国人中的三位, 被即刻派往京外传教, 包括领头的洪若翰神父 (Jean de Fontaney, 1643—1710, 亦被记录为洪若) 以及李明 (Louis Le Comte) 和刘应 (Claude de Visdelou)。只留下年轻的张诚和白晋 (Joachim Bouvet) 在康熙皇帝身边教授数学[328]。

张诚一行从法国前来的旅程并不顺利。他们 1685 年就乘坐飞鸟号军舰启程，出发时共六人。翌年抵达暹罗，受到国王的热情款待。暹罗国王那莱希望引入法国的势力以平衡荷兰、英国，也对法国的科学技术很感兴趣，遂让其中的塔夏尔神父乘船返法，邀约更多学者，还留下了李明神父。但 1687 年其余四人的中国之行因风向原因未能成功。他们一直等到第二年的季风季来临，才再次登船。这次带上了李明，一共五人。他们绕过葡萄牙控制的澳门，选择在宁波登陆。当地官员不知来意，将他们扣押了数月。在南怀仁等人的斡旋下，他们才得到准许进京的圣旨。1688 年 2 月，一行人抵达北京，不巧南怀仁刚去世 [329]。

说起此次组团赴华，最初法王给了四个名额，由当时法国最优秀的数学家之一洪若翰负责招募 [330]。洪开始只招了塔夏尔、白晋和刘应。后来名额增加到了六位，张诚以及李明才被选入 [331]。

张诚偶然来到尼布楚，也折射了特定时代政治、宗教和科学网络对亚欧大陆的深层联结。比如，为什么洪若翰等人要去中国，而法国又是怎么卷入赴华耶稣会事务的呢？

康熙皇帝亲政后，十分倚重传教士的科学技能，天主教与中国君主的关系渐入佳境。1681 年，南怀仁在给耶稣会的信中写道："在天文学星辰的掩护下，我们的宗教易如反掌地被引进了。"[332] 但是，在华耶稣会士也面临人手不足、年龄偏老的问题。于是 1683 年南怀仁派比利时教士柏应理回欧洲，一边向教廷说明天主教在中国的积极进展，一边游说更多教士赴华 [333]。

柏应理带领中国教徒沈福宗等由荷兰上岸，开始欧洲行程，一路受到极大关注。他们来到法国，于凡尔赛宫受到路易十四的接见，柏表达了希望法王派出教士的愿望。正巧路易十四要派使团乘"飞鸟号"

去暹罗，这促成他决定让传教士同使团一道先去暹罗，然后自行赴华[334]。

这项决定对法国而言，兼有政治和科学两重目的。这就得说到当时欧洲的国际关系以及路易十四的雄心。

欧洲天主教和新教国家间的三十年战争（1618—1648）后，法国和西班牙哈布斯堡王朝又陷入争斗。1659 年，法国取得法西战争的胜利，双方签订《比利牛斯条约》，确立了两国的比利牛斯山边界，这是最早的现代边界条约之一，也是最早以科学、抽象的测绘定义国家领土的协议[335]。法国此后强势崛起，成为新的欧洲霸主，路易十四则有了"太阳王"的称号。这个背景下，向亚洲派出使团和教士，就是向老牌殖民国家荷兰、西班牙和葡萄牙等宣示法国的存在。

其实早在柏应理回欧洲前，法国就已开始谋划向中国派出使者。路易十四最得力的助手、财政大臣和海军大臣柯尔贝尔（Jean-Baptiste Colbert）数年前就对洪若翰说道，希望教士们去海外传播福音时，能在当地"多多进行我们所缺乏的为改善科学和艺术所需要的观察"[336]。柯尔贝尔和太阳王一样，是现代法国的缔造者，他们都极为重视科学在国家建设中的作用，尤其看重天文学和数学。柯尔贝尔赞助的几个学术团体，后来成为法兰西科学院的前身。1667 年，一个重要的国家科学机构——巴黎天文台也在柯尔贝尔的支持下成立了。

巴黎天文台的第一任台长，是出生于意大利热那亚、后入籍法国的天文学家乔瓦尼·多梅尼科·卡西尼（Giovanni Domenico Cassini）。卡西尼家族此后四代担任天文台长，成为显赫一时的科学与政治世家。正是在卡西尼家族的推动下，法国人开始把天文观测与三角测量法相结合，展开前所未有的大地精确测量工作。乔瓦尼·卡西尼派出人员，前往国内各处及丹麦、圭亚那、佛得角等地测量，以修正以往不够精确的地图。而最终的目的是以前所未有的精确性测绘法国。向中国派出测量人员，就是这项国家主导的科学事业的一部分。卡西尼曾说：

> 尊敬的耶稣会神父专职于自然科学，他们参与这些科学考察任务，非常合适实现这一伟大事业——不但在中国，而且在整个东方。而尊敬的克莱尔蒙学院数学教授洪若翰神父，长期以来一直与王室科学院保持交流科考结果，他定能为此事业作出特殊贡献。[337]

也就是说，洪若翰是卡西尼与柯尔贝尔早就属意的赴华人选。1684年柏应理的到访，正是他们等待已久的时机。在洪若翰等人出发前，卡西尼几次邀请他们到天文台观测月食、讨论历法问题。一行人上船时，携带了三十余件当时欧洲最先进的测量仪器。由于没有保教权，他们的头衔不能是耶稣会传教士，而是由法国国家派出的"国王数学家"[338]。

张诚等人就是带着这样的使命来到中国的。可惜除了他和白晋，其他三人包括洪若翰，都没有能从事科学观测工作。不过，他们带来的数学、天文知识和大小三十箱测量仪器，引起了康熙的极大兴趣，他勤奋学习，并随时随地实践，对新的大地测量技术十分折服。而从尼布楚回来之后，张诚更适时地向皇帝呈上一张亚洲地图，并指出东北部分多有不确，建议他进行一次全国测量[339]。多年征战的康熙也迫切感受到精准地图对军事的重要性，很快就同意了。

1693年，康熙派白晋回法国，招募更多科学、艺术人才来华。路易十四认为这是扩大法国影响力的良机，于是拨出专款支持。1698年，白晋携雷孝思（Jean-Baptiste Regis）等十五人回到广州。他们才上岸，洪若翰就受康熙之命，乘坐白晋的来船回法继续招募人才，并于1701

年带来了杜德美（Pierre Jartoux）等八名教士。这些人中的许多位参与了后来的康熙测绘。

经过多年的准备以及试点，1708 年，康熙正式下令，以法国耶稣会士领衔，展开全国地理测量，这是当时世界上最大规模的以经纬度和三角测量法进行的地理实测活动[340]。整个工程历时十年，参与的传教士包括雷孝思、白晋、杜德美、麦大成（葡）、费隐（德）、冯秉正、汤尚贤、德玛诺和山遥瞻等，他们不但奔赴各地测量，还训练了一批钦天监各族官员，例如索柱、白映棠、贡额、明安图、楚儿沁藏布兰木占巴、胜住等。一些边疆及域外地区，如西藏和朝鲜半岛，教士未能亲至，便由中国各族官员实测[341]。从这个角度说，康熙测绘是在清朝政府资助下，由中外技术人员共同完成的，汇通了欧洲、中原与内亚边疆的不同知识系统。在收集完数据后，制图师以梯形投影法绘制出各省分图和全图，每图皆标经纬度，雕以木和铜版，印制成册。其中 1719 年铜版由意大利教士马国贤（Matteo Ripa）雕版，长城内外地名分别用汉、满文字标注[342]。这就是以技术水平而言，当时全世界最精确的国家地图《皇舆全览图》（图 109）。

路易十四和卡西尼孜孜以求的"地图国家"（Cartographic State），首先在中国实现了。这比第三代卡西尼以新法完成全法国测绘（1744）早 20 多年；比第四代卡西尼出版他生前最后的法国地图（1793）早 70 多年[343]。

康熙帝晚年曾对皇子说起《皇舆全览图》：

中华城池地里图样，虽载于直省志书，但取其大概，而地里之远近俱不得其准。朕以治历之法，按天上之度，以准地里之远

图 109:《皇舆全览图》木刻版,《盛京舆图》。

近,故毫无差忒。曾分道遣人画山川城郭而量其形势,南至沔国,北至俄罗斯,东至海滨,西至冈底斯,俱入度内,名为《皇舆全图》。又命善于丹青者精心绘出,刊刻成图颁赐。尔等观此图方知我朝地舆之广大,祖宗累积岂可轻视耶?既知创业之维艰,应虑守成之不易。[344]

《皇舆全览图》表现的不是天下,而是国家。而且这个国家的空间形态必须极为精准,"毫无差忒",不能像传统绘图那样只"取其大概"。这种对写实、精确的追求,出于中俄间地缘竞争的需要,恰好为中法

264

间的科学互动所支持，又得到国内各族知识精英的助力。其结果是产生了一种全新的理解国家的方式：将所辖领土以数学原则数据化，以"天上之度"展现疆域的样貌，目的是"观此图""知我朝地舆"。借观看领土地图，完成王朝国家的空间政治构建。

需要注意康熙所追求的这种"地图国家"的准确，与当代"领土国家"并不相同。他强调国家新的四至，但视野仍是向内的（"俱入度内"）。他并没有强调以明确的边界线划定国家的闭环形状。这倒不是说清代中国不存在边界——康熙、雍正两朝与俄国的条约，就规定了部分边界，此外与朝鲜的界限也接近今天的边界。但总体而言，《皇舆全览图》上的国家仍是一个相对开放的空间。在清朝后来的边疆实践中，清政府也是根据不同的政治原则确定不同的边界形态[345]。特别是，清朝对于边疆之外、未构成直接威胁的国家，仍然缺乏精准了解的需求。典型的例子，就是美国学者马世嘉（Mattew Mosca）所指出的，直到鸦片战争，北京对于英属印度的理解，都未超脱古代地理观念的认知框架，而显得支离破碎。[346]

另外，务求精准的制图理念，其指向是国家建构，而不是面向社会市场推广。所以就像俄罗斯的西伯利亚制图一样，康熙测绘所制地图，不为商业出版，而属国家机密。这与今天高精度测绘在任何主权国家都属于机密是一个道理。《皇舆全览图》仅印制了几套，并未大规模发行。随着对西域的开拓，雍正、乾隆等朝延续了康熙的国家测绘，产生了《雍正十排图》和《乾隆十三排图》，同样只供内府参阅，未成为当时的公共知识。

但是这里有一个缺口，即参与测绘的耶稣会士。不要忘了，张诚等人来到中国，目的就是完成路易十四—卡西尼的大地测量工程。《皇舆全览图》完成不久，教士们就将完整的信息数据传回了欧洲。在巴黎，杜赫德（Jean-Baptiste Du Halde，1674—1743）负责收集赴华耶稣会士的报告和书信。他把这些资料编辑整理，在1735年出版了四卷本《关于中华帝国和中国鞑靼的地理、历史、年代、政治和物理描述》，简称《中华帝国全志》。此书以百科全书式的翔实记录，成为法国汉学的奠基之作，轰动一时。不会汉语、也从未到过中国的杜赫德，被誉为法国第一位汉学家。

在筹备出版时，杜赫德就计划加入一组中国地图。他找到了年轻的制图师唐维尔（Jean-Baptiste Bourguignon d'Anville，1697—1782），将在华教士的地理地图资料交给他。唐维尔为《中华帝国全志》制作了数十张地图，包括总图、分省图、西藏和"鞑靼"地区图、城市图以及一张朝鲜王国图（图110）。《全志》出版后很快出现盗版，有好事者抽出其中总图和分省图部分，未经唐维尔同意，便在荷兰海牙翻刻发行了一本《中国、中国鞑靼地和西藏新地图集》，简称《中国新地图集》（Nouvel Atlas de la Chine）[347]。这个盗版作品大受欢迎，革新了此前卫匡国—布劳对于中国的描绘，成为18到19世纪中期欧洲人对东亚地理轮廓的标准认知。以欧洲技术测绘的清朝国家地图来到欧洲，风靡一时，不但推动了科技的发展，也成为18世纪欧洲"中国热"中一项非凡的文化成就。

凭借此项工作，唐维尔成为继尼古拉·桑逊和纪尧姆·德利尔（Guillaume Delisle）之后法国制图学派的中坚人物。他的数据当然主要来自杜赫德，也有一些是从在华耶稣会士那里直接得到的，比如张诚。但是又融合了来自其他方面的资料，特别是接近中亚和北亚的部分，使用了大量来源于俄罗斯的材料。

唐维尔在圣彼得堡最重要的联络人，就是前面讲过的，在圣彼得堡科学院任职的约瑟夫-尼古拉·德利尔，他也是纪尧姆·德利尔的弟弟。唐维尔从他那里得到俄国人搜集的中亚和亚欧大陆东北部的信息，包括瑞典人史托兰伯的地图。历史学者康言（Mario Cams）据此认为，德利尔对唐维尔地图贡献巨大[348]。此外，他还与1723年来华的法国神父宋君荣（Antoine Gaubil）保持通信，讨论地理问题。宋君荣虽未参与康熙测绘，但对边疆地理信息十分留意，曾向乾隆皇帝提供过中亚地区资料。他同时也和德利尔过从甚密，甚至向圣彼得堡寄送过1721年木刻版《皇舆全览图》[349]。唐维尔和宋君荣后来都成为圣彼得堡科学院的外籍院士，很可能就是受到德利尔的举荐。在德利尔带回法国的资料中，还包括1727年中俄签订《恰克图界约》时中方交给俄方的一组耶稣会士手绘满文地图[350]。通过同样的途径，唐维尔获得了一份标记有俄文音译地名的木刻本《皇舆全览图》（此图后来收藏于巴黎，在二战期间辗转流落德国，至今不知所终[351]）。

　　就这样，北京钦天监、巴黎天文台、圣彼得堡科学院在共同的国家理性（raison d'etat）指挥下，通过频密的资料与技术交流，紧紧连在了一起。

　　可以看出，由尼布楚谈判引发的康熙测绘，绝不是一个简单的、出于皇帝个人兴趣的事件，而是一部纵横亚欧大陆，展现早期近代国家共同政治理念和知识演化的全球史。俄、中、法等国在新的精确性要求之下，展开了各自的"地理大发现"。这个发现的过程和影响则相互缠绕。

　　在中国，康熙至乾隆对西域的进取，刺激了嘉道年间西北舆地学的兴起，一批中原士人不再将国家视野囿于传统的"九州"，而扩展到了

图110: 唐维尔制作的法国版《皇舆全览图》(《中华帝国全志》)。

西域[352]。其中代表性的人物即龚自珍和魏源。魏源对传统"域外"特别是西北的持续关注，使得他能够在鸦片战争之后调动本土思想资源，重新调整对内／外、夷／夏的论述，编纂出影响深远的《海国图志》[353]。

在欧洲，传教士描述的中国，被启蒙主义知识分子塑造为理想国家的模板。从莱布尼茨到伏尔泰，思想者们以传教士为中介，如饥似渴地吸收中国知识，并以中国为改革自身的模范。1697 年，德国数学家、哲学家莱布尼茨（Gottfried Wilhelm Leibniz）致信白晋，询问了一连串关于中国的问题，其中特别提到传统天文和地理学："借助他们关于中国及其周边地区的地图和相关记载，我们的地理学研究也能得到相应完善。"他还特别提到当时一幅流行的地图——荷兰人维岑（Nicolaes Witsen）的《东北鞑靼地图》（*Noord en Oost Tartarye*），并关心中国是否有类似地图。"总有一天"，他说，"我们会弄清楚亚洲和美洲是否属于同一大陆。"[354]

莱布尼茨提到的维岑是一位荷兰政治家，曾出访俄国。借俄国的地理资料和手绘地图，维岑在 17 世纪后期出版了一系列西欧最早的有关西伯利亚的书籍和地图。他与众多俄国官员颇有来往，包括签署《尼布楚条约》的俄国代表费奥多尔·戈洛温伯爵（Fyodor Alexeyevich Golovin）。有学者相信，在 1689 年的尼布楚，戈洛温带来并用作谈判基础的，就是一张维岑地图[355]。

3. 纸上新身份：模糊的华夷与清晰的边界

在 17 世纪的清俄冲突中，朝鲜也被卷入。忙于南方战事的清朝，曾在1654年和1658年两度请属国朝鲜派出援兵，共同征讨"罗禅"——这是朝鲜史书对俄罗斯的称呼。这两次战役，朝鲜分别派出由边岌和申浏率领的火枪队，在松花江口阻击哥萨克。第二次战役中，清朝与朝鲜联军更是击毙了俄军首领斯捷潘诺夫。不过，朝鲜人当时并不清楚对面的敌人究竟是什么人，来自何方[356]。

北方的地缘竞争再次波及朝鲜，则与《皇舆全览图》的测绘相关了。

1737年，荷兰海牙出版了（盗版）唐维尔的《中国新地图集》。里面的《朝鲜王国图》是欧洲第一幅朝鲜专图（图111）。书中前言援引唐维尔的话，高度赞扬朝鲜的原图，说它不比耶稣会士的实测图差："正相反，如果有哪张地图不必更正，那就是这张。"这是因为该图由朝鲜国王下令制作，并深藏宫中，"教士们在拿自己实测的该国北部边境与此图比较时，很可能不觉得自己的观察与图上的边界有太大差异，否则他们一定会指出来"[357]。

他哪里知道，这其实是一张错图，是朝鲜君臣故意拿来敷衍清朝的。由于大家都以为它是准确的，基本没有太大改动就发表了，以致《皇舆全览图》中的朝鲜相较其他部分而言，写实性稍差。也致使欧洲地图中的半岛标准像，一直以此为模板，直到19世纪才有所改进。

那是在1713年，清朝的测绘工程正在进行。康熙皇帝派遣使团前往朝鲜，并嘱咐副使、打牲乌拉总管穆克登要沿路收集地理信息。随行的钦天监五官司历何国柱负责一路勘测。之所以派他们去，是因为朝鲜不允许耶稣会士进入国境，而康熙也不希望这些传教士们引发属国的紧张。

穆克登等到达汉城后，就一直索要地图。在以各种理由搪塞了几日后，朝鲜领议政（相当于宰相）李濡觉得这样拖下去也不是办法，

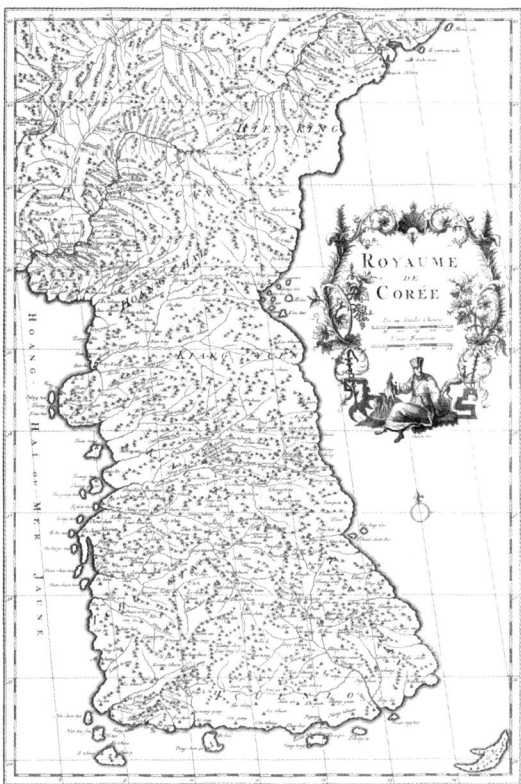

图 111：唐维尔的《朝鲜王国图》。

必须得给上国钦差一个交代。但是，备边司（国防机构）秘藏的地图，边境地带太过详细，万不能给，所以他建议："近得一件图，不详不略，而白山（注：即长白山一带）水派则多误矣。宜令出示此图。"[358] 于是，穆克登拿着这张错图，交给了法国耶稣会士雷孝思。雷孝思在回忆录里说，他结合自己在辽东凤凰城的实测、穆克登的路测，与朝鲜提供的地图及方里，估算出朝鲜半岛的大致地理位置及走向[359]。这就是杜赫德和唐维尔的资料来源。学者加里·莱亚德（Gari Ledyard）判断，朝鲜的原图可能接近 17 世纪中期混合了《东国舆地胜览》风格和郑陟风格的某张《八道总图》[360]。其特色是将半岛形状画得均衡、垂直，南方略为扁平，整体有较强的装饰感。

献图事件暴露了18世纪初中朝关系的微妙紧张。一方面，朝鲜视清朝为上国，恪守事大原则，事事谨慎；另一方面，也视其为地缘威胁，不能信任。而康熙受俄国压力而产生的地缘焦虑，也由测绘东北及中朝边境传导给了朝鲜。

两年前，康熙就命穆克登测绘中朝边境地带，尤其是作为满人发祥地的长白山。他说过一段很有名的话：

> 自古以来，绘舆图者，俱不依照天上之度数以推算地理之远近，故差误者多。朕前特差能算善画之人，将东北一带山川地理俱照天上度数推算，详加绘图视之。……鸭绿、土门二江之间地方，知之不明。前遣部员二人往凤凰城会审朝鲜人李玩枝事，又派出打牲乌拉总管穆克登同往……此番地方情形，庶得明白。[361]

他指令穆克登，借同朝鲜官员共同审理边民李玩枝（李万枝）越境杀人案，去查明鸭绿江、土门江（即图们江，朝鲜称豆满江）中间的地方。其目的还是要以"天上之度数推算地理之远近"之法，即卡西尼的天文测量法，将"东北一带"详加测算绘图。

但朝鲜方面对近年清朝官员频繁出现在边境地带有不同的理解。由于曾遭受皇太极两次入侵，朝鲜君臣始终对满洲"夷狄"顾忌重重。理学本位的文化身份，也让他们笃信"胡虏无百年之运"。满人勘查边地，一定是准备从中原撤归，继而再度侵害朝鲜。再加上从17世纪后期开始，朝鲜偷偷将东北部咸镜道的管辖范围从图们江中游扩展到上游，也担心这种私自扩张领土的行为被满人发现。所以，对于康熙希望朝鲜配合查边的谕令，朝鲜君臣屡找借口推托阻挠，使1711年的查边失败。

在康熙的坚持下，1712年，穆克登再次前往长白山勘查。这一次，朝鲜陪臣不能再阻，遂指引穆克登认为长白山天池东南五里的一处山岗是鸭绿、图们二江的"分水岭"。穆克登在此处立了一块不大的石碑，又因立碑处与土门江源尚有数十里之远，遂命朝鲜人第二年以木栅、土石堆连接碑与江源[362]。前述1713年出使朝鲜索要地图，可以看作是穆克登查边的继续。

穆克登的查边立碑，在康熙而言，只是全国测绘中的一件小事。但对于朝鲜而言，则是了不得的大事。朝鲜当时只与中国东北接壤，明代以来形成以鸭绿、图们两江为界。可两江中间部分山高路险、荒绝无人，从未清晰划分，因此1712年的定界，让朝鲜的国家空间有了前所未有的确定性，从此"金瓯无缺"。

1712年定界后，朝鲜的国家领土感陡然上升。官方和民间的地理学者对北方边疆的关注高涨，掀起一股北方史地研究的热潮。原来被认为属于朝鲜域外的长白山（白头山）被解释为朝鲜的山川之祖。到了18世纪中期的英祖时代，更被认定为王朝圣山、龙兴之地[363]。反映在地图上，最明显的特征是：18世纪中期后的地图上，不仅有长白山（白头山）以及鸭绿、豆满二江，而且其间的天池、定界碑、木栅或土石堆也都清晰画出，它们成为朝鲜空间的根本参照。半岛北方唯一的陆地边界，定义了国家疆域的起点，是观看领土的绝对要素。只不过因为这些地标更多存在于文献中，而实际踏查过的人很少，所以地图上的描绘往往相互矛盾，错谬不一[364]。

而借 1713 年穆克登出使，朝鲜本地的技师还从钦天监官员何国柱那里学习到了一些测量技术，记下了汉城的经纬度数据。朝鲜的一些燕行使，在 1713 年前后，通过与北京耶稣会士以及钦天监的接触，了解到欧洲天文和地理观念，并购买到测量仪器[365]。一批眼界更为开放的文人，更主动引入部分西洋学术，促成了 18—19 世纪"实学"派的兴起。所谓实学，即以经世致用的学理思考，去解决国家社会中的实际问题。这些实学者中，以李瀷和丁若镛为代表，将西学与传统宇宙观相融合。他们在性理学占绝对主流的朝鲜社会，表现出难得的唯物、唯实的倾向。在地图领域，郑尚骥（1678—1752）引入数学方法，第一次用严格的比例尺，制作出一批非常接近现代地图形状的朝鲜地图。

而把朝鲜传统制图推向精确性高峰的，无疑是 19 世纪制图家金正浩（约 1804—1866）的《大东舆地图》（图 112）。

围绕金正浩和他的作品，有不少传说，但大都是现代神话（详见第八章）。我们对这位朝鲜地图大师的生平了解得很少，只知道他从事雕版印刷业。他留下的《大东地志》一书，记录了首都以及朝鲜八道重要城市的经纬度。这些数据既来自何国柱 1713 年的测量，也来自后来根据路程距离进行的推算，其中虽有不少讹误，但它们显然是金正浩制图的最重要依据。1834 年，他出版有《青丘图》上下两册，以方格系统，将朝鲜全域切割成东西纵向 22 版，南北横向 29 层。书页打开就是方格，把所有方格拼接，就是一张完整的朝鲜全貌图。这在出版地图集方面是一项创新。因为此前所有的地图集都以行政区划（国家、区域、省州）为分图——不论是中国的《广舆图》《皇舆全览图》，还是欧洲的《寰宇大观》《大地图集》，都是如此。但金正浩的方法是纯粹的几何分割：不考虑行政单元的形状，只以网格来为地理编码。

在 1861 年首版的《大东舆地图》中，他继续使用这种方块编码的方法。只不过这次他将朝鲜全域从北到南沿纬线横切为 22 册，每册打开后长短不一，折叠起来后大小一样。第一册包括北部边界的最北端（稳城附近的豆满江），第二十二册是最南端的济州岛。全部地图镌刻在约 60 块椵木版的正反两面。把所有 22 册打开、拼接在一起，一幅宏大的朝鲜全域图就展现在面前。全图高 6.7 米，宽 3.8 米，是朝鲜最大的地图之一 [366]。

《大东舆地图》不再以北部边界为地图的原始坐标，转而以首都的经纬度为原始坐标。这点和《皇舆全览图》以穿过北京的经线为子午线、法国测绘以巴黎经线为子午线颇有一致之处：都是以本国的政治中心作为描画疆域轮廓的起点。金正浩还著有《大东舆地图》的缩略版《大东舆地全图》。这张小幅地图的题注，更借描述首都汉阳（今首尔）的地理意义，暗示朝鲜在世界中的核心地位：

> 盖我东邦域，三面际海，一隅连陆，周一万九百二十里。……汉阳处其中，辐凑山河，经络星纬。野分箕尾，析木之次。北镇华山，南带汉江，左控关岭，右环渤海。域民以太平之仁，习俗有箕檀之化。况均四方来廷之道，正亥坐南面之位，实犹周之洛阳，非东西关二京所可比也。其为天府金城，诚亿万世无疆之休也欤。呜呼，伟哉！ [367]

和俄国、法国、中国的地图不同，朝鲜的《大东舆地图》不是在国家的资助下完成的，但是它透露出近代早期与那些大帝国一致的"地图国家"意识。长期以来，清朝和朝鲜互相视对方为"夷"，以证明自

图 112:《大东舆地图》拼接后的整图。首尔大学奎章阁藏 1861 年版。

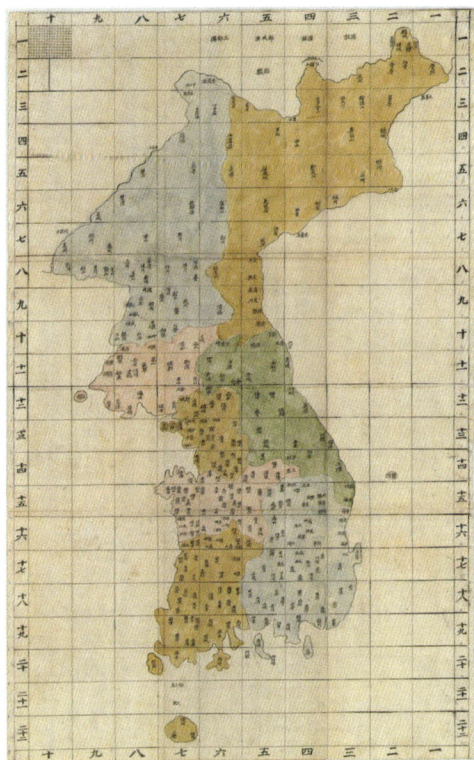

图 113:《大东舆地图》1876 年版中的"总目全幅",全图被分为 22×10 的网格。来源:美国地理学会图书馆。

已为"华"[368]。地图成为体现此观念的重要手段。《皇舆全览图》以朝鲜为帝国抚舆之一部,《大东舆地图》则凸显朝鲜的独特地位。它首版三年后的 1864 年,又印制了新版(当宁元年甲子版)。那年,11 岁的李熙成为新的国王,后世称为高宗。没过多久,法国、美国和日本的炮舰就开始试图敲开朝鲜的国门。1876 年,《大东舆地图》又印制了新的一版(当宁十二年辛酉版)。就在那年,日本逼迫朝鲜签下近代第一个不平等条约——《江华岛条约》。在新的"夷狄"的进逼之下,三千里江山开始破碎。

日本"征韩"，迫朝鲜签约，是它走向殖民主义和帝国主义的重要一步，但不是第一步。在进取朝鲜之前，日本先拓殖了北方的北海道岛和南千岛群岛。而日本占领北海道的源头发生在 18 世纪末 19 世纪初，其动机是俄罗斯的地缘压力。

还是要回到中俄《尼布楚条约》。1689 年之后，俄罗斯无法南下黑龙江流域，只能继续向东殖民。18 世纪以前，俄国人仅从西欧的文献中知道中国以东还有日本，一个金银遍地的富庶国家。谢苗·列梅佐夫的西伯利亚地图中已经出现了日本，但只是本州一岛。随着探险事业的推进，俄国人很快来到了堪察加半岛。一次偶然的遭遇，让他们感觉日本应该近在咫尺。

1697 年，哥萨克探险家弗拉基米尔·阿特拉索夫在堪察加半岛发现了几名日本人。他们是大阪的商人，在前往江户的途中遭遇风暴，被吹到了这里。阿特拉索夫给了他们一些帮助。在此后的两三年中，阿特拉索夫东征西讨，第一次系统性勘查了堪察加的地形与族群（列梅佐夫也因此得到第一幅半岛地图），而几位年老的日本人则接连死去。阿特拉索夫 1701 年回到俄罗斯内地时，把唯一一位幸存者，名叫传兵卫的年轻人带到圣彼得堡[369]。彼得一世接见了这名首位到访俄国的日本人，并留下他教授日语。这是俄国日本学的开端。传兵卫后来受洗成为东正教徒，去世前一直生活于圣彼得堡。

传兵卫对俄国人知无不言，激发了俄国同日本通商的热情。从堪察加半岛南下，他们一步步穿过千岛群岛，来到库页岛和北海道——日本人称这个区域为"虾夷"，其原住人群阿伊努人是历代政权眼中的夷狄。俄国人的到来打破了"阿伊努的静谧大地"[370]。俄国船队 1739年就抵达了本州东北部。1768 年，俄国人向择捉岛上的阿伊努人征税，又因 1770 年左右与当地渔民发生冲突，遂退出南千岛群岛。到了 1792年，俄使亚当·拉克斯曼（Adam Luxman）抵达松前藩，正式要求幕府通商。1799 年，特许殖民公司"俄美公司"成立，垄断北千岛群岛至俄属美洲的贸易特权。1804 年，俄使的船只抵达长崎港。

对俄罗斯来说，"发现日本"是整个西伯利亚探险中让人兴奋的一环。圣彼得堡科学院的地理学家伊万·基里洛夫——就是他聘请法国人德利尔到科学院，但与后者在测绘方法上产生分歧，后率先出版了第一本《俄帝国地图集》——曾制作过一张东北西伯利亚区域地图（图 114）。图中千岛群岛和北海道岛就像是一道梯子，连接起堪察加半岛和本州岛。看到这幅地图的人，大概很难不产生"到梯子上走一遭"的冲动吧。

而日本人呢？在江户时代之前，大和政权一直视北方边疆为夷狄。德川幕府早期，经营北海道的松前庆广获封大名，不过松前藩的势力也仅在岛屿南端而已。当俄国人抵达虾夷，空虚的北方完全暴露在这群"欧夷"的炮舰之下，日本感到了实实在在的威胁，这才发觉自己对北方的地理情况完全不了解。于是，与中国和朝鲜的情况类似，18世纪之后，日本对北方边疆关注与探索的热情空前高涨。1783 年，仙台藩医官工藤平助撰写了《赤虾夷风说考》一书，提出要开发虾夷地以抵御俄人的侵蚀。幕府高官田沼意次读后，展开了对虾夷地的调查活动。著名探险家最上德内参加了数次幕府组织的考察，抵达北海道、千岛群岛和库页岛。[371]

其他关注北方的著名人物，包括被称为"宽政三奇人"之一的仙台藩士林子平（1738—1793）。林子平致力于农学、兵学等实用学问，并且和当时研究欧洲学问的兰学者们颇有交往。他一生力主海防，重

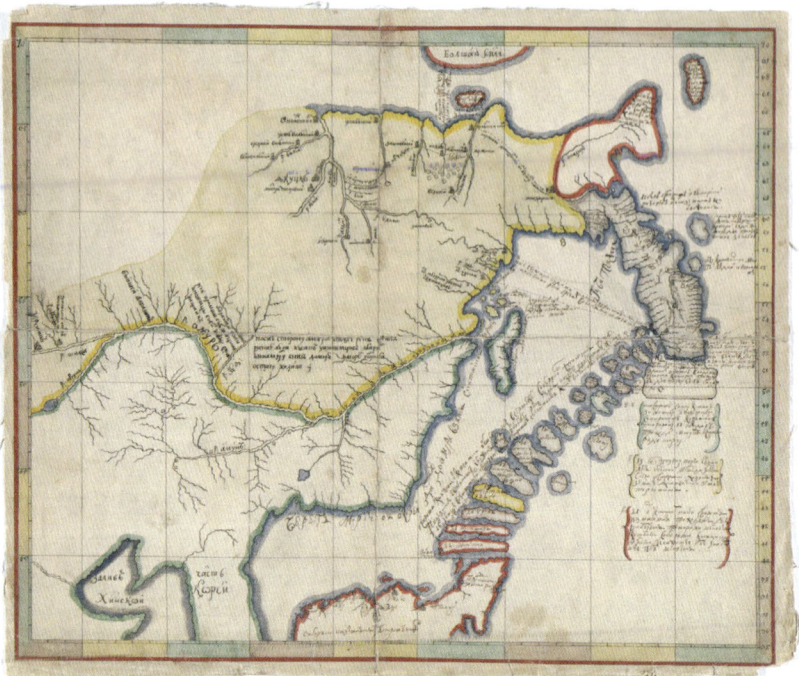

图114：伊万·基里洛夫绘制的东北西伯利亚地图，约1726年作。来源：美国哈佛大学图书馆网站。

视来自海疆特别是北方海疆的威胁[372]。在得不到官府支持的情况下，他自费出版了《海国兵谈》以及配有多幅地图的《三国通览图说》。这显示了江户晚期日本人审视国家疆域的方式已经不再固守于岛屿内陆视角（如行基图所展现的）或是佛教视角（如南瞻部洲图），而是发展出了近代海洋地缘的视角，将日本视为"海国"，处于同中国、荷兰、俄罗斯的海洋性竞争关系之中[373]。

《三国通览图说》中的"三国"指朝鲜、琉球和虾夷。其中的《三国通览舆地路程全图》是一幅总图（图115）。这是很少见的一张将日

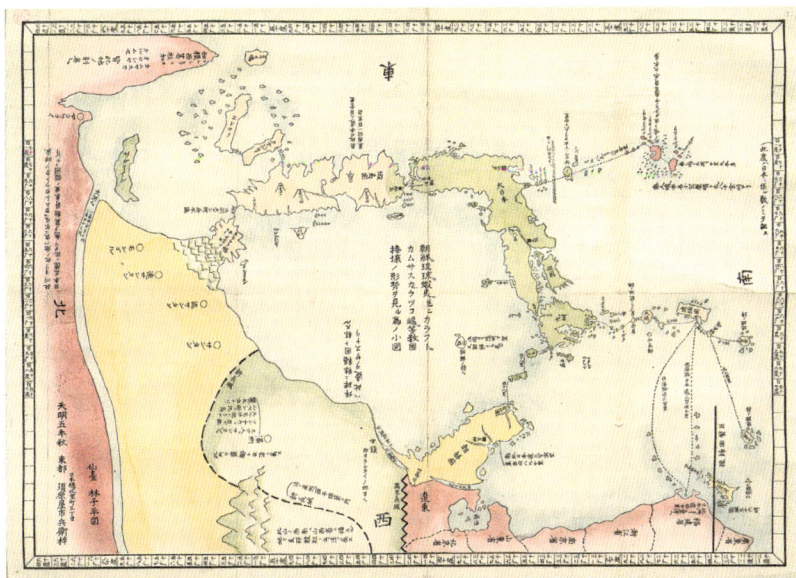

图 115:《三国通览舆地路程全图》，林子平作。来源：日本北海道大学图书馆网站。

本置于其周边海域环境中的地图。图中日本被虾夷、俄罗斯、朝鲜、中国和琉球三面围住，北海道岛以及千岛群岛的形状比较变形。和前面基里洛夫的地图一样，林子平在这里也夸大了堪察加到日本北方的便捷程度。《三国通览图说》通过在长崎的兰学者桂川周甫传到了欧洲，被翻译成荷、德、俄、法等多种语言。而在日本国内，林子平的思想后来影响了许多幕府末期思想者，如本多利明和佐藤信渊。本多以英国为榜样，主张"涉渡海洋"，殖民虾夷；佐藤谋求对外扩张，"混同宇内"[374]。这些思想暗示了现代国家主义在日本的抬头。

康熙测绘直接对朝鲜产生了影响。而在日本，一批关注周边的知识分子则通过欧洲出版的地图书籍，间接接触到了《皇舆全览图》的信息。根据船越昭生的研究，在 18、19 世纪之交，近藤守重、山田联、马场贞由、高桥景保等人借由荷兰人带至日本的书籍，将耶稣会士所勘测的东亚大陆地理图形，整合进自己绘制的地图中，大大提高了日本制图的精准度。[375]

不过，包括林子平在内的日本士人，虽然注重边疆和新地图，但并未从事实地考察。这项任务在18世纪末19世纪初显得异常紧迫。幕府和地方藩主陆陆续续派遣了考察队，其中影响最大的是间宫林藏（1780—1844）的虾夷探险。从1799年开始，间宫数次往返于北海道、库页岛和黑龙江流域，并提交报告《东鞑纪行》[376]。与此同时，一位幕府末期最重要的地理学家，正以实地考察结合天文方法，进行全日本测绘。他就是间宫林藏的老师伊能忠敬（1745—1818）。

伊能忠敬本是一名商人。中年以后，他醉心于天文历算，50岁时，将生意交给儿子打理，自己则全心投入历算之学——这与江户时代多次改革历法、寻求以更准确的新历取代旧历的风气十分有关。他来到江户，拜年长自己20岁、精研过中国《崇祯历书》等耶稣会历法书籍的高桥至时为师。为了计算出子午线的长度，高桥建议幕府测量从虾夷到江户的距离。而虾夷此时又受俄国威胁，正需要有人去详细调查。这项双重任务就落在了伊能忠敬身上[377]。

1800年，伊能带领家人，用180天完成了虾夷测量。幕府对其成果十分满意。在此后的18年中，伊能忠敬团队又进行了九次大地测量，足迹遍布日本全境。他1818年去世后，高桥至时之子高桥景保（1785—1829）带领伊能的弟子们继续工作了三年，最终完成了绘图。1823年，江户日本制图的巅峰之作《大日本沿海舆地全图》问世。

《大日本沿海舆地全图》有三套展示全日本的方式，分别是214张大图版、6张中图版和3张小图版，其中都纳入了传统地图上不包括的北海道。大图的比例尺是 1:36000，内容极为详尽。虽然未能采用更为先进的卡西尼三角测量法，而仅依靠已有的罗盘、间绳测量[378]，但海岸的轮廓线走向已十分精准。由于形制太大，大概很少有人能把大图拼接在一起观看。2010 年，日本举办了"完全复原伊能图全国巡回展"，以全部 214 张大图展示日本全境，需用一个室内体育馆（图 116）。

伊能地图实现了第一次精密测量全日本。它的数据在明治时期被政府用来制作全国地图甚至是军事地图。自然，与所有高准确度地图一样，《大日本沿海舆地全图》也属于国家机密，围绕它曾经发生过幕府末期著名的"西博尔德事件"。

菲利普·西博尔德（Philipp Franz von Siebold）是长崎的一位荷兰医生、博物学家。1826 年，他前往江户参勤，一路收集日本的动植物资料。他向幕府的天文官员高桥景保展示了曾到访日本的俄国海军将领克鲁森施滕（Adam Johann von Krusenstern）的游记，其中包括库页岛地图，高桥大为吃惊[379]。西博尔德以此向高桥索要伊能地图，后者便违反禁令将一份副本给了他。结果事情泄露，幕府震怒，高桥景保一干人等被判刑入狱。1829 年，高桥死于狱中，西博尔德也被驱逐出境[380]。当西博尔德 1859 年重返日本时，幕府已经在美国海军准将马修·佩里（Matthew Perry）的炮舰威胁下"开国"。而佩里用来叩关的日本地图，正是西博尔德带回的、先后被英国和美国海军使用的伊能图[381]。今天，高桥至时、景保父子的墓与伊能忠敬的墓一起，都安置于东京上野的源空寺。

从《皇舆全览图》《大日本沿海舆地全图》到《大东舆地图》，东亚三国在 18—19 世纪都出现了高精度的国家地图。产生这些作品的诱

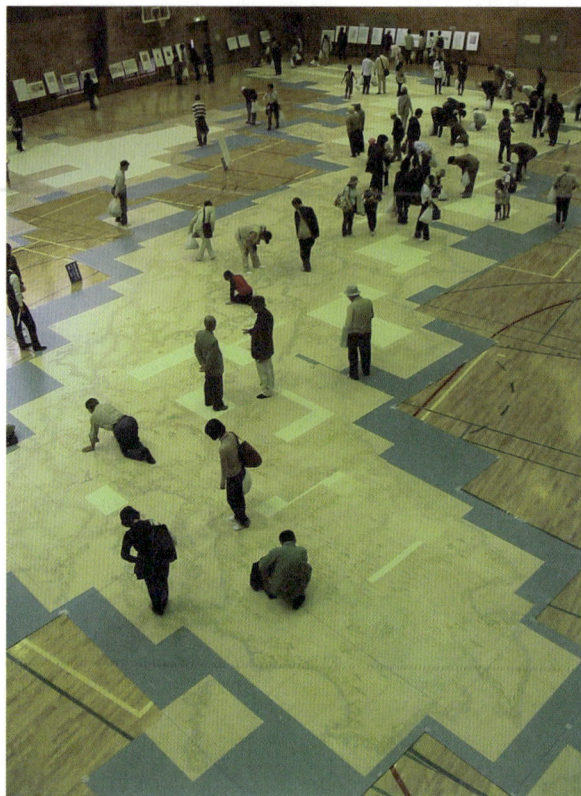

图 116："完全复原伊能图全国巡回展"。

因，都是边疆危机，而解决这一危机的重要技术资源，都是来自欧洲的大地测量理念或技术。它们体现出类似的重新审视国家的冲动。

同欧洲一样，近代东亚国家的建设始于边疆，完成于对领土的新的观看方式。在这个过程中，"华—夷"秩序感仍然起着关键作用。但是不论在清朝、朝鲜还是日本，传统夷夏大防的定义都模糊了，需要"防"的那个"夷"，开始有了不同的对象和更为复杂的含义。受边疆危机的刺激，三国强化了自身的边界感。东亚"地图国家"的形成，为它们在 19—20 世纪朝向"领土国家"的转变奠定了基础。

4. 填补空白：待征服的土地

法国版康熙《皇舆全览图》上，中国的北方和西北方留有大量的空白，因为当时准噶尔之乱尚未彻底平定，无法实地亲测。这也是唐维尔制图的一个显著特点。这位 22 岁就担任"国王地理学家"的制图师，总是尽可能搜集多方的资料，来保证地图的准确性。如果一个区域没有可靠的资料，或者数据可疑，他就宁可留白：这可以理解为他对科学性的严谨追求。

整个 18 世纪是法国制图技术遍及全球的世纪。继安特卫普和阿姆斯特丹之后，巴黎成为欧洲制图学的中心。地图在荷兰是商业性的产业，而在法国，它和新型国家紧密结合，体现了国家对于地理学和制图学的热情[382]。耶稣会士在中国勘测之时，卡西尼科学家族也在紧锣密鼓地筹划以新技术测绘全法国。以国家视角来看，法国制图引领风骚的时代，正是现代主权国家逐渐成形的时代。1648 年，结束了三十年战争的欧洲国家签订了《威斯特伐利亚和约》（*Peace of Westphalia*），将一个国家的主权（sovereignty）与传统教权、皇权剥离，塑造了新的国际关系。《和约》并未带来长久和平，欧洲大国追求霸权的战争从未间断。竞争既在欧洲，也延伸到欧洲以外。与此相关，对全世界精准测绘的工作也在各个欧洲国家殖民地展开。

在唐维尔的时代，法国在南亚和北美有大片殖民地，所以他一生中也制作过不少那些地方的地图。比如 1752 年，唐维尔发表了一幅《印度地图》（*Carte de L'Inde*，图 117），代表了当时欧洲对南亚地区的最新认知。这张地图中，印度次大陆的轮廓已经与当代认知相差无几，但其东北部是一大片的空白。显示法国的殖民势力尚未深入此处，也

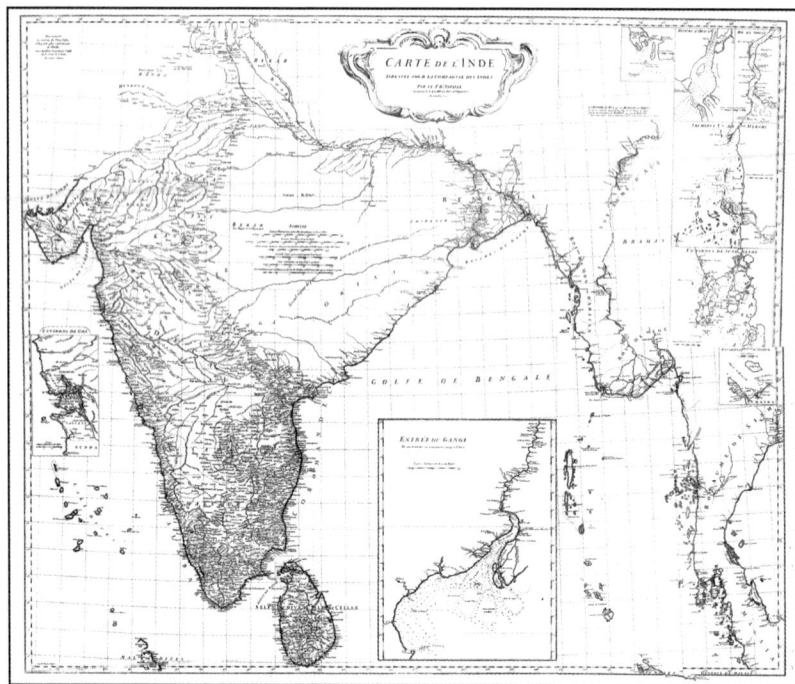

图 117：唐维尔《印度地图》，1752 年出版。

没有其他获得可靠地理资料的来源。

填补这块空白的是英国人。18 世纪五六十年代，法英两国卷入七年战争，在欧洲、北美和印度同时开战。结果法国完败，不仅失去了北美殖民地，而且也退出了和英国在印度次大陆的竞争。英国东印度公司大举扩张，获得了印度东北部的孟加拉地区。这标志着整个印度次大陆逐渐沦为英国殖民地的开始。

英国对精确地图的需求来得稍晚，但同样受到法国的影响。1783年，法英两国展开联合测量，以求得巴黎天文台与伦敦格林尼治天文台之间的相对位置。借此次"盎格鲁—法兰西测量"，英国也引入了三角测量法，并于 1791 年成立了"英国地形测量局"（Ordnance Survey），推动对本土的精准丈量。从 19 世纪至今，英国地形测量局都是世界上最大的地图制作机构之一。

法英联合测量之前，在孟加拉的英国工程师詹姆斯·伦内尔（James Rennell）已经完成了对印度次大陆的地理勘查，并在 1782 年出版了著名的《兴都斯坦地图》（*Map of Hindoostan*，兴都斯坦为当时欧洲对印度次大陆的称呼）[383]。相比于唐维尔的地图，它少了许多空白（图 118）。在下方的装饰框中，印度土邦的王公俯身向不列颠女神献上印度教律法文书，象征着对英国的臣服。地图史家马修·艾德尼评价说，这幅地图"向英国及欧洲公众提供了一幅确定的印度形象。正是在这幅影响深远的地图中，我们发现：印度，作为一个有意义的地理实体，尽管仍稍显模糊，但已然成立"[384]。此后，英国东印度公司继续伦内尔的事业，从 1801 年开始，展开了规模巨大的印度大三角测量，第四章已有介绍。这是历史上对南亚次大陆最彻底的一次地理调查。

英国以孟加拉地区为统治印度的重心，地图上印度东北部的空白被填补。这对中国也有着特殊的意味。

1773 年，英国设立印度总督，总督府就坐落在孟加拉地区最大的城市、位于恒河三角洲的加尔各答。恒河流域气候湿润，在这里东印度公司发现了一种本地产品，在中国市场上很受欢迎，那就是鸦片。从 1773 开始，东印度公司垄断了孟加拉的鸦片贸易，并向中国走私，数量日益增多。输出鸦片也是为了弥补中英间茶叶贸易造成的逆差。在伦内尔《兴都斯坦地图》上，装饰圆框上部点缀的植物图案，正是罂粟花的叶片，显示了此作物对英属印度的重要。

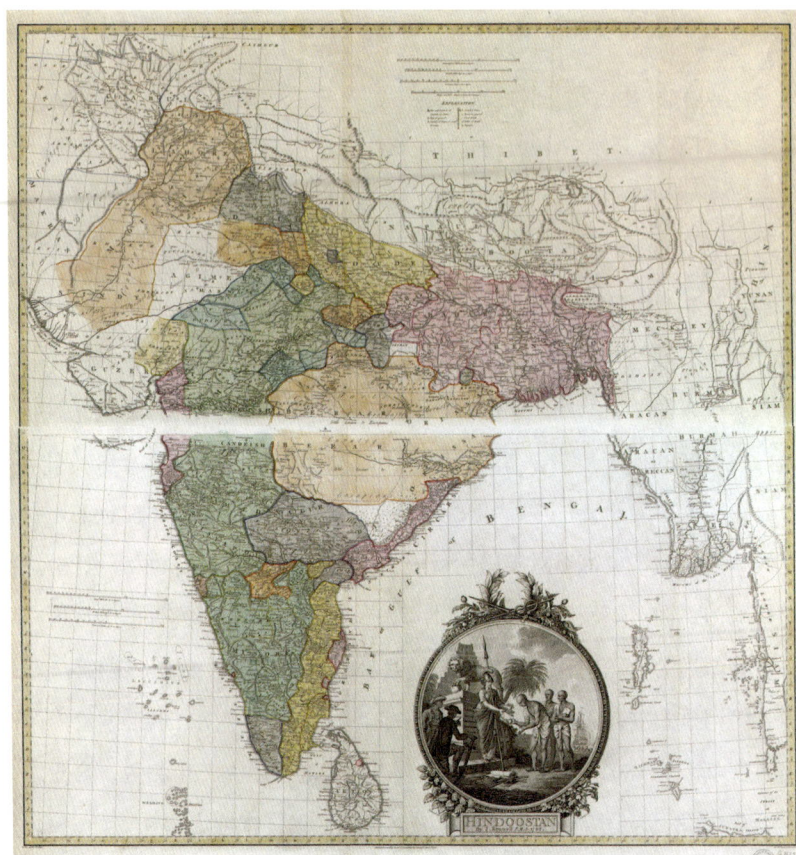

图 118：伦内尔《兴都斯坦地图》，1782 年出版。来源：美国国会图书馆网站。

　　到了 1833 年，东印度公司的垄断特权被打破，英国一批私商更肆
无忌惮地向中国倾销毒品，造成清朝空前的社会、经济和政治危机。
与此同时，同样在印度东北部的阿萨姆地区，英国人终于在屡屡试种
中国茶叶失败后找到一种本地茶种，并在 1838 年将第一批八箱阿萨姆
茶叶发往英国，打破了由中国垄断的茶叶生产 [385]。短短两年之后，第

一次鸦片战争就爆发了。

当印度地图中的空白被填补，亚细亚东端的中华帝国即将一步步崩塌。

控制孟加拉、征服清朝，进而吞并整个印度，是英国走向"日不落帝国"的重要步骤，它们环环相扣。到了 19 世纪 80 年代，《帝国联盟》这样的地图（见第四章图 65）昭示着英国主导下的全球新秩序。在殖民与帝国秩序之下，那些科学制图上曾经的"留白"，无论在亚洲、非洲、美洲还是澳大利亚，都被一个一个地填充了。

卡西尼家族全力推行的新测绘方式，在新的政治理念下，最终成为标准的观看领土与绘制帝国的方式，并且"为之后 200 年绘制所有现代民族国家的地图提供了模板"。但讽刺的是，这种方式统治世界之日，也是法兰西王国寿终正寝之时。1789 年，法国大革命爆发，三年后，国王被推翻。1793 年 10 月，刚把路易十六送上断头台的国民公会又通过决议，将卡西尼家族掌握的法国全图国有化（nationalization）。由此可见，不论是国王还是卡西尼，都未把精准地图面向全社会推广。这个科学世家的第四代——让-多米尼克·卡西尼，最终也没有完成对地图最后的润色。随着地图的收归国有，卡西尼家族的辉煌也终结了 [386]。

有史以来最精准的地图，从"国王之图"变成"国民之图"，成了理论上面向所有公民的公共产品以及所有法国人想象国家的方式。这标志着国家性质的深刻转变。一种新的国家形态——民族国家——从法国大革命中诞生。虽然民族国家未必是帝国的反面，甚至早期欧洲的民族国家都带有强烈的帝国性，但人们对大地和空间的理解，却的确发生了新的转变。

八　生命政治：图制亚洲的方法

MAPPING

ASIA

图 119:《时局图》。

1. 滑稽图：地缘机体的长成

19 世纪中期，随着殖民帝国在亚欧大陆展开地缘政治争夺，精准测绘和制图越来越成为国家主导、服务于国家间军事斗争的情报事业。在科学主义包装下，地球空间被前所未有地"理性化"。正如何伟亚所指出的："路线簿和三角测绘将亚洲制造为一系列的已知的、分段的空间和地点，它们要么阻碍、要么服务于人员与物资的流通。"[387]

科学主义的测绘和制图，已经成为现代国家建设的基本任务。当国家所推行的标准化地图越来越为人所熟知，东亚的知识分子面对前所未有的地缘政治压力，用漫画地图，表达对时局的焦灼态度。

《时局图》大概是中国人最为熟知的一张（图 119）。它被称为"中国近现代第一张政治宣传画"，也是最早的报刊漫画之一。这幅画曾经有不同版本流传，其最初的作者一般认为是爱国华侨、革命党人谢缵泰（1872—1937）[388]。

严格说，《时局图》不是示意空间的图像，只是以地图来表达政治讽喻。其所传递的信息，的确"一目了然""不言而喻"：中国大地上，列强环伺，清廷官员昏聩无能。不过，为什么这幅漫画地图上标注的

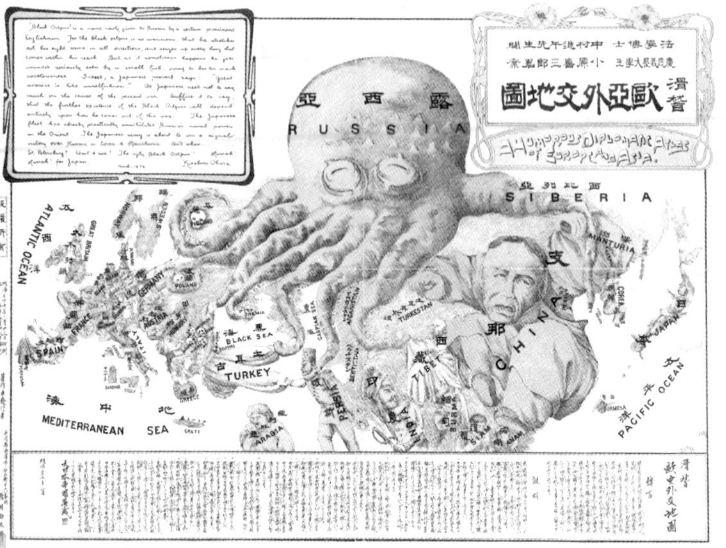

图120：《滑稽欧亚外交地图》，小原喜三郎绘。

是中英双语？

　　根据程方毅的研究，《时局图》的创意最早来自 1899 年英占香港的媒体，后来由谢缵泰改编成初版《时局全图》而广为转载。原图题为《远东局势》(*The Situation of Far East*)，是站在英国立场上看待中国时局的作品。图中的英国形象原为坐着的斗牛犬，这是英国的自称[389]；老鹰代表美国，太阳代表日本，也是自我图腾。但把俄国、法国和德国分别画作熊、青蛙和香肠，则是英国人对三国的蔑称。原图突出的是英国人对中国利益的"守护"以及对北方俄罗斯的敌意。所以其最初的读者对象其实是英文读者。谢缵泰署名的改编版，保留了其中很多元素，但并未画上清朝官员[390]。

294

图 121： 现代版的《槿域江山猛虎气像》。
来源：韩国高丽大学网站。

今天所见《时局图》和谢的改编版又不同。它是 1940 年在美国国立档案馆发现、1954 年在中国国内发表介绍、随后进入历史教材的。它没有署名，因此我们不清楚编绘者是谁，只能猜测其作于 1904 年前后[391]。这幅漫画地图虽然出现得晚，革命性却最强。它完全改变了原图的批评方向：英国犬呲呲逼人，虎视眈眈；画幅下方加入更多动物，代表等待瓜分中国的列强；中间加了三组清朝官员的讽刺画像；左右添上两组文字——这使得漫画的政治呼吁转变为对内革命、对外保全。

同样在 1904 年，日本也发行了一张漫画地图，同样广为流传。这是由庆应义塾大学学生小原喜三郎编绘的《滑稽欧亚外交地图》（图 120）。

这幅漫画发表于日俄战争前，它把攻讦的对象——俄国——画成盘踞亚欧大陆的八爪章鱼，正从北方伸向各处。而各国各地区则都根据领土的形状演绎成不同的人像。比如中国（"支那"）是被压制得无法起身的侏儒，朝鲜也是个委屈下蹲的男子，日本则是举着大旗，踩着火炮，英勇射击的军人。

和《时局图》一样，这幅漫画地图的创意来源也是英国。19 世纪后期，英国很多流行的漫画就把俄国画作章鱼，把欧洲各国按照其领土形状画成是章鱼怪的受害者或者反抗者。日俄战争中日本是英国的盟国，靠着伦敦金融市场提供的贷款，打败了俄国。这幅漫画地图中的"恐俄症"主题，与英国人一脉相承，倒也毫不奇怪。

20 世纪初，盎格鲁—日本同盟正进入蜜月期。日本借着英美的支持，在东方牵制沙俄；英美也允许崛起的日本在东亚建立势力范围。日俄战争后，美国与日本达成秘密协议，以承认日本控制朝鲜换取日本承认美国在菲律宾的殖民利益。对于朝鲜民族主义者而言，这是奇耻大辱。

彼时的朝鲜王朝已经脱离与中国的宗藩关系，改名"大韩帝国"。但 1905 年以后，日本以韩国为其"保护国"，势成吞并。半岛的民族主义知识分子日益发出独立自主的呼声。1908 年的《少年》杂志创刊号封面刊登了一幅漫画地图《槿域江山猛虎气像》，其作者是独立运动人士崔南善，也是后来《三一独立宣言》的作者。

这幅图将朝鲜半岛的疆域形状想象成一头蓄势待发的猛虎，其对民族自强自立的期待跃然纸上。据传说，崔南善不满日本历史地理学者小藤文次郎将朝鲜地形比喻为柔弱的兔子，故愤而作此图[392]。木槿花是韩国国花，"槿域"即指国家，老虎则是悠久的民族文化符号。地图的政治抗争意味十分明确，后来的版本将画面渲染得更为生动、鲜艳。（图121）2017 年，朝鲜民主主义人民共和国还发行了它的纪念邮票。

图 122：埃布斯托夫地图（Ebstorf Map）。此图原藏德国，毁于二战轰炸，只有摹本存世。

上述三幅图皆出现于 20 世纪早期，体现了对民族存亡或者地缘政治的关切，并都采用了人们已经熟知的疆域形状作为想象起点。它们属于滑稽地图（Humorous Map 或 Curious Map）传统[393]。其共性在于把国家在标准地图中的形状与动物或者人像相结合，用以宣扬政治理念。地图成了具有生命形态的载体，疆域形状成了有机之物。

地图的"有机化"可以追溯到中世纪欧洲。绘制于 13 世纪早期的埃布斯托夫地图（Ebstorf Map，图122）是中世纪世界地图（mappa mundi），形制巨大。它最突出的特点，是在上下左右四个方位画上了耶稣基督的头和双手双脚，看上去整个人居世界构成了基督的身体。这可能是最早用身体隐喻大地的地图作品，当然它的隐喻是神学意义上的。此外，从16世纪开始，也有很多制图师将欧洲画成女王形象（Europa regina），也是类似的空间人格化。

而以动物或者人来赋予政治领土以生命，则始于八十年战争期间的尼德兰。这就是版本众多的所谓"比利时雄狮"（Leo Belgicus，图123）。此处"比利时"不是当代国家，而是泛指包括荷兰、卢森堡、比利时等在内的低地国家（Low Countries），个别时候也指与今天比利时无关的尼德兰地区。

最早的"比利时雄狮"的设计者是奥地利贵族、学者和制图师米歇尔·艾辛格（Michaël Eytzinger）。之所以采用狮子图案，是因为当时低地国家中许多领主的家族纹章上都有狮子。其寓意自然是以雄壮的猛兽展示尼德兰的独立健美，不屈服于西班牙的统治。

八十年战争（以及三十年战争）结束于1648年欧洲国家间签订的一系列条约，统称为《威斯特伐利亚和约》。今天的学者大都将此视为现代主权国家和国际关系形成的起点。

那么这种新型国家间关系在空间上的表现是什么呢？美国政治学者乔丹·布兰奇（Jordan Branch）提出，同中世纪的权力结构相比，现代（欧洲）国家的空间有三个明显的转变：第一，由一系列分散的中心的集合变成同质的、由边界定义的空间；第二，非领土性的政权不再存在；第三，国家政治实践体现了排他性的领土管治[394]。或者用泰裔美国历史学家通猜·威尼差恭在名作《图绘暹罗》中的提法，国家

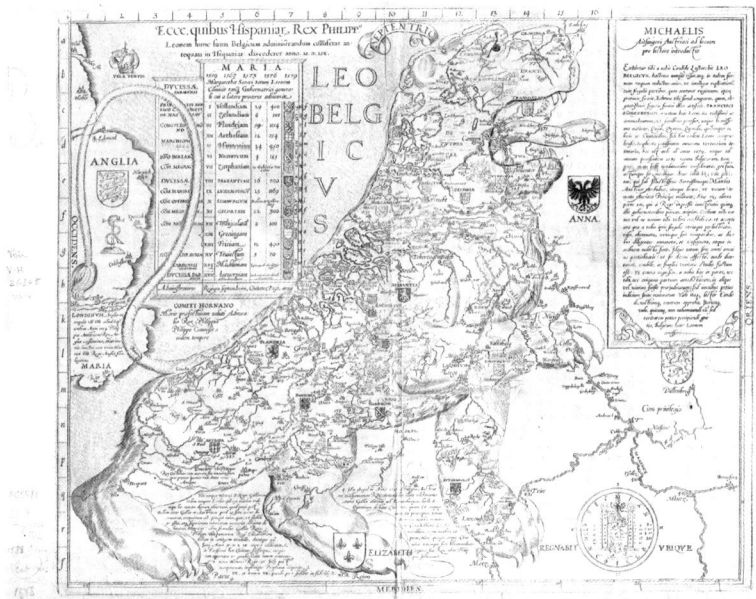

图 123：米歇尔·艾辛格设计的"比利时雄狮"。

成为"地缘机体"（geo-body），即由抽象边界线勾勒出的闭环空间[395]。国与国之间像拼图一样拼合在一起，不再有你中有我、我中有你的"飞地"，不再有两不相属的"缓冲区"，不再有主权相互叠加的共管地，也不再有流动性的政治体（比如游牧帝国）。曾经形态多样的国家，逐渐变成一个个相邻、封闭、连续而又排他的空间。

只有在这种情况下，国家才能被想象为具象的、有形体的东西。

欧洲现代主权观就是建立在排他性领土之上的，一个地方不是你的就是我的——其思想根源在于视土地为私有财产。但这种构想否定了人类社会的多元组织方式。比如，在游牧或采集社会，人在土地上是不断迁徙的。土地作为公共空间，和居住、使用、移动始终相伴，不能和居于其上的人分开。土地从未抽象成私有财产，当然也更谈不上非此即彼的边界观。

而在一些传统的农业社会（比如在中国），虽然也有土地私有观念，但土地可以不断通过开荒而扩大，也会因为水土流失等原因而缩小，因此土地的外延不是固定的，边界往往处于流动的状态，可以改变。

现代主权国家体系则不同，它把国家空间固化为由抽象边界线决定的实体，边界定义国家，也定义了居住在其中的人。本来并无共同归属感的人群（比如法国巴黎的上层精英与目不识丁的外省农民），现在都要以边界来塑造同一性的身份，他们要共享一致的时间感和空间感。前一章提到，法国大革命后，卡西尼家族为国王制作的全法地图被国有化了。这里的"国"不再是王国（kingdom）而是民族国家（nation），而这个国家的空间形态——即地图上的形状——成了全民族的符号。人与国家都被领土所规定。

领土成为国家法权的实体。1758 年，瑞士法学家瓦泰尔（Emer de Vattel）在《万民法》（*Le Droit des Gens*）中定义领土（territoire）："一个民族在其帝国之内铺展的全部空间所形成的司法管辖范围。……这也是所有民族成员们共同的祖国，而领土需要明确详细地标识出边界。"规范了现代国家间关系的国际法，也就在这个空间基础上诞生了。卡尔·施米特把这一点表达得很明确：

（新的国际秩序）完全兴起于新空间秩序的形成——那就是，在存在着广阔的*自由空间*的条件下，欧陆领土性国家与海洋不列颠帝国之间的平衡。鉴于欧洲大地上兴起了具备统一的中央政府与机构、边界清晰的独立强权，与此相适应的新的万民法主体也应运而生。领土国家的具象的空间秩序给予欧洲土地以一种特别的国际法地位，它不仅是在欧洲内部，而且相对于开放海洋的自由空间以及所有海外非欧土地而存在。它让一种共同的、既非宗教性亦非封建性的、国家间的国际法，可以持续三百年之久。[396]

19世纪后，随着对地图科学性的追求，所有国家的形状都逐渐固定下来。此变化不仅是视觉意义上的，更重要的是国家的领土性成了国之为国的第一要素，任何存在于边界范围内的空间，都是"神圣不可侵犯"的，是无法分割的一部分。人们借助地图来想象国家，标准国家地图成为和国旗、国徽、国歌一样的身份标签。国家被赋予身体感，地图也就成了这个身体的载体、它的外在形象。有时它成为国家本身，有了生命，这是近现代各类滑稽图出现的背景。

国与国的分隔成了绝对的、本质主义的。当这种界限感被帝国主义带到殖民地——即施米特所谓"海外非欧土地"，当地原本有机的社会就强行被"领土"概念切割了。问题是一个政治共同体从来不是、将来也不会是内部同质的。不同国家之间的政治关系复杂、多元、灵活，也不是绝对等同和静止的。边界线和不同色块显示了分隔，却没有显示连接。另一个问题是，虽然国家必须依托固定的、排他的领土来成立，可是并不是有领土者就自然成为国家。是否具有法律意义上的国家地位，仍然需要强权的承认。现代国际法就是一种承认政治，它否认殖民地的主权。在《槿域江山猛虎气像》图问世之时，朝鲜已成为日本的"保护国"，两年后被正式吞并，成了国际法上不被承认的国家[397]。

现代国际关系意义上的亚洲，也在20世纪变成一个个领土国家、民族国家的拼贴，陷入所谓"领土陷阱"[398]。尽管现实情况是很多地区——特别是影响相互交错，或者国家管治能力未及的边疆地区——其单一、排他性的民族国家属性往往相当不确定，当国家被各种边界塑造成一块块拼图，边疆就成了动荡的来源。这包括从朝鲜北部到西伯利亚的寒冷地域、从东南亚到南亚的高山密林、从中亚与南亚复杂交错的山地、从蒙古到里海的游牧草原以及西太平洋的海域及岛屿等。

这个时候，古地图也成了现代民族国家角力的一个场域。

2. 争端：古地图与领土

第四章介绍过一则偷买地图的故事：1502 年，坎迪诺将一幅葡萄牙人制作的世界地图买下，偷运回意大利。此地图遂被命名为《坎迪诺平面球形图》。而在东亚，也有一个类似的故事。

光绪二十八年（1902）腊月。年轻的革命党人柏文蔚（1876—1947）辗转来到大韩帝国首都汉城。当时他潜伏在清政府内，公开身份是吉林边务督办公署的一名二等参谋。他受命偷偷去汉城，是为中日在延吉地区的边界谈判寻找资料。

柏文蔚自述：某日，他从韩国一位户部尚书儿子的手中，以 500 元的价格买到一份《大东舆地图》。不料尚书的另一个儿子嫌售价低了，兄弟争执不下，打起官司。此事被日本警察察觉，当知道购买地图的是柏文蔚，就立刻下令搜捕这位中国的"国事侦探"。日本宪兵拿着写有柏文蔚姓名的纸单，来到他的住处问："汝知此人何在乎？"柏文蔚答："不知。"他随即躲入中国领事馆，然后先乘车去仁川，再搭船至烟台，回到奉天[399]。

在 1905 年赢得日俄战争后，日本将韩国变为其"保护国"，随即谋划侵犯中国东北。他们寻找的一个突破口，是今天吉林延边地区——当时中方称"延吉"，日韩方称"间岛"。利用中韩对图们江（豆满江）边界的解释纷争，日本以此处"主权未定"为借口，试图在延边建立殖民统治[400]。这就是柏文蔚赴汉城的背景。

日本的一位殖民官员、法学者篠田治策（1872—1946）断章取义地截取杜赫德《中华帝国全志》中耶稣会士雷孝思关于康熙测绘的一小段话，试图证明图们江、鸭绿江以北的土地是"两不相属的无人地带"，背后的意图是根据欧洲国际法的无主地原则，论证韩国及其宗主国日本有"先占"之权。唐维尔朝鲜地图中沿袭原图的错误的北方边境也成了日方的证据[401]。

但是在金正浩的《大东舆地图》上，清朝、朝鲜之间的边界十分清楚：从长白山天池以南的定界碑，由木栅和土石堆连接起东流入海的"分界江"（即豆满江）的源头。这是对中方极为有利的证据（图 124）。这或许解释了在汉城的日本当局为什么会对这份地图流入"中国间谍"之手备感紧张。

金正浩的《大东舆地图》是朝鲜近代最精确的国家地图。20 世纪以来，其人其图越来越被神化。其实，《大东舆地图》问世之后并不太受关注，我们对金正浩的生平也了解得很少。柏文蔚亲述的这段掌故，大概是有据可查的最具戏剧性的一个情节。

其他的故事情节包括：金正浩亲自踏查整个朝鲜，完成实地测绘；他在女儿的帮助下，最终完成雕版；地图出版后，因为太过详细，让主政的大院君以泄露国家机密为名，下令逮捕金正浩、毁版毁图。甚至传说金正浩是被朝鲜朝廷秘密杀害的。

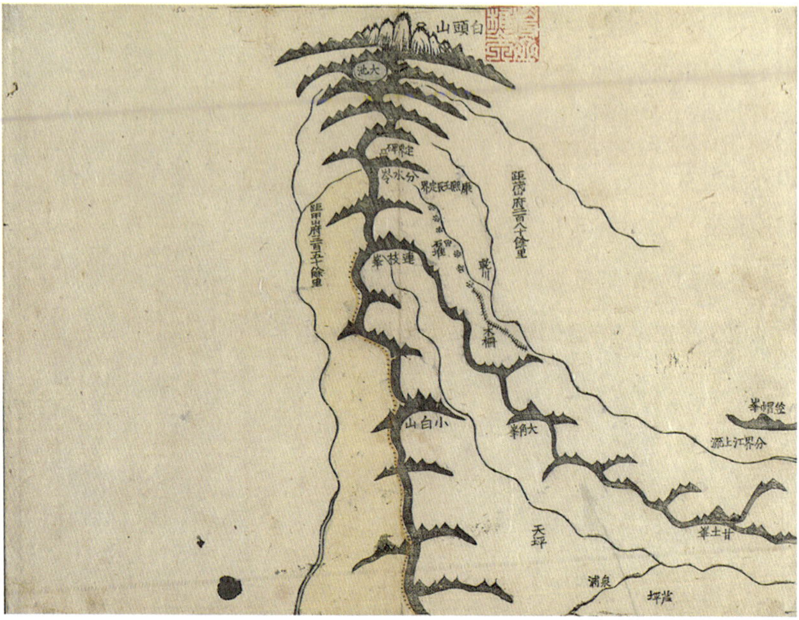

图 124：古山子《大东舆地图》第二册局部。来源：美国哈佛大学图书馆网站。

其实上面的每一种说法都没有可靠的来源，而且与今天研究者的结论不符。如果当时的朝鲜政府下令毁版禁图，韩国国立中央博物馆就不会收藏有十几块留存的木刻版，柏文蔚也不会在1907年从一位高官家里买到它。很大程度上，这些传说是日本在殖民朝鲜期间编造的，目的是塑造一个保守、昏庸、残忍的大院君形象。

今天，金正浩的地图和雕版是韩国编订在册的国宝，成了民族文化的骄傲。这当然当之无愧。只是民族国家继承了殖民时代对历史的神话化，并用今天的需求去赋予古代地图以民族主义价值。

2016年，韩国上映了一部电影《古山子》，就以金正浩和他的制图为题材。其中的主要情节，正是上面那些传说。当然，文艺作品不需要太过忠实于史实，甚至完全虚构也未尝不可。但是这部电影最后的落脚点似乎并不在金正浩，而在韩日间尖锐的"独岛／竹岛"领土争端。

影片以这样的镜头结尾：金正浩乘一叶扁舟出海，前往"于山岛"，即韩国今天所称的"独岛"。雾散，海中小岛如圣山般浮现，一群海狮跃出水面。地图大师感慨万千，喜极而泣。

在《大东舆地图》刻本上，是找不到"于山岛"的，或许因为它实在太小而未收入。但这也成为一个争议焦点：日方据此认为金正浩并未把竹岛认成韩国领土。而韩国媒体在 2011 年则报道说，研究人员发现一份《大东舆地图》的手绘本，在郁陵岛东面，清楚描绘并标注了"于山岛"[402]。但这是否能证明金正浩为今天的领土争端提供了关键证据？

不能说《大东舆地图》没有表达领土的意图，但 19 世纪中叶朝鲜人的领土观念和今天由国际法、国际条约所规定的、以抽象边界线划分主权的领土观念并不是一回事。金正浩以地图表现国家，但他不会预知日后的争端。他关注的是以数学化的制图手段，呈现完整疆域的形状，塑造朝鲜的国家身份，其中的文化、技术以及商业考量恐怕是主要的。这份地图和当代以排他性原则绘制的领土地图并不存在严格的对应关系。

可是，在当代地缘政治争端的背景下，《大东舆地图》获得了一种脱离于自身历史脉络的生命史。它必须"活"在当下，以彰显民族精神。这也算是古地图的另一种"生命政治"。

在东亚，特别是中国，包括古地图研究在内的历史地理学，是在20 世纪反抗殖民压迫、论证国家固有疆域的背景下展开的。学者们梳理古代文献以及地图资料，以维护国家的独立、统一和领土主权。现实政治的刺激，使得早期的历史地理以及古地图研究，首先是为了应对边疆危机和民族危机[403]。

但必须清楚，"某份古地图可以表达领土属性"，并不等于"所有古地图都一定表达着领土属性"。后者是一个错误的判断，不能把古地图与今天领土的关系推导到极致。因为大多数古代绘制的空间图像，并没有论证今天排他性领土的目的和功能。甚至不同的地图，对于准确性、客观性、有用性的呈现，都是完全不一样的。如果非要用 20 世纪以来才逐渐固化的领土理念去审视所有的古代地图，我们就会脱离古地图本来的历史脉络和社会环境，"时代错置"，让它们担负不应该承担的责任[404]。

民族主义在反抗殖民主义的背景下诞生，但是它也继承了殖民主义和帝国主义的许多意识形态遗产。反抗的逻辑往往会在获得形式上的成功后，反而迷失了反抗者自身的历史语境，陷入更大的矛盾。今天亚洲、非洲、拉美存在的边界争端、族群矛盾，很多都是因为殖民主义者粗暴划界的后果被民族主义精英继承甚至强化。去殖民的任务，无论在思想上还是实践上，都还任重道远。

政治学者多米尼克·列文（Dominic Lieven）指出："基于族群或宗教上的民族主义是独立运动的诅咒，因为它会让殖民权力借机分裂本土社会，而且也一定会埋下独立后分离主义和动乱的伏笔。"[405] 如果今天对于古地图的认知也基于殖民主义时代的空间秩序和国际法理念，则地图也将成为一种诅咒，为独立后国家间的相互割裂、分离、不信任埋下伏笔，这又会为迫切需要的历史研究、讨论和反思造成障碍。

地图史家詹姆斯·艾克曼（James Akerman）感叹道："过去两个世

纪的制图记录和地缘政治记录显示，在图制其新国家时，去殖民群体要和他们之前的殖民者相区别，并巩固新身份，但这个过程一直是渐进的、未完成的。"[406] 那么，我们能否用一种超越的视角既否定殖民帝国的等级观，也不依赖民族主义的排他观来认知地理的世界史与地图的生命史？这关系到我们能否在批判殖民现代的基础上找寻"现代性"的另一种可能。

3. 联结：两张地图的全球史

其实，地图的故事有另外的讲法。当我们深入到地图背后的历史脉络，发现的就不是那么多分隔和撕裂，而往往是联结。本节用两幅地图的例子来探讨早期全球化的形成，特别是东亚、海洋以及中国在其中的角色。

第一幅地图，是 1753 年法国制图师唐维尔的《亚洲图·第二部分》（图 125，以下简称"唐维尔图"）。从上一章我们知道，唐维尔为《中华帝国全志》配图，制作了《皇舆全览图》的法国版，更新了 18 世纪欧洲地图中的中国形象。他一生中制作了大约 200 幅地图，其中就包括由三张独立地图组成的亚洲全图：第一张表现阿拉伯半岛到印度，第三张描绘西伯利亚。我们分析的是第二张。

该图由上下两部分拼接而成。上半部分主体是中国、朝鲜半岛和日本，其底本很显然就是康熙下令绘制的《皇舆全览图》，只不过多出了日本、虾夷及缅甸北方。下半部则是整个东南亚。图中海岸的轮廓线十分清晰。

图 125：唐维尔《亚洲图·第二部分》，作于 1753 年。

308

上半部和下半部的地理信息不太平衡，中国和朝鲜部分非常详尽，但东南亚除了越南，许多地域内部几乎是空白的。日本北方，北海道有些变形，突破了方框，内部也是空白的。如前所述，唐维尔所代表的18世纪法国制图，反映了国家对领土的审视以及对帝国、对边界和土地的确认。以精准的测绘表达权力，形成国家与国家间明晰、抽象、绝对的边界，这正是地图学发展到18世纪出现的典型现象。

但这幅图最不寻常之处，在于它所审视的地理范围。

此前欧洲地图对亚洲的表现，一般遵循几种模式：要么描绘整个亚洲，要么挑选其中某个有共性的区域。比如"地理大发现"之后，欧洲人对亚洲的关注点很大程度上在海岛东南亚，所以"香料群岛"（或称"东印度"）常常成为单独的表现对象。这些地图会捎带着描绘中国南方的海岸，但通常不包括中国全境。16世纪下半期以后，有关中国、日本以及"鞑靼地"的单幅地图日益增多，但它们又很少包括东南亚。

这张地图的范围，北至中俄边境和蒙古，南达赤道以南的爪哇岛和小巽他群岛，把通常地图中两个单独成立的次区域——包含中国内亚边疆的东亚和整个东南亚——放在一起，作为一个整体地理单元来表现。这在欧洲制图学史上很不常见。这样一来，地图的中心区域落在了中国南海，太平洋的西端。

巧合的是，在唐维尔图出现一个半世纪前，一张中文地图也采用了这种不寻常的地理审视方式。这就是本节要多花些笔墨讲的第二幅地图——塞尔登图（The Selden Map，图126），也有中国学者称之为《东西洋航海图》。

1654年，英国学者约翰·塞尔登（John Selden，1584—1654）去世，按照其遗嘱，他所藏书籍都捐赠给牛津大学博德利图书馆，其中包括一张由中国人绘制的地图。然而这幅160厘米长、96.5厘米宽的大地图在入藏之后就几乎被人遗忘。2008年，美国学者贝瑞保（Robert Bachelor）在图书馆目录中重新发现了它，随即引发学界关注，进而掀起研究热潮[407]。加拿大史学家卜正民以这张地图为对象，出版了一本畅销的全球史著作——《塞尔登的中国地图》[408]。此书勾画出了整个16—17世纪围绕中国南海的全球史脉络和思想、物质的流动。以下介绍就来自这些已有研究。

围绕着塞尔登地图，至少可以展开三重故事。第一重故事，涉及地图的风格和技术。

塞尔登图被认为是"过去七个世纪以来最重要的中国地图"。它的绘画方式是中国传统舆图风格，图中标识的文字也全是汉字，但不少地方则完全不存在于传统舆图中，可以说出人意料。

首先，它的关注点很奇特：地图的中心是海洋而不是大陆。和所有我们熟知的中国传统舆图——无论是全国性的舆图或者是类似《大明混一图》这种世界性地图——都不一样。这幅地图不以中国为核心，而是将中国置于和周边地区的关系、尤其是海域关系中来表现。它对于东南亚的海岸线——包括中南半岛、马来半岛一直到苏门答腊、爪哇一带——描述得十分准确。这种对海岛东南亚的关注，无论是在之前还是之后的传统地图中都不存在。

其次，图中出现了一些极为罕见的内容。例如，在长城的上方放置了一个罗盘图样（图127），还绘有比例尺。罗盘图案在14—16世纪欧洲流行的波特兰海图（portolan chart）中是标志性的，但在中国舆图中则从未出现过。塞尔登图的作者很可能见过欧洲海图，故将罗盘玫瑰这样的元素转换成中国式24等分罗盘绘入地图[409]。此后中国的海图中再度出现罗盘玫瑰图案，则是康熙时期闽浙总督觉罗满保编制的《西南洋各番针路方向图》和福建水师提督、施琅之子施世骠编制的《东洋南洋海道图》，时间都是1717年。这两幅图形制类似，同样借鉴了西洋海图画法，也都以南海航道为主要表现对象[410]。它们现藏于中国第一历史档案馆。其上的罗盘图案结合了欧洲的8等分玫瑰画法和中国罗盘的二十四向[411]。觉罗满保把它放置在地图右侧，菲律宾群岛的东边；施世骠则把这个漂亮的图案放在画面正中，在南海之内。

再次，塞尔登图上围绕海岸绘有多条航向线，以传统"二十四向"术语（即天干地支与八卦合用）描述方向。2011年，地图被重新揭裱时，工作人员意外发现纸背也画有一些线条，和正面的航向线吻合。很可能画者因故废弃最初的草图，然后翻过纸面重画[412]。这意味着他是先将航向线描画出来，然后才围绕这些航向线补充陆地和岛屿的资料。图中一共画有6条东洋航路和12条西洋航路，起点在福建泉州、漳州一带的外海。

因此可知，塞尔登图着力表现的就是南海这一区域，它最重要的功用是展示航海贸易的线路。17世纪初恰是福建海外贸易逐渐从漳州转移到泉州的时期。地图以这一地区为起点，北及日本，南到爪哇，东至菲律宾及香料群岛，西穿马六甲或巽他海峡。再往西，则用注释的方式记录了到印度古里（卡利卡特）以及从古里往阿拉伯半岛和东非的航线。

长期以来的观念认为中国是陆地型国家，航海不发达，或者至少在郑和下西洋之后航海就被有意抑制。受此影响，中国缺乏海图传统。塞尔登图的出现挑战了这个说法。过去我们所知道的最著名的海图，是明初绘成、后载于茅元仪《武备志》中的《郑和航海图》[413]。《郑和

图 126：塞尔登地图。来源：The Selden Map of China，牛津大学博德利图书馆网站。

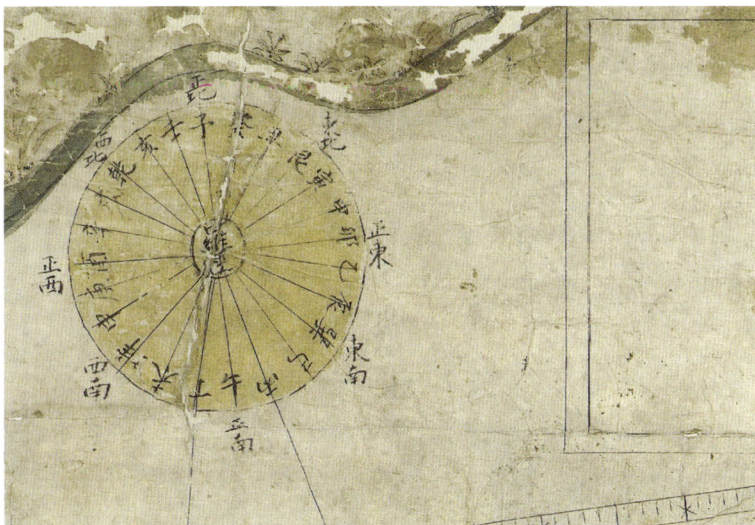

图 127：塞尔登地图上方的罗盘。

航海图》是书籍插图。它分段标明航路，画出沿岸地标，以服务于实际应用。塞尔登图则不同，它让所有线路在宏阔的海洋空间中同时铺开，让读者"俯瞰"一个四处伸展的航路网络。

除了《郑和航海图》，明代还存在一些关于海洋航路（即针路）的文献，例如福建人张燮所写的《东西洋考》以及一本佚名的针路书籍。这本针路书也被带到英国，由坎特伯雷大主教威廉·劳德（William Laud 1573—1645）收藏，后来也捐献给了博德利图书馆，时间比塞尔登图稍早。英语学界一般称其为"劳德针经"。20 世纪 30 年代，向达先生到牛津大学图书馆访学时，发现了"劳德针经"——此时已经有人给这本书起了中文名，叫《顺风相送》。向达将《顺风相送》及另一本明末清初航海书《指南正法》抄录回国，发表了关于中国古代针路的著名研究[414]。

对比《东西洋考》和《顺风相送》，卜正民发现，塞尔登图与这两种文献参考的是很近似的数据，都记录了中国人数百年积累下来的关于南洋、西洋的通航路线。郑和下西洋用的可能也是这套数据[415]。塞尔登图将此数据作了视觉呈现，但不是为了指导航行，而是兼有记录和观赏功能。图上有很多装饰性的元素：山脉、河流、花草、日月等。订制这幅地图的人，不仅具备一定的文化修养和获取资料的途径，而且还有钱聘请画师来美化视觉效果。所以卜正民猜测，他很可能是与这些航线息息相关的中国商人，尤其是下南洋的华商[416]。

就写实性而言，图上地区参差不齐。南洋一带非常精确，西洋方向的部分则有一些偏差，而偏差最大的是向北去日本的东洋航路。作者显然对日本的地名不太熟悉，一些著名城市采用的不是日文汉字，而是音译了葡萄牙语对这些日语名字的发音[417]。此外，塞尔登图中日本的形状很独特。它上宽下尖，状如火炬，与中国传统舆图中的日本不同，更看不出本土行基图的影响。倒是和欧洲 16 世纪亚洲总图（比如奥特柳斯的）中的日本岛很相似——这部分很可能也参考了欧洲地图[418]。这些都显示订制者恐怕对前往日本的商路并不感兴趣，应不会是此地的华商。

从制图法上看，塞尔登图有很多技术突破。比如，传统舆图很少表现宽阔的海洋空间，而天圆地方的观念也不会产生投影法需要。可地球是球体，任何远距离的两点之间都沿球面弯曲，不是一条直线。在远洋航行时，导航者必须处理地球曲率与平面海图之间的换算，但这是传统制图者很少考虑的问题。塞尔登图的作者不知道投影法或地球曲率，但有自己的方法来处理"降维"所产生的偏差：为了保证针路数据的准确性，他牺牲了岛屿和大陆相对位置的准确性。因此南海部分的空间关系被缩小——尤其是菲律宾群岛、婆罗洲岛和中南半岛之间的距离[419]。

而更令人吃惊的，是作者竟然具备对地球磁偏角的理解。塞尔登图上方的罗盘，正北、正南方向不是上下笔直，而是略向左倾。现实应用中，罗盘依靠地球磁场来指示南北，但是地球磁场的南北极和地球自转轴的南北极并不完全吻合，磁场南北极点在极圈以内缓慢移动，所产生的偏差就是磁偏角。17世纪，东亚地区地球磁场的南北方向向西偏斜6度，而图中罗盘的正北方也往左偏了6度左右。看来作者有非常丰富的罗盘使用经验，具备对地球磁偏角的理解。

塞尔登图所展示的第一重故事，当然是一个正日益为人接受的叙事：古代中国其实并不是一个封闭的陆地国家，它的航海事业及对外的交往，尤其是通过南海和印度洋世界、非洲世界的非官方的、商业的交往，自宋代以来就很频繁，到明清更是与欧洲大航海产生共振。中国人对于海洋和航海的理解相当深入。

围绕这张地图的第二重故事，有关国际法。

它曾经的收藏者约翰·塞尔登是一个通晓阿拉伯语、希伯来语等东方语言的英国学者和法学家。他所处的16世纪末到17世纪初，正是欧洲世界发生剧烈变化的时代。地理探险如火如荼，所有的欧洲强国，从西班牙、葡萄牙到荷兰、英国都在争夺与东方的贸易。欧洲人对东方世界充满了好奇，但好奇心背后也有殖民野心。

本书多次提到过的一个著名案件，是1603年发生在新加坡海峡的"圣卡塔利纳号"劫掠事件。年轻的法学家格劳秀斯受荷兰东印度公司所托，为公司的劫掠行为辩护，辩词中的一章在 1609 年以《自由的海》为题出版，成为现代海洋法的起源。此书在 1616 年由哈克吕特翻译成英文出版，旋即引起紧张 [420]——英国国王查理一世声索北海一带的垄断性捕鱼权，力图证明北海在其主权范围，所以不能接受海洋是完全开放的。为此，一位英国学者在 1635 年出版了一本叫《封闭海洋论》（*Mare Clausum*）的书，与格劳秀斯针锋相对。这位学者不是别人，正是约翰·塞尔登。

而今天全世界多数国家认可的海洋权力原则，是海洋既非绝对开放，也非绝对封闭。由近到远，海洋分为领海、专属经济区、公海三个层次，国家在近海范围内享有一定主权。这可以说是在格劳秀斯和塞尔登的海洋观念之间的妥协。

塞尔登通晓多种东方语言，但不懂中文。我们不知道在撰写《封闭海洋论》时，他是否凝视着这幅中国地图，来试图理解格劳秀斯的海洋理论，并寻找其中的漏洞。不过，他显然对这幅地图特别重视，否则不会在遗嘱里特别提到它。

他是如何得到此图的呢？研究者有不同猜测。从已知的史料中，我们得知：在东南亚长期居住的英国东印度公司船长萨里斯曾提到有一位在万丹的中国商人，因还不上账而将一些书籍抵押给了公司，萨里斯回国后把这批资料给了探险家、作家理查德·哈克吕特。哈克吕特的资料后来由塞缪尔·珀切斯继承，后者出版了《哈克吕特遗稿》——其中包含我在第六章提到的一张从《皇明一统方舆备览》改编的中国地图。而珀切斯的收藏后来都交到塞尔登的手中 [421]。卜正民因而猜测，塞尔登图很可能和《皇明一统方舆备览》一样，是万丹华商的抵押品之一。

值得一提的是，这位萨里斯船长曾代表英国东印度公司跟荷兰人交涉香料群岛的贸易权问题。他引用的法律原则，正是格劳秀斯提出的自由海洋论。既然海洋是自由的，那么英国也有到摩鹿加群岛贸易的自由。但格劳秀斯为了荷兰东印度公司的垄断利益，又作出另一番辩解，称当地人已经跟荷兰人签了合同，因此根据合同法的精神，无权同时与英国贸易。殖民争夺中，法律不过是权力游戏。

英国后来退出了东南亚，转而开拓和日本的贸易。有一段时间荷兰和英国同时在长崎设有商馆，但最后英国还是被荷兰排挤出去，只好转而经营南亚印度，同时也在美洲展开与荷、法等国的激烈竞争。这张地图的第二重故事，牵扯出欧洲主要国家的殖民历程，特别是英国在殖民列强中的崛起。

塞尔登地图的第三重故事，是中国与欧洲的人文交流。

英国对拓殖东方的兴趣日增，带来对东方知识的渴求。牛津大学博德利图书馆是英国最古老的图书馆之一，从 17 世纪初就开始收集来自东方的书籍资料。塞尔登图入藏博德利之后，图书馆馆长托马斯·海德（Thomas Hyde）曾经试图破解其内容，但苦于找不到会中文的人。恰在此时，耶稣会士柏应理受南怀仁派遣回到欧洲，走访荷、意、法、英等国。为了让欧洲人更直观地了解中国，柏应理出版了一系列介绍中国文化的著作，而且带回一位来自南京的中国天主教徒——沈福宗（Michael Alphonsius Shen Fu-Tsung）。

上一章提到过，柏应理的主要任务是劝说各国资助耶稣会在中国的事业。路易十四就是借了这个机会，派出了洪若翰、张诚等五位"国王数学家"赴华，并引出了康熙《皇舆全览图》的测绘。

而在欧洲的沈福宗也掀起一阵中国旋风。英国著名画家戈弗雷·内勒（Godfrey Kneller）甚至给他画了油画肖像（图128）。他们一行离开法国，于 1687 年到访英国时，海德特地邀请沈福宗至博德利图书馆，为馆藏的中文资料编目，并教他简单的汉语。前面提到的"劳德针经"被题名《顺风相送》，正是沈福宗所为。此书封面上"顺风相送"四个字即出自他的手笔。

塞尔登图是沈在牛津期间，海德向他求教的中文资料之一，图上可以见到他们工作的笔迹。最重要的一个地方，是右下边缘的一个岛屿上，有"化人居""红毛居"和"万老高"三个标识，旁边都有拉丁文拼音，还有海德的注解。"红毛"指荷兰人，"化人"是指西班牙人，"万老高"指的是摩鹿加群岛中的特尔纳特岛，这是欧洲人在香料贸易中所到达的最东边的一个岛屿。1607 年，西班牙在此建立堡垒，和荷兰人争夺香料贸易主导权，后来两边分区而治。这个冲突在张燮的《东西洋考》中也有记载。根据特尔纳特岛同时有西班牙人与荷兰人存在的信息，卜正民判断此图的成图时间不会早于 1607 年。而萨里斯船长从东南亚返回英国的时间是 1609 年。因此他推断：此图作于 1607 年到 1609 年之间。其他学者对成图时间有不同的结论，但大都同意此图作于 17 世纪初，相差在前后十几年的范围内 [422]。

不论具体作于何年，塞尔登图出现的时间都是一个很重要的历史节点：中国南海商贸圈日臻成熟，全球贸易随着"地理大发现"开始整合，欧洲人加入印度洋及太平洋的商贸圈 [423]。同时，由于殖民扩张与贸易争端，现代国际法开始出现。欧洲的东方学兴起，大批学者投身于东方研究。他们从阿拉伯文、希伯来文开始，逐渐扩展到梵文，对中文的兴趣也与日俱增。而塞尔登图所反映的空间——中国南海也恰是这个全球性商贸、知识网络的交叉点。

讲述完塞尔登图的三重全球史故事，我们再把它和唐维尔图放在一起看。

从地图学史角度看，它们属于完全不同的传统，产生于完全不同的时间和地点，服务的对象也不同：塞尔登图是中国人画给中国人看的，唐维尔图的作者和读者则是欧洲人。看上去它们不应该有什么关系。可当我们将两幅图挂在一起，会不由得惊叹：它们两个真是太像了！

虽相隔近 150 年，但两图审视着同一片地理空间，构图几乎完全一致。这是个值得玩味的现象：把这片地域当作整体来表现，无论从中国还是欧洲的地图学脉络上看，都并不常见。为什么时空远隔的两位作者会不约而同地关注这片地域呢？换一个角度问：他们关注这个区域的理由会是一样的吗？在 150 年里，这个空间的含义发生了怎样的变化？

塞尔登图的作者聚焦于贸易通途，他更关注的是由这些海上走廊串联起来的商业机会，地图也因此表现了汇聚于南海的繁忙的全球贸易网络。领土主权并不是他关心的问题。到 18 世纪，领土国家在亚欧大陆生发，新的测绘方法被带入中国，东亚国家开始关注边疆与边界。支撑这套观念的，是欧洲现代国际法和地理区分。唐维尔图正是这种地理区分的产物。它并不关心连缀着这个地区的贸易网络。实际上，这个地域的生态、经济、政治、文化或者宗教差异很大，并不能构成一个可以单独呈现的整体。把北至蒙古、南到爪哇的地域放在一处，唐维尔表达着系统掌握并理解全球地理的努力——亚洲大陆的东部，包括被南海、东海海域包围的所有陆地和岛屿，是这一全球工程的重要组成部分。

在塞尔登图产生的年代，东南亚和东亚这一海域活跃着来自中国、

图 128：沈福宗油画肖像。

日本、朝鲜、越南、荷兰、西班牙、葡萄牙和英国的各色人等。格劳秀斯为发生在此地的劫掠行为辩护，塞尔登则针对格劳秀斯的论点展开反驳。他们两个人的争论引导出现代海洋法的基本框架以及包括海洋在内的主权论述体系。而到唐维尔的时代，法国崛起，通过大地测绘，朝向领土国家的完成迈进了一步。再后来法国发生了大革命，第一个现代意义上的"民族国家"出现，欧洲的国家观念彻底转变。国家主权最重要的表达形式从国王变成了疆域。这种转变同样与殖民背

320

景下的国际法立场有着重要联系。塞尔登图间接串联起现代欧洲国际法在17世纪的起源，而18世纪的唐维尔图则阐释着这套法理原则逐渐成形的样子。

而两张绘制风格迥异的地图之间，也存在有机的历史、文化联结：欧洲人的地图信息，被一位中国制图师吸收进自己的作品，这幅图辗转来到英国。若干年后，柏应理为了在中国的传教事业，偕沈福宗赴欧。沈在牛津见到了塞尔登图，并与海德一起添加注释。而此前柏应理和沈福宗在法国觐见路易十四，促成了法王派出数学家赴华。正是在这些数学家的建议和帮助下，康熙皇帝引入欧洲的科学观念和技术，展开《皇舆全览图》测绘。测绘成果又被传教士传回欧洲，成就了唐维尔的地图学。

从地图学角度看，两张图都不可能在一个孤立的文化体系里完成。塞尔登图大量借鉴了欧洲地图的元素，唐维尔图更是中、法、俄等多国合作完成的国家工程。实际上，从蒙古时代以来，亚欧大陆上的地图学交往就相当密切，很多作品——比如《大明混一图》《混一疆理历代国都之图》、利玛窦的《坤舆万国全图》、卫匡国的《中国新地图集》、康熙皇帝的《皇舆全览图》或者金正浩的《大东舆地图》——都可以说是文化交融的产物。从这个意义上说，两张地图不能简单地被认为是"东方的"或是"西方的"，它们是不同传统相互混杂的产物。

虽然殖民帝国主义形塑了19世纪以来的世界权力格局，但从另外的角度说，早期全球化那个交通频密、贸易勃兴、文化混杂的人类生活形态，其实一直顽强地存在着，并延续至今。我们一直生活在这样的人间—空间的网络中。

4. 结语：重思"亚洲"的轮廓

"亚洲"是什么？当利玛窦第一次以中文语境中的"州"来解释西方宇宙观中作为人居世界之一部的"亚细亚"，"亚—洲"就成了不同文化、不同时空观念相融合的产物。从一开始，它就嵌入到本地文化多样与开放的图景中了。

从自然地理的角度看，亚洲或亚细亚当然并不是一个恰当的大陆概念。1843 年，魏源在《海国图志》中就指出过这点。他创造性地用佛教"四大部洲"附会"五大洲"说，虽然是错误的，但其出发点则是对"分界"的合理怀疑："是洲者四面皆水之名，未可以陆地所通，区为渚屿之国。"亚、欧、非之间本是连通的，怎么能"强指一河一泊为界"[424]？从这层批判延伸开来：人类的活动、活动的历史、在历史中所形成的观念也都是连通的，怎么能以自然或者人为的空间界限划分呢？

如果按照魏源的讲法，任何对空间的认定和划分其实都有很强的人为性。比如禹分九州，依据的也不纯是自然地理规则，而是上古先民对理想国家的政治想象。法国哲学家列斐伏尔走得更远一些。在他看来，其实空间本无所谓自然、客观性可言，而是政治和意识形态的产物。他在《对空间政治的思考》一文中说：

> 空间不是一种脱离了意识形态或政治的科学之物；它始终是政治性和策略性的。如果空间的内容有某种中立和无关性，从而看上去是"纯然"形式的，是理性抽象的精髓，那恰恰是因为这个空间已经被占据和安排了，已经是以往策略的焦点，此策略并不

总是有迹可循。空间被历史和自然元素装扮和型塑，但这种装扮和型塑是政治性的。空间是政治的、意识形态的。它就是一个由意识形态填充的东西。有种东西就是空间的意识形态。为什么呢？因为空间看上去是同质的，它作为一个整体，貌似与生俱来就客观，但我们所决定的空间，就其纯粹的形式而言，乃是一社会产物。[425]

现代的空间意识形态性与现代的时间意识形态性是一致的。两者产生于"地理大发现"之后的殖民历程，是殖民现代性思维的两根支柱，并且为倡导占取逻辑的现代国际法所强化。越是要把不同人类社会按照线性发展顺序作等级排列，就越要把各个社会割裂成拼贴的空间，并把人群分割成一个个同质性的国族 / 种族。19 世纪产生的现代社会科学，包括历史学、地理学、人类学、社会学……在起源之时，都建基于相同的时空假设。

在 18—19 世纪现代自由主义思想兴起的时候，作为欧洲"他者"的非欧洲世界，在时间上被界定为人类普遍发展过程的初级阶段，在空间上被塑造成一个个相互封闭的民族的同类聚合。这种时间上的落后性、空间上的闭锁性，"合乎逻辑"地推导出种族的野蛮、文化的愚昧、思想的保守、政治的不合法——在凸显"欧洲"的超越性和特殊性的同时，完成了殖民主义对非欧世界的全套"知识化"过程。这也是此后很长一段时间，非欧世界内部精英"知识化"自身的惯性思维方式。

本书关注今天被称为"亚洲"的这个地域，在不同文明传统的地图上被想象、构建、塑造的历史。这既包括作为整体的"亚洲"，也包括它内部的不同部分——比如中原、内亚、朝鲜、日本、东南亚、西伯利亚以及印度。我们可以发现存在张力的两个现象：一方面，16 世纪以来，亚洲越来越被等级制、排他性、拼图式的方法来想象。而另一方面，这种霸权性的想象方式，却始终不能彻底地规训亚洲——不但因为亚洲内部一直存在各不相同的地理、地图传统和空间意识，而且因为这些本土传统也在不断改变自身、吸收并且内化外部带来的空间观念。甚至在特定的地理地图议程上，亚洲与包括西欧在内的其他地域联动，共同创制了新的全球空间意识。

亚洲特别是东亚没有被殖民现代彻底征服与改造，反而以多元的实践方式，质疑和反思着单一的价值体系[426]。历史上的西欧以亚洲这个"反题"来塑造自身，但历史上的亚洲未必要一个他者来建立自我。其结果是动摇了殖民现代理论的时空基础：现代世界不是按照线性历史去发展的，当然也不是从欧洲起源再"惠及"全球的。真正的现代是在交往互动、相互吸纳的过程中形成的。以西方（the West）"发现—占有—殖民—发展"其他地方（the rest）为逻辑的殖民现代性论述，不能垄断关于现代的整体论述，更不能遮蔽一个显然的事实：现代是一个全球参与的过程。亚洲不是"没有历史"的，相反，它不但是现代性的源头之一，更是重要的推动者[427]。

换句话说，要把历史还给那些"没有历史的人"。这也是 20 世纪70 年代以来欧美学界"批判地图学"兴起的一个根本动力。

在这个过程里，亚洲以其多样的空间意识成为一个有机的、跨区域的体系。这也为我们重新思考亚洲内在的普遍性提供了可能的切入点。20 世纪日本"亚洲主义"的失败也提醒我们，亚洲不应该通过占取和征服他者来建立自身，而是承认、尊重、容纳、沟通各个地域人群的纽带和方式来提示另外的可能。

这就像是思想史家孙歌所提出的"亚洲原理":"亚洲并不需要用排斥非亚洲地域和人种的方式建立主体。……同时,亚洲也不需要统合为一个单数的整体,对于源自欧洲近代的霸权政治与霸权思维的反抗,为亚洲原理奠定了'差异才是普遍的'的相对主义诉求。"[428]

在《寻找亚洲》一书中,她提到日本哲学家和辻哲郎的"风土"概念,这个概念强调存在的根本结构是与人类社会活动相渗透的具体的地理和历史情境,而非抽象的空间或时间[429]。借用"风土",她提出亚洲的"空间性格":

> 借助于亚洲的多样性风土特征,它提供了最好的重构普遍性原理的时空基础:在亚洲不同的宗教、文明、历史形态之间,建立以不追求共相为目标的个殊者连带关系,从而在保障个殊者实现自身的同时,建立多样平等的相互理解。……只有亚洲的历史,提供了个殊者们尊重彼此差异的独特风土。……亚洲的功能并非在于给我们提供一个可以投射情感建立认同的媒介,而在于它提供讨论新的原理、重新思考普遍性空间——因为它的空间性格,亚洲原理具备再造普遍性的"风土"特征。[430]

借助想象亚洲的多样而又不相互排斥的"轮廓",人类的整体空间意识应该得到更为丰富多彩的呈现,正如它们从来所是。

注 释

[1] 关于信与国书的内容，见张至善：《哥伦布首次西航时所带致大汗的国书》，《世界历史》，1994 年第 1 期。

[2] 简·伯班克、弗雷德里克·库珀：《世界帝国史：权力与差异政治》，柴彬译，商务印书馆，2017 年，第 135 页。

[3] 有关哥伦布的四次航海经历，参见劳伦斯·贝尔格林：《海洋征服者与新航路：哥伦布的四次航行》，王祖宁译，新世界出版社，2022 年。

[4] Martin Lehmann. "Amerigo Vespucci and His Alleged Awareness of America as a Separate Land Mass", *Imago Mundi*, Vol.65, No.1 (2013)：15-24.

[5] 杰里·布罗顿：《十二幅地图中的世界史》，林盛译，浙江人民出版社，2016 年，第 124 页。

[6] John R. Hébert. "The Map That Named America". *Library of Congress Information Bulletin*, September 2003, Library of Congress, https：//loc.gov/loc/lcib/0309/maps.html, (accessed 2022/11/25).

[7] Amerige 或者 America 是 Amerigo 这个名字的拉丁文阴性变体。

[8] Hébert, "The Map That Named America".

[9] 除了这张拼贴而成的大地图，瓦尔德泽米勒还同时制作了一张小型的地球仪月型图，上面的南美洲同样标记着 America。2012 年，德国慕尼黑大学图书馆发现了此图的第五张印本，因此目前这份小型地图已知存在 5 张。

[10] Helen Dalrymple. "America's 'Birth Certificate' Waldseemüller Map Transferred to American People". *Library of Congress Information Bulletin,* June 2007,Library of Congress, https：//www.loc.gov/loc/lcib/0706/map.html,(accessed 2023/7/11).

[11] Roxanne Dunbar-Ortiz. Not *"A Nation of Immigrants"：Settler Colonialism, White Supremacy, and a History of Erasure and Exclusion,* Boston：Beacon Press, 2021.

[12] 参考章永乐：《此疆尔界：门罗主义与近代空间政治》，生活·读书·新知三联书

店出版社，2021 年。

[13] 历史学家卜正民（Timothy Brook）也指出，"很多人认为（瓦尔德泽米勒地图）占据国会图书馆一隅，跻身于宣扬国家的一系列根本文献之圣殿，乃正当其位"。见 Timothy Brook. *Mr. Selden's Map of China: Decoding the Secrets of a Vanished Cartographer,* New York：Bloomsbury Press,2013,pp.xxi-xxii.

[14] 加莱亚诺：《拉丁美洲：被切开的血管》，王玫译，人民文学出版社，2001 年。

[15] 劳伦斯·贝尔格林：《海洋征服者与新航路：哥伦布的四次航行》，王祖宁译，第 118 页。

[16] Christopher Brito, "Dozens of Christopher Columbus statues have been removed since June," CBS News, https：//www.cbsnews.com/news/christopher-columbus-statue-removed-cities/, (accessed 2022/12/28).

[17] 王晓德：《"雷纳尔之问"与美洲"发现"及其后果之争》，《世界历史》，2018 年第 5 期。

[18] 这场争论发生在中国社科院经济史学者严中平和东北师范大学世界史学者朱寰之间，双方从 1977 年至 1981 年，在《历史研究》《世界历史》和《东北师大学报》上刊发数篇文章交锋。严文主张对哥伦布的殖民行为"必须全盘否定"，朱文则主张哥伦布推动了资本主义发展，有积极意义。今天看来，这场发生在大变革年代的争论，虽然没有像同时发生的其他争论那样知名或影响深远，但本身也是一个带有鲜明时代特色的思想史事件。

[19] 语出 Tim Marshall. *Prisoners of Geography：Ten Maps that Tell You Everything You Need to Know about Global Politics,* New York：Simon & Schuster, 2016.

[20] 中文的"洲"，原意为水中的陆地，类似于岛的概念。欧洲文字中的 continent 则仅指向面积广袤的土地（landmass），但此词用来指今天的大陆板块则相对较晚。具体讨论见第六章。

[21] Martin W. Lewis and Kären Wigen. *The Myth of Continents：A Critique of Metageography,* Berkeley：University of California Press, 1997, p.3.

[22] 与此类似，阿非利加（Africa）一开始也仅指位于埃及西部的一小块区域，后来扩展至整个非洲大陆。

[23] 将蒙古帝国视为全球化开端的全球史作品已有很多，且陆续被译介到中国。比如冈田英弘《世界史的诞生：蒙古帝国的文明意义》（陈心慧译，北京出版社，2016 年）、杉山正明《忽必烈的挑战：蒙古帝国与世界历史的大转向》（周俊宇译，社会科学文献出版社，2017 年）以及梅天穆《世界历史上的蒙古征服》（马晓林等译，民主与建设出版社，2017 年）等等。

[24] Giancarlo Casale. *The Ottoman Age of Exploration,* Oxford：Oxford University Press, 2010.

[25] 可以一提的是，后来发现澳大利亚大陆的英国库克船长的远航，也与英国探索通往东亚的"西北航道"（Northwest Passage）的努力有很大关系。见 James

Cook, *The Three Voyages of Captain James Cook Round the World*, Cambridge：Cambridge University Press, 2015,pp.2-15. Charles J. Shields, *James Cook and the Exploration of the Pacific*, Philadelphia：Chelsea House Publishers, 2002.

[26] 亚里士多德的著名论断是："野蛮人比希腊人更有奴性，亚洲人比欧洲人更有奴性；因此，他们毫无反抗地忍受专制统治。"引自佩里·安德森：《绝对主义国家的系谱》，刘北成、龚晓庄译，上海人民出版社，2001 年，第 495 页。

[27] 同上书，第 496—502 页。

[28] 唐晓峰：《地理大发现、文明论、国家疆域》，刘禾主编《世界秩序与文明等级：全球史研究的新路径》，生活·读书·新知三联书店，2016 年，第 20 页。

[29] Nicolás Wey Gómez. *The Tropics of Empire, Why Columbus Sailed South to the Indies*, Cambridge, MA：MIT Press, 2008.

[30] 爱德华·萨义德：《东方学》，王宇根译，生活·读书·新知三联书店，2019 年。

[31] 何伟亚：《英国的课业：19 世纪中国的帝国主义教程》，刘天路、邓红风译，社会科学文献出版社，2013 年，第 15 页。

[32] 哈·麦金德：《历史的地理枢纽》，林尔蔚、陈江译，商务印书馆，2008 年。

[33] 典型的例子，比如美国特朗普政府的白宫首席战略师、总统高级顾问史蒂夫·班农（Steve Bannon）会套用"世界岛"或"海权论"等帝国主义时代的地缘政治理论，去曲解中国的"一带一路"倡议；或者某些海洋霸权国家援引"自由航行"原则来挑拨中国在南海"搁置争议"的倡议。更为讽刺的是，一些曾瓜分非洲、至今仍控制非洲经济命脉的国家用"殖民"来形容中国在非洲的投资。这类地缘政治思想都与欧美的殖民实践紧密相关，却被以己度人地投射到他人身上。

[34] J. B. 哈雷指出："地图通过其内在权力和逻辑也控制我们。我们是其空间矩阵中的囚徒。"见 J. B. Harley. "Historical Geography and the Cartographical Illusion", *Journal of Historical Geography*, Vol.15, No.1 (1989)：85.

[35] 这段中古拉丁文的大致翻译是："但我们提一个要求，对宇宙知识一无所知的粗鲁人——在他们学会之前，不要立刻横加指责那些——未来待他们理解了之后——无疑对他们更有价值的东西。"感谢张弢老师提供汉语译文。

[36] 主导这一新研究潮流的，是以芝加哥大学出版社多卷本《地图学史》（*The History of Cartography*）系列的几代主编和作者为代表的学者群，包括 J.B. Harley，David Woodward，James Akerman，余定国，Matthew Edney 等等。在英语学界，最为集中出版此类著作的，便是芝加哥大学出版社。

[37] 比如美国最流行的地图学教科书就叫 *How to Lie with Maps*（《如何用地图说谎》，作者是 Mark Monmonier），本书的中译本把标题改为《会说谎的地图》（黄义军译，商务印书馆，2012 年）。日本地图学者若林芳树的《地图进化论》一书在翻译成中文时，标题也被改为《地图会说谎》（陈娴若译，联经出版事业公司，2020 年）。

[38] 马克·蒙莫尼尔：《会说谎的地图》，黄义军译，商务印书馆，2012 年。

[39] 这段讽刺故事引自 Matthew Edney. *Cartography：the Ideal and Its History*, Chicago：Chicago University Press, 2019, pp.15-17. 若林芳树的《地图会说谎：AI 世代一定要了解的地图判读与空间认知能力》也引述了这个故事，见第 17 页。

[40] 诺曼·思罗尔：《地图的文明史》，陈丹阳、张佳静译，商务印书馆，2017 年，第 11—14 页。

[41] Edney. *Cartography：the Ideal and Its History*.

[42] 中国学者成一农对此有深入、系统性的阐述和批判，见氏著《"非科学"的中国传统舆图：中国传统舆图绘制研究》，中国社会科学出版社，2016 年。

[43] 参见孙歌：《寻找亚洲：创造另一种认识世界的方式》，贵州人民出版社，2019 年。

[44] 比这两幅地图早 15 年，还有四川荣县的《九域守令图》刻石。但这幅全国地图更注重表现地方政区，尤其是县域，故不在此讨论。

[45] 关于这两幅地图的研究非常多，仅就其功用而言，可参见包弼德（Peter K.Bol）与成一农的讨论。具体可参考包弼德：《探寻地图中的主张：以 1136 年的〈禹迹图〉为例》（《历史地理》，2016 年第 2 期，第 253—262 页），成一农：《与包弼德教授〈探寻地图中的主张：以 1136 年的《禹迹图》为例〉一文商榷》（《清华大学学报（哲学社会科学版）》，2019 年第 3 期）。更为详尽的背景分析，可参见辛德勇：《说阜昌石刻〈禹迹图〉与〈华夷图〉》，《燕京学报》新二十八期，2010 年 7 月。

[46] 许慎：《说文解字》，徐铉等校定，中华书局，1963 年，第 239 页。

[47] 顾颉刚注释《禹贡》，侯仁之主编《中国古代地理名著选读（第一辑）》，学苑出版社，2005 年，第 3 页。

[48] 周振鹤：《中国历史政治地理十六讲》，中华书局，2013 年，第 50 页。

[49] 成一农：《图像如何入史——以中国古地图为例》，《安徽史学》，2020 年第 1 期，第 11—12 页。

[50] 参见成一农：《对"计里画方"在中国地图绘制史中地位的重新评价》，《明史研究论丛（第十二辑）》，中国广播电视出版社，2014 年。

[51] 马建春：《元代东传之回回地理学——兼论札马剌丁对中国地理学的历史贡献》，《西北史地》，1998 年第 2 期。

[52] 但是此图的印度部分被分成两块，一块与东南亚相连，向西南延伸，一块则是单独的一个半岛，显示作者对印度地理的模糊。参见姚大力：《〈大明混一图〉上的两个印度》，《复旦学报（社会科学版）》，2020 年第 1 期，第 87—95 页。

[53] 李孝聪先生认为："《大明混一图》上的南亚印度次大陆、中亚内陆、西亚阿拉伯半岛、非洲及欧洲几块地域的绘制表现出不一，沿海地带相对准确，内陆地区相对模糊，应当是不同的回回地图拼合的结果。"见氏著《传世 15—17 世纪绘制的中文世界图之蠡测》，李孝聪主编《中国古代舆图调查与研究》，中国水利水电出版社，2019 年，第 175 页。

[54] 参见钟铁军：《明清传统沿海舆图初探》，李孝聪：《中国历史上的海上空间与沿海地图》，李孝聪主编：《中国古代舆图调查与研究》。

[55] 朱鉴秋：《〈郑和航海图〉简述》，《上海大学学报（社会科学版）》，1985 年第 2 期。

[56] 陈佳荣：《元明间〈舆地图〉源流考思》，《海交史研究》，2014 年第 2 期。

[57] 成一农则质疑这一普遍的看法，认为《广舆图》对《舆地图》的继承很小，见氏著《经典的塑造与历史的书写——以〈广舆图〉为例》，《苏州大学学报（哲学社会科学版）》，2019 年第 4 期，第 174—183 页。

[58] 罗洪先：《广舆图序》，朱思本撰，罗洪先增补：《广舆图》，卷 1，明万历七年（1579）海虞钱岱刊本。

[59] Brook. *Mr. Selden's Map of China*.

[60] 林宏：《卫匡国〈中国新图志〉的绘制方法——基于梵蒂冈藏卫匡国批注本〈广舆记〉之〈广东省图〉的研究》，《全球地图中的澳门（第二卷）》，社会科学文献出版社，2017 年，第 347—396 页。

[61] 森雅秀：《从"物"的角度解析曼荼罗——曼荼罗图像的构造、形成与功能》，张雅静译，《紫禁城》，2020 年第 5 期，第 96—111 页。

[62] Gérard Fussman. "Symbolisms of the Buddhist Stūpa", *The Journal of the International Association of Buddhist Studies,* Vol.9, No.2(1986)：37-53.

[63] 玄奘、辩机著，季羡林等校注：《大唐西域记校注》，中华书局，1985 年，第 42—34 页。

[64] 王邦维：《"人主之地"与"象主之国"：古代亚洲人文地理的一种构想》，《文史知识》，2015 年第 7 期。

[65] 魏源：《释五大洲》，《海国图志》卷 4，岳麓书社，2021 年，第 1847—1853 页。

[66] 另一幅常见的摹本是 1988 年在长崎县岛原市本光寺发现的"本光寺本"，修正了龙谷本上日本岛的方向和位置，一般认为是江户时代的日本制图师复制的。而题名《大明国地图》的"本妙寺"本，由指挥侵朝的加藤清正在 1593 年获得，此本大约复制于 1568 年，距原本更晚。

[67] 刘迎胜等学者曾对两图有系统性研究，见刘迎胜编：《〈大明混一图〉与〈混一疆理图〉研究——中古时代后期东亚的寰宇图与世界地理知识》，凤凰出版社，2010 年。

[68] 《声教广被图》和《混一疆理图》今不传，但清濬的《广轮疆里图》的摹本在 2007 年被香港地图学者陈佳荣在《水东日记》中发现。不过此图是否就是《混一疆理图》，学界有不同看法。陈氏本人持否定态度，内地学者席会东等则认为《广轮疆里图》为《大明混一图》和《混一疆理历代国都之图》都提供了资料。不过他们都同意，清濬的地图仍然局限在东亚到西域、东南亚一代，未扩及西亚、欧洲和非洲。见陈佳荣：《清濬"疆图"今安在？》，《海交史研究》，2007 年第 2 期；席会东：《中国古代地图文化史》，中国地图出版社，2013 年，第 74—76 页。

[69] Gari Ledyard. "Cartography in Korea", in Harley and Woodward, eds., *The History of Cartography,* Vol.2, Book 2, Chicago：University of Chicago Press, 1985, p.246. 其 1401 年使日得图的史料，见《朝鲜王朝实录》卷 80，世宗二十年二月十九日癸酉。来源：韩国国史编纂委员会所公布网络版术，http．//sillok.history.go.kr/main/main.do。

[70] 杨雨蕾就认为，得到明朝正式册封，"是朝鲜绘制《混一疆理历代国都之图》的重要原因"，见《〈混一疆理历代国都之图〉的图本性质和绘制目的》，《江海学刊》，2019 年第 2 期，第 172—180 页。

[71] 参见丁晨楠《海东五百年》，漓江出版社，2021 年，第 29—46 页。

[72] 汪前进认为太宗命作此图与他即位及迁都政策相关。见《〈混一疆理历代国都之图〉的绘制与李朝太宗登基和迁都事件》，《元史及民族与边疆研究集刊》，2018 年第 1 期。

[73] Hirosi Nakamura. "Old Chinese World Maps Preserved by the Koreans", *Imago Mundi,* Vol.4 (1947)：3-22.

[74] 李军：《跨文化语境下朝鲜〈天下图〉之"真形"：兼论古代地图研究的方法论问题》，《美术大观》，2020 年第 12 期，第 26 页。黄时鉴也认为圆形是来自中国的"浑天"说，只是黄文又说"同时在某种程度上又将西方的地圆说包容了进来"。黄时鉴：《从地图看历史上中韩日"世界"观念的差异——以朝鲜的天下图和日本的南瞻部洲图为主》，《黄时鉴文集 III》，中西书局，2011 年，第 248—249 页。

[75] 地图学者们最关注的，是内圈陆地的形状究竟从何而来。中村拓认为这是南瞻部洲，加里·莱亚德说是《疆理图》陆地的变形，但基本都是猜测，只能略备一考。李军提出，它可能来自明代图书《三才图会》里传抄的利玛窦《山海舆地全图》。虽然他也没有提供除了图形相近之外更多的证据，但此说倒是值得重视，因为同样藏于美国地理学会图书馆的一本 19 世纪同类地图集里，其首页的"天下图"可以肯定是《山海舆地全图》的简化版（详见第六章）。只是，《天下地图书》中的这张"天下图"完全没有提到任何《山海舆地全图》上的地名，更没有地球、大洲和大洋的概念，所以我们还不能肯定其中央大陆形状就来自利玛窦。参见 Nakamura. "Old Chinese World Maps Preserved by the Koreans", (1947)：265-266. 李军：《跨文化语境下朝鲜〈天下图〉之"真形"：兼论古代地图研究的方法论问题》，第 28—29 页。

[76] 李燦：『韓国の古地図』，汎友社，1991 年，28 页。

[77] 美国地理学会图书馆把《天下地图书》标记为"可能是 18 世纪 90 年代"，我对此存疑。我的推断来自本书中的"咸镜道"图。咸镜道北部靠图们江（豆满江）的几个府，历史上曾有变动。1684 年，朝鲜政府增设了茂山府，靠近长白山（白头山）。但是本书咸镜地图上的府治，看不到茂山，可见它反映的是 1684 年之前的状况。当然，地图集的更新有可能略为滞后。不过从这类图册不断推

出新版本的情况看，它更新的速度也不会太慢。

[78] 参见孙卫国：《大明旗号与小中华意识——朝鲜王朝尊周思明问题研究（1637—1800)》，商务印书馆，2007 年。

[79] 海野一隆：《地图的文化史》，王妙发译，新星出版社，2005 年，第 88 页。

[80] Kazutaka Unno. "Cartography in Japan", in Harley and Woodward, eds., *The History of Cartography*, Vol.2, Book 2, Chicago：University of Chicago Press, 1985. pp.366-371.

[81] 薛克翘：《从法显的"五天竺"到玄奘的"五印度"》，《华林国际佛学学刊》，第 2 卷第 1 期，2019 年，第 151—166 页。

[82] 郑锡煌：《〈佛祖统纪〉中三幅地图初探》，《自然科学史研究》，1985 年第 3 期，第 229—236 页。

[83] 김철웅（2014）. 고려의 五天竺國圖와 世界觀, 東洋學 第 56 輯, 33—52.

[84] D. Max Moerman. *The Japanese Buddhist World Map：Religious Vision and the Cartographic Imagination*, Honolulu：University of Hawaii Press, 2021, pp. 176—187.

[85] 海野一隆：《地图的文化史》，第 94—95 页。

[86] Kazutaka. "Cartography in Japan", pp.346-347.

[87] 参见拙作《发现东亚》，新星出版社，2018 年。

[88] 埃里克·霍布斯鲍姆，特伦斯·兰杰：《传统的发明》，顾杭、庞冠群译，译林出版社，2020 年。

[89] 寺本婉雅：「我が国史と吐蕃との関係」．『大谷学報』12（4）44—83。

[90] 摹写本毁于关东大地震，更严格地说，寺本参照的是摹写本在 19 世纪末的复制本。

[91] 据寺本考证，"瓜国"指敦煌，"宗揭国"指唐古特，"逮混国"指黠戛斯，即吉尔吉斯，"八蛮"则是《唐书》中对高丽、真腊、波斯、吐蕃、坚昆、突厥、契丹、鞑靼八地之称。

[92] 《日本的国史和吐蕃（即西藏）之关系》，《海潮音》，第 14 卷第 2 期，1933 年。

[93] Nakamura. "Old Chinese World Maps Preserved by the Koreans", (1947)：3-22. Schwartzberg. "Maps of Greater Tibet", in Harley and Woodward, eds., *The History of Cartography*, Vol.2, Book 2, Chicago：University of Chicago Press, 1985.

[94] Schwartzberg. "Maps of Greater Tibet", p.639.

[95] 参见孙林：《俄木隆仁与古尔——关于藏族苯教思想与波斯的关系》，《西藏大学学报（汉文版）》，2004 年第 1 期，第 38—43 页；王小甫：《唐、吐蕃、大食政治关系史》，北京大学出版社，1992 年，第 12—13 页。

[96] 才让太：《再探古老的象雄文明》，《中国藏学》，2005 年第 1 期，第 18—32 页。

[97] 我在此处未包括在 19 世纪发现的、约在公元前 6 世纪前后的石刻"巴比伦世界图"以及 13 世纪摹写的"波廷杰地图"（约 4 世纪）。前者所反映的地理范围并不太大，而后者是一幅长卷，重点表现古罗马贯通东西的交通线路。

[98] 关于 mappa mundi 的细致讨论，见 David Woodward. "Medieval Mappaemundi", in Harley and Woodward, eds., *The History of Cartography*, Vol.1, Chicago：

University of Chicago Press, 1987, pp. 286-288. 应注意 T-O 图式只是广义 mappa mundi 的一种，中世纪"世界地图"具有多种样貌。

[99] 戴维·伍德沃德（David Woodward）认为，将耶路撒冷置于 T-O 图中心点的做法，主要是 13、14 世纪十字军东征时期。同上书，p.342.

[100] 拉赫：《欧洲形成中的亚洲》，第 1 卷第 1 册，第 4 页，人民出版社，2013 年。

[101] 关于从古希腊"人居世界"到古罗马"寰宇"的讨论，参见熊宸：《"帝国"的观念——对公元前三世纪至公元前一世纪罗马世界统治观念的考察》，第三章，即出。

[102] C.Mauntel.etc., "Mapping Continents, Inhabited Quarters and The Four Seas. Divisions of the World and the Ordering of Spaces in Latin-Christian, Arabic-Islamic and Chinese Cartography in the Twelfth to Sixteenth Centuries, A Critical Survey and Analysis", *Journal of Transcultural Medieval Studies,* Vol.5, No.2 (2018)：295-367.

[103] Jerry Brotton. *A History of World in 12 Maps,* London：Penguin Books, pp.93-121.

[104] 龚缨晏，石青芳：《约翰长老：中世纪欧洲的东方幻象》，《社会科学战线》，2010 年第 2 期，第 82—95 页。

[105] Evelyn Edson. *The World Map, 1300-1492：The Persistence of Tradition and Transformation*, Baltimore：Johns Hopkins University Press, 2007, pp.143-145.

[106] Tony Campbell. "Chapter 19：Portolan Charts from the Late Thirteenth Century to 1500", in Harley and Woodward eds., *The History of Cartography,* Vol.1, Chicago：University of Chicago Press, 1987, p.395.

[107] 龚缨晏、邬银兰：《〈1375 年加泰罗尼亚地图〉：新技术与新知识的结晶》，《地图》，2005 年第 2 期，第 68—71 页。

[108] 努尔米宁：《欧洲地图里的世界文明史》，尹楠译，东方出版社，2019 年，第 56—61 页。

[109] 朴熙贤：《卡塔兰地图（1375）中的马可·波罗》，荣新江、党宝海主编《马可·波罗与 10—14 世纪的丝绸之路》，北京大学出版社，2019 年。

[110] Edson. *The World Map, 1300-1492*, p. 81.

[111] Chet Van Duzer. *Sea Monsters on Medieval and Renaissance Maps,* London：British Library, 2014.

[112] 约瑟夫·尼格：《海怪：欧洲古海图异兽图考》，江然婷、程方毅译，北京美术摄影出版社，2017 年，第 21 页。

[113] 彼得·怀菲德：《大英图书馆海图全览》，廖桓伟译，大是文化，2018 年，第 18—19 页。

[114] 关于"精亡粗存"现象，可参考韩昭庆：《中国地图史研究的由今推古及由古推古——兼评余定国〈中国地图学史〉》，《复旦学报（社会科学版）》，2009 年第 6 期，第 76—82 页。

[115] 张广达：《前言》，伊本·胡尔达兹比赫《道里邦国志》，宋岘译注，中华书局，1991 年，第 2 页。

[116] Patrick Gautier Dalché. "The Reception of Ptolemy's Geography (End of the Fourteenth to Beginning of the Sixteenth Century)", in David Woodward ed., *The History of Cartography,* Vol. 3, Part 1, Chicago：University of Chicago Press, 2007, p.287.

[117] 杰弗里·马丁：《所有可能的世界：地理学思想史（第四版）》，成一农等译，上海人民出版社，2008 年，第 32 页。

[118] 关于文艺复兴时期宇宙志与地理图像的关系，见 Denis E. Cosgrove. "Images of Renaissance Cosmography, 1450–1650", in David Woodward ed., *The History of Cartography,* Vol. 3, Part 1, Chicago：University of Chicago Press, 2007, pp. 55-98.

[119] 鲁博林：《托勒密〈地理学〉研究》，博士学位论文，清华大学科学史系，2022 年，第 337 页。

[120] Brotton. *A History of World in 12 Maps,* p.45.

[121] 切特·凡·杜泽：《献给国王的世界：十六世纪制图师眼中的地理大发现》，冯奕达译，麦田出版社，第 102 页。

[122] 包慧怡：《图绘丝国：15、16 世纪欧洲地图上的中国》，《世界美术》，2022 年第 3 期，第 70 页。

[123] David Woodward. "Medieval Mappaemundi", in Harley and Woodward, eds., *History of Cartography,* Vol. 1, Chicago：University of Chicago Press, 1987, pp.286-370.

[124] Edson. *The World Map, 1300-1492,* p.220.

[125] Edson. *The World Map, 1300-1492,* pp.218-219.

[126] Woodward. "Medieval Mappaemundi", pp.251-253.

[127] 也有不少人指出，早在 1855 年，苏格兰的教士詹姆斯·高尔（James Gall）就提出了类似的新投影法，只不过一直未受到重视。因此很多文献将这种投影法合称为"高尔—彼得斯投影法"。

[128] Brotton. *A History of World in 12 Maps,* pp.380-385.

[129] Harley. "Maps, Knowledge, and Power", in P. Laxton ed., *The New Nature of Maps：Essays in the History of Cartography,* Baltimore, MD：The Johns Hopkins University Press, 2002, p.57.

[130] Matthew H. Edney. "The Irony of Imperial Mapping", *The Imperial Map：Cartography and the Mastery of Empire,* Chicago：University of Chicago Press, 2009, p.40.

[131] Brotton. *A History of World in 12 Maps,* p.186.

[132] 同上书，p.192.

[133] 同上书，p.217.

[134] 此处对比的是世界地图，而不包括城市地图或者仅覆盖近欧海域的航海图，即波特兰海图（portolan chart）。

[135] Norman G. Owen and David P. Chandler, eds., *The Emergence of Modern Southeast Asia：a New History,* Honolulu：University of Hawaii Press, 2004, pp.xviii – xxii.

[136] Ricardo Padrón. "A Sea of Denial: The Early Modern Spanish Invention of the Pacific Rim," *Hispanic Review,* Vol. 77, No. 1 (2009): 1-27.

[137] 通猜·威尼差恭:《图绘暹罗:一部国家地缘机体的历史》,袁剑译,译林出版社,2016 年,第 162 页。

[138] Ronald B. Inden. *Imagining India: the Idea of a Renewed Nation,* Bloomington: Indiana University Press, 1990.

[139] 参见 Morris Bergman. *The Re-Enchantment of the World,* Ithaca: Cornell University Press. 1981; Joshua Landy and Michael Saler, eds., *The Re-Enchantment of the World: Secular Magic in a Rational Age.* Stanford: Stanford University Press, 2009.

[140] Mark C. Elliott. "The Limits of Tartary: Manchuria in Imperial and National Geographies", *The Journal of Asian Studies*, Vol. 59, No. 3 (2000): 603-646.

[141] 艾儒略增译:《职方外纪》,文物出版社,2022 年,第 57—60 页。

[142] Ferdinand Verbiest. etc., *History of the Two Tartar Conquerors of China: Including the Two Journeys into Tartary of Father Ferdinand Verbiest, in the Suite of the Emperor Kang-hi, from the French of Père Pierre Joseph d'Orléans, to Which is Added Father Pereira's Journey into Tartary in the Suite of the Same Emperor, from the Dutch of Nicolaas Witsen.* London, 1854.

[143] 韩昭庆:《康熙〈皇舆全览图〉与西方对中国历史疆域认知的成见》,《清华大学学报(哲学社会科学版)》,2015 年第 6 期。

[144] 关于此地图集的研究,参见 Roberto M. Ribeiro and John W. O'Malley, eds., *Jesuit Mapmaking in China: D'anville's Nouvelle Atlas De La Chine (1737),* Philadelphia: St. Josephs University Press, 2014.

[145] 徐继畬:《瀛寰志略校注》,文物出版社,2007 年,第 104 页。

[146] 此书在汉语学界一般被翻译作《大地的法》,但刘禾认为 nomos 一词并不对应"法律",而应该以"规(丈量)治(统治)"来翻译。且施米特书中所说的 earth,是指包含陆地和海洋的全球空间,不仅指大地。刘禾:《国际法的思想谱系:从文野之分到全球统治》,刘禾主编:《世界秩序与文明等级》,第 53—55 页。

[147] 唐晓峰:《地理大发现、文明论、国家疆域》。

[148] Carl Schmitt. *The Nomos of the Earth: in the International Law of Jus Publicum Europaeum* Trans. G. L. Ulmen. New York: Telos Press Publishing, 2006, p.132.

[149] Michael Biggs. "Putting the State on the Map: Cartography, Territory, and European State Formation", *Comparative Studies in Society and History,* Vol. 41, No. 2 (1999): 374-405.

[150] 刘禾:《序言:全球史研究的新路径》,刘禾主编《世界秩序与文明等级》,第 1—14 页。

[151] Harley. "Deconstructing the Map", *Cartographica,* Vol.26, No. 2 (1989): p.13.

[152] Schmitt. *The Nomos of the Earth,* pp.131-132. 加粗部分为引者所加。

[153] 同上书，p.49.

[154] 同上书，pp.132—133.

[155] 约瑟夫·康拉德：《黑暗的心》，叶雷译，译林出版社，2016年。

[156] Simon Ryan. "Inscribing the Emptiness: Cartography, Exploration and the Construction of Australia", in C. Tiffin and A. Lawson, eds., *De-scribing Empire: Post-colonialism and Textuality*, London: Routledge, 1994.

[157] Andrew Fitzmaurice, "Discovery, Conquest, and Occupation of Territory", in Bardo Fassbender and Anne Peters, eds., *The Oxford Handbook of the History of International Law*, Oxford: Oxford University Press, 2014.

[158] Schmitt. *The Nomos of the Earth*, p.48.

[159] Schmitt. *The Nomos of the Earth*, pp.101-25; 刘禾：《国际法的思想谱系》，第60—62页；佩里·安德森：《国际法：它是国际的吗？它是法吗？》，佩里·安德森：《大国协调及其反抗者：佩里·安德森访华演讲录》，北京大学出版社，2018年。

[160] 有关格劳秀斯及其海洋自由论，参见章永乐：《格劳秀斯、荷兰殖民帝国与国际法史书写的主体性问题》，《法学家》，2023年第1期；赖芸仪：《"每场有正当理由的战争都是义战"：格劳秀斯〈论捕获法〉的论述策略及其政治思想运用》，《人文及社会科学集刊》，第33卷第2期，2019年；马忠法：《〈海洋自由论〉与格老秀斯国际法思想的起源和发展》，《比较法研究》，2006年第4期。

[161] Brook. *Mr. Selden's Map of China*.

[162] Lauren Benton. *A Search for Sovereignty: Law and Geography in European Empires, 1400—1900*. Cambridge: Cambridge University Press, 2009, pp. 111-121.

[163] Pippa Biltcliffe. "Walter Crane and the Imperial Federation Map Showing the Extent of the British Empire (1886)", *Imago Mundi: The International Journal for the History of Cartography*, Vol.57, No.1 (2005).

[164] Jennifer Pitts. *A Turn to Empire: The Rise of Imperial Liberalism in Britain and France*, Princeton: Princeton University Press, 2005.

[165] 参见 Matthew Edney. *Mapping an Empire: The Geographical Construction of British India, 1765-1843*, Chicago: University of Chicago Press, 1997. 以及 Jordan Branch. *The Cartographic State*, Cambridge: Cambridge University Press, 2015, pp.116-117.

[166] 1803年，美国以总价1500万美元向法国购得其在北美的路易斯安那领地，总面积超过214万平方公里，相当于今日美国大陆面积的22.3%。但实际上，法国只实际控制此领地的一小部分，其余大部分为北美原住民土地。"路易斯安那收购"令美国拥有"先占"此原住民土地的殖民特权。

[167] Daniel Immarwahr. *How to Hide an Empire: A History of the Greater United States*, New York: Picador, 2019, pp. 8-9.

[168] Bruce Cumings. *Dominion from Sea to Sea: Pacific Ascendancy and American*

Power, New Haven：Yale University Press, 2010.

[169] "How the US Department of Defense Coordinates Operations around the World"，*Insider,* Jan. 13, 2016.

[170] 斯蒂分·卢克斯的"权力三面向"理论分析了权力的三个层次："决定力""预防性的非决定力"和"议程设置力"，它们对应着暴力强制、规训和同意这三种权力压迫方式。见 Steven Lukes. *Power：A Radical View.* London：Macmillan Press, 1974.

[171] 罗伯特·哈姆斯（Robert Harms）认为，19 世纪的三大历史事件促成了欧洲在 19 世纪 80 年代开始瓜分非洲：大西洋奴隶贸易的终结；工业革命激发对新材料和市场的探索；医学进步令欧洲人更适合在热带环境中生存。见《泪之地：殖民、贸易与非洲全球化的残酷历史》，广东人民出版社，2022 年，第 5 页。

[172] Schmitt. *The Nomos of the Earth*, p.320.

[173] 关于竖琴的比喻，见卜正民：《全图：中国与欧洲之间的地图学互动》，"中央"研究院近代史研究所，2020 年，第 191 页。

[174]《明世宗实录》卷 430，嘉靖三十四年十二月壬寅，中华书局，2016 年，第 7430 页。

[175] 曼斯缪·奎尼、米歇尔·卡斯特威诺：《天朝大国的景象：西方地图中的中国》，安金辉、苏卫国译，华东师范大学出版社，2015 年，第 18 页，第 150 页。但该书并未注明他来过中国的资料来源。

[176] 原书标题为 *Discurso de la Navegacion que los Portugueses Hacen a Los Reinos y Provincias de Oriente, y de la Noticia que se Tiene de las Grandezas del Reino de la China*（《葡萄牙人去东方王国及省份的航海日志以及关于中华王国之伟大的既有知识》）。

[177] 尽管门多萨在书中并未提及，但美国史家唐纳德·拉赫（Donald F. Lach）认为其第一部分很多地方依赖埃斯卡兰特。见 Donald F. Lach. *Asia in the making of Europe*, Chicago：The University of Chicago Press, 1965, p.747. 门多萨此书的标题，一般汉译为《中华大帝国史》，但因其原题中使用的是 Reyno（王国）而非"帝国"（imperio），故从原题直译。

[178] Lach. *Asia in the Making of Europe,* p.742.

[179] 龚缨晏、胡刚：《16 世纪发生在西班牙的一场"印第安斯人"诉讼案——近代早期漂泊到伊比利亚半岛的中国人》，《世界历史》，2017 年第 5 期，第 93—104 页。

[180] 克路士的《中国志》出版后影响并不算大，后来其英译本收录于博克舍（C.R. Boxer）编辑的《十六世纪中国南部行纪》，见 Boxer, C.R. *South China in the Sixteenth Century, (1550—1575)*，London：Routledge, 1953, pp. 224-226. 亦可参考该书中译本，《十六世纪中国南部行纪》，何高济译，中华书局，1990 年，第 158—159 页。中译未表达出小孩为男孩之意。书中所列"城市"(city) 和"地方"(region)，可能包括渭南、咸阳、蒲州和太原府，其余则未考证出来。

[181] Michael Pearson. "Lake Chiamay：Asia's Mythical Mother of Rivers", *The Globe*,

No. 83 (2018)：43-62.

[182] 见 Harley. *The New Nature of Maps：Essays in the History of Cartography*；成一农：《"非科学"的中国传统舆图：中国传统舆图绘制研究》，中国社会科学出版社，2016年。日本史家宫崎市定甚至声称："古地图的价值就在于其本身的错误。"见氏著《宫崎市定亚洲史论考（下）》，张学锋、马云超等译，上海古籍出版社，2017年，第1299页。

[183] Chet Van Duzer. *Sea Monsters on Medieval and Renaissance Maps*, p.11.

[184] 宫崎市定：《马可·波罗的幽灵——CATAIO 国的消亡》，载《宫崎市定亚洲史论考（下）》，第1305页。

[185] Henny Savenije. "Korea through Western Cartographic Eyes", 2009. http：//www. cartography.henny-savenije.pe.kr/index.htm, (accessed 2021/6/3).

[186] Maria M. Portuondo. *Secret Science：Spanish Cosmography, and the New World*, Chicago：University of Chicago Press, 2009, p.262.

[187] Robert K. Batchelor. *London：The Selden Map and the Making of a Global City, 1549—1689*, Chicago：University of Chicago Press, 2014, pp. 88-90.

[188] Cornelis Koeman, Günter Schilder, Marco van Egmond, and Peter van der Krogt, "Commercial Cartography and Map Production in the Low Countries, 1500–ca. 1672", in Woodward ed., *The History of Cartography,* Vol 3, p.1299.

[189] Biggs. "Putting the State on the Map", pp.374-405.

[190] 吕西安·费弗尔：《书籍的历史：从手抄本到印刷书》，中国友谊出版社，2019年。

[191] Brotton. *A History of World in 12 Maps*, p.264.

[192] 王蓓：《16世纪安特卫普衰落的内在经济因素探析》，《世界历史》，1999年第1期，第57—63页。

[193] 吕西安·费弗尔：《书籍的历史》，第239页。

[194] 刘远图：《马克思恩格斯论尼德兰革命的世界历史地位》，《辽宁大学学报》，1987年第2期，第9—11页。

[195] Koeman, etc., "Commercial Cartography and Map Production", p.1314.

[196] Brotton. *A History of World in 12 Maps*, pp. 275-276.

[197] Joan Blaeu. *Atlas Maior of 1665*, Cologne：Taschen, 2016, p.7.

[198] Koeman, etc., "Commercial Cartography and Map Production", p.1330; Brotton. *A History of World in 12 Maps*, pp. 286-288.

[199] 马西尼：《关于〈卫匡国全集〉第三卷〈中国新地图集〉的几点说明》，《国际汉学》，2005年第1期，第63—72页。

[200] Mario Cams. "Displacing China：The Martini-Blaeu Novus Atlas Sinensis and the Late Renaissance Shift in Representations of East Asia", *Renaissance Quarterly,* Vol. 73. No. 3 (2000)：953-990.

[201] 奎尼等：《天朝大国的景象：西方地图中的中国》，第200—201页。

[202] Kees Zandvliet. "Mapping the Dutch World Overseas in the Seventeenth Century", in *The History of Cartography,* Vol.3, Chicago：The University of Chicago Press,2007, p.1442.

[203] Cams. "Displacing China", pp.982-983.

[204] Henri Lefebvre. *The Production of Space,* Malden MA：Wiley-Blackwell, 1992.

[205] Elizabeth A. Sutton. *Capitalism and Cartography in the Dutch Golden Age,* Chicago：University of Chicago Press, 2015,p. 46.

[206] Koeman, etc., "Commercial Cartography and Map Production", p.1306.

[207] Sutton. *Capitalism and Cartography in the Dutch Golden Age,* p.26.

[208] Brotton. *A History of World in 12 Maps,* p.284.

[209] Koeman, etc., "Commercial Cartography and Map Production", pp.1330-1331.

[210] Brotton. *A History of World in 12 Maps,* p.282.

[211] 同上。

[212] Cams. "Displacing China", p.954.

[213] Kees Zandvliet. "Mapping the Dutch World Overseas in the Seventeenth Century", p.1439-1440.

[214] Brotton. *A History of World in 12 Maps,* p.282.

[215] 卜正民：《全图》，第188—204页。

[216] Sutton. *Capitalism and Cartography in the Dutch Golden Age,* p.25.

[217] Koeman, etc., "Commercial Cartography and Map Production", p. 1347.

[218] 赵鼎新：《儒法国家：中国历史新论》，徐峰、巨桐译，浙江大学出版社，2022年，第49页。

[219] Sutton. *Capitalism and Cartography in the Dutch Golden Age,* p.46.

[220] 卜正民：《维米尔的帽子：17世纪和全球化的黎明》，黄中宪译，湖南人民出版社，2017年。

[221] Günter Schilder and Marco van Egmond. "Maritime Cartography in the Low Countries during the Renaissance", in *The History of Cartography,* Vol.3, Chicago：The University of Chicago Press,2007, p.1408.

[222] Koeman, etc., "Commercial Cartography and Map Production", p. 1311.

[223] 切特·凡·杜泽：《献给国王的世界》。

[224] Brotton. *A History of World in 12 Maps,* p.279.

[225] 努尔米宁：《欧洲地图里的世界文明史》，第273页。

[226] Andrew C. Ross. *A Vision Betrayed：The Jesuits in Japan and China 1542-1742,* New York：Orbis Books, 2003.

[227] 曹婉如、郑锡煌、任金城：《中国与欧洲地图交流的开始》，《自然科学史研究》，1984年第4期。

[228] 徐晓望：《林希元、喻时及金沙书院〈古今形胜之图〉的刊刻》，《福建论坛（人

文社会科学版)》，2014 年第 3 期。

[229] 李孝聪：《欧洲收藏部分中文古地图叙录》，国际文化出版公司，1996 年，第 33—34 页。

[230] 也有学者认为豪尔赫实际上参看过喻时甚至罗洪先的地图。见 Batchelor. *London,* p. 88.

[231] 裴化行：《利玛窦神父传（下册）》，管震湖译，商务印书馆，1998 年，第 476—477 页。抄录时对译文略有改动。

[232] 钟永宁：《消失的铺路人——罗明坚与中西初识》，中华书局，2022 年。

[233] 罗明坚：《大明国图志：罗明坚中国地图集》，澳门特别行政区政府文化局，2013 年。

[234] 汪前进：《罗明坚编绘〈中国地图集〉所依据中文原始资料新探》，《北京行政学院学报》，2013 年第 3 期。

[235] 金国平：《译者弁言》，《大明国图志：罗明坚中国地图集》，第 13 页。

[236] Chang, Min-min ed., *China in European Maps：a Library Special Collection.* Hong Kong：Hong Kong University of Science and Technology Library, 2003, p.160; Szcześniak, Boleslaw. "Matteo Ricci's Maps of China", *Imago Mundi,* Vol. 11 (1954)：127-136.

[237] Batchelor. *London,* pp. 65—67.

[238] 卜正民：《全图》，第 196—197 页。

[239] Marcia Yonemoto. "The European Career of Ishikawa Ryūsen's Map of Japan", in Karen Wigen, Sugimoto Fumiko, and Cary Karacas, eds., *Cartographic Japan：A History in Maps,* Chicago：University of Chicago Press, 2016, pp. 37-40.

[240] 引自卜正民：《全图》，第 198 页。

[241] 在中文学界，这种单向度的"传播"理论尤其兴盛。这体现了现代以来西方与其他地方的知识—权力等级关系。这种理论倾向在今天值得反思。

[242] 黄时鉴、龚缨晏：《利玛窦世界地图研究》，上海古籍出版社，2004 年，第 5 页。

[243] 之所以说很大程度上，是因为明清一些图书中所载地球地图，其直接来源并不是利玛窦所绘的一系列世界地图，而是根据他带来的欧洲地图摹绘的。比如黄时鉴、龚缨晏（2004）书中（第 48—60 页）提到的《图书编》中的《昊天浑元图》以及《函宇通》中的《坤舆万国全图》。海野一隆考证，《昊天浑元图》是意大利制图家 Girolamo Ruscelli 所作的《寰宇图》（*Orbis Descriptio*）的摹本。而《函宇通》中的地图，虽然借用了利玛窦《坤舆万国全图》之名，但实际是对奥特柳斯 1587 年后出版的世界地图的直接翻译、翻刻。见海野一隆（1985）：「明·清におけゐマテオ·リッチ系世界図」。山田庆児编『新発现中国科学史资料の研究．論考篇』．京都大学人文科学研究所，1985. 507—580.

[244] 利玛窦、金尼阁：《利玛窦中国札记》，商务印书馆，1983 年，第 179—181 页。

[245] 黄时鉴、龚缨晏：《利玛窦世界地图研究》，第 5 页。

[246] 利玛窦、金尼阁:《利玛窦中国札记》,第 180 页。

[247] 同上书,180 页。

[248] 同上书,321 页;裴化行:《利玛窦神父传》,第 243 页。

[249] 黄时鉴、龚缨晏:《利玛窦世界地图研究》,第 30 页。

[250] 除了《坤舆万国全图》之外,还有稍晚的《两仪玄览图》和《东西两半球图》。《两仪玄览图》是利玛窦绘制的最大幅的地图,现仅存两本。《东西两半球图》则是小幅地图。

[251] 卜正民:《全图》,第 156—157 页。

[252] 黄时鉴、龚缨晏:《利玛窦世界地图研究》,第 63—84 页。

[253] Lewis & Wigen. *The Myth of Continents, A Critique of Metageography,* Berkeley:University of California Press, 1997, p. 29.

[254] Harley. "Silences and Secrecy:The Hidden Agenda of Cartography in Early Modern Europe", *Imago Mundi,* Vol. 40 (1988):59.

[255] 艾儒略:《职方外纪》,文物出版社,2022 年,第 55 页,第 167—169 页。

[256] 南怀仁:《坤宇图说》,载丁韪良:《西学考略》,岳麓书社,2016 年,第 219 页。

[257] 今天"亚洲"一词多为汉语人群使用。日语中虽偶有"亚州"一词,但更多情况下使用"亚",或者平假名アジア(Asia 的音译)来表记。朝鲜语中아시아也是 Asia 的音译,并不带"州"字。

[258] 除了上文提到的《图书编》《月令广义》及《三才图会》等,典型的根据利玛窦地图的改编加工,也包括明代王在晋《海防纂要》中的"周天各国图四分之一"。见海野一隆,「明·清におけゐマテオ·リッチ系世界图」,第 562—564 页。黄时鉴、龚缨晏:《利玛窦世界地图研究》,第 56—59 页。

[259] 董少新:《"亚洲"概念的传入及其在中国的反响》,张曙光、戴龙基主编《驶向东方:全球地图中的澳门》,社会科学文献出版社,2015 年。

[260] 裴化行:《利玛窦神父传》,第 216—217 页。

[261] Cams. "Displacing China", p.961. 关于基歇尔,见阿塔纳修斯·基歇尔:《中国图说》,张西平、杨慧玲、孟宪谟译,大象出版社,2010 年。

[262] 卫匡国:《鞑靼战纪》,何高济译,中华书局,2008 年。第 373—374 页。

[263] Cams. "Displacing China", p.967, note 45.

[264] 同上文。

[265] 关于卜弥格地图集,参见汪前进:《卜弥格〈中国地图集〉研究》,《国际汉学》2016 年第 4 期。

[266] 康言(Mario Cams)、林宏与杨雨蕾等均对卫匡国所用资料和制图过程有过细密的考证。

[267] 林宏:《〈广舆记〉与卫匡国〈中国新图志〉城址经纬度推定过程研究》,《历史地理研究》,2021 年第 1 期。

[268] 欧立德:《传统中国是一个帝国吗?》,《读书》,2014 年第 1 期,第 29—40 页。

欧立德的观点在 2013 年他在复旦大学的演讲中就已经提出，当时就有一些不同意见。参见复旦大学文史研究院编：《远采诸邻》，中华书局，2022 年，第 27—55 页。

[269] 曹新宇、黄兴涛：《欧洲称中国为"帝国"的早期历史考察》，《史学月刊》，2015 年第 5 期，第 52—63 页；陈波：《西方"中华帝国"概念的起源（1516—1688）》，《四川大学学报（哲学社会科学版）》，2017 年第 5 期，第 78—88 页；刘耘：《从王国到帝国——十七世纪传教士中国国体观的演变》，《新史学》第 28 卷第 1 期，2017 年，第 57—110 页。

[270] 需要提及的是，卫匡国之前，布劳家族和杨松纽斯家族出版的地图集中，也零星出现过以"帝国"标志中国的地图，但其用法并不统一。比如同一种地图集的拉丁文版用 imperium（帝国），而德文与荷兰文版则用 Königreich、Reich 或 Coninckrijck，即王国。参见 Marco Caboara. eds., *Regnum Chinae：The Printed Western Maps of China to 1735,* Leiden：Brill, 2023.

[271] 李晟文：《明清时期法国耶稣会士来华初探》，《世界宗教研究》，1999 年第 2 期，第 52 页。

[272] 汪晖在《中国现代思想的兴起》中讨论过"帝国"一词所产生的疑虑和争议。见其中上卷第一部的《导论》部分。生活·读书·新知三联书店出版社，2015 年版。

[273] 约瑟夫·塞比斯：《耶稣会士徐日升关于中俄尼布楚谈判的日记》，王立人译，商务印书馆，1973 年，第 114—115 页。

[274] 康言在他的论文中，重点讲述了卫匡国是如何处理前两种矛盾的，本段论述即受到他的启发。见 Cams. "Displacing China".

[275] 参见蓝莉：《请中国作证：杜赫德的〈中华帝国全志〉》，许明龙译，商务印书馆，2015 年。蓝莉以"礼仪之争"为背景解读法国耶稣会士对中国的介绍以及《中华帝国全志》的编纂与影响，是十分独到的视角。

[276] 虽然利玛窦称其为"大州"，但并未将它算作与亚细亚、欧罗巴一样的大州。格陵兰岛今天算作北美洲的一部分，但欧洲人很早就发现了这个岛，在中世纪到文艺复兴时期的地图中也通常将它画入欧洲，比如马丁·瓦尔德泽米勒 1507 年的《世界地图》中，格陵兰岛就紧挨着欧洲，而与新世界相隔遥远。

[277] 以下论述概括自卜正民的考证。见卜正民：《全图》，第 164—168 页。

[278] 黄时鉴、龚缨晏先生也对《乾》图作者究竟参考过利玛窦哪幅地图有过讨论，但没有得出最终结论。见《利玛窦世界地图研究》，第 26 页。

[279] D. Max Moerman. *The Japanese Buddhist World Map*, pp.188-195.

[280] Alexander Akin, *The Late Ming Publishing Boom and its Trans-Regional Connections,* Amsterdam: Amsterdam University Press, 2021.

[281] 海野一隆：《地图的文化史》，第 110—117 页。

[282] Kazutaka. "Cartography in Japan", p.378.

[283] 江静:《利玛窦世界地图在日本》,《浙江大学学报(人文社会科学版)》,2003年第5期。

[284] 兰学,是指日本18—19世纪借荷兰书籍和科学仪器而引入的欧洲科学与技术。水户学,是接受明末朱舜水批判性儒学思想的日本学问,它强调日本的正统性,主张大义名分、尊皇攘夷。这些学术思想都为日本在明治维新时代的现代转型,打下了基础。

[285] Ledyard. "Cartography in Korea", p.249;汪前进:《历史上中朝两国地图学交流》,《中国科技史料》,1994年第1期,第12—13页。

[286] M. Antoni J. Ucerler, S.J, "Missionaries, Mandarins, and Maps:Reimaging the Known World", in Natasha Reichle ed., *China at the Center, Ricci and Verbiest World Maps*, San Francisco:Asian Art Museum, 2016, p.4.

[287] 朝鲜实学是在17—19世纪兴起的思想流派,崇尚学问经世致用,反对占主流地位的朱子之学的性理空谈。

[288] 安洙英:《朝鲜后期西方世界地图的传入与影响》,《世界历史评论》,2021年第4期,第151—169页。

[289] 杨雨蕾:《〈天地全图〉和18世纪东亚社会的世界地理知识:中国和朝鲜的境遇》,《社会科学战线》,2013年第10期。

[290] "Yeojido [Korean atlas]", page 9, American Geographical Society Library Digital Map Collection, https:∥collections.lib.uwm.edu/digital/collection/agdm/id/919/rec/67, (accessed 11/26/2022).

[291] Richard Pegg. "Jesuit Maps in China and Korea:Connecting the Past to the Present", in Karen Wigen and Caroline Winterer, eds., *Time in Maps:From the Age of Discovery to Our Digital Era*, Chicago:University of Chicago Press, 2020, p.72.

[292] 艾儒略:《职方外纪》,第139页。南怀仁:《坤舆图说》,下卷二十五。

[293] 黄达远:《从鞑靼利亚到亚洲俄罗斯与中亚:17~20世纪初的东方主义、地理考察与空间建构》,《青海民族研究》,2019年第2期,第115—121页。

[294] Valerie Kivelson. *Cartographies of Tsardom:the Land and its Meanings in Seventeenth-Century Russia.* Ithaca:Cornell University Press, 2006, p.18.

[295] Leo Bagrow. "The First Russian Maps of Siberia and Their Influence on the West-European Cartography of N. E. Asia", *Imago Mundi,* Vol. 9 (1952), pp.83-84.

[296] L. A. Goldenberg. "Russian Cartography to ca. 1700", in *The History of Cartography,* Vol. 3, Part. 2, *Cartography in the European Renaissance,* Chicago:University of Chicago Press, 2007, pp. 1875-1878.

[297] Peter C. Perdue. "Boundaries, Maps, and Movement:Chinese, Russian, and Mongolian Empires in Early Modern Central Eurasia", *The International History Review,* Vol. 20, No. 2 (1998):268.

[298] 黄定天:《俄国早期来华的重要使臣斯帕法里其人其事》,关贵海、栾景河

编《中俄关系的历史与现实（第二辑）》，社会科学文献出版社，2009 年，第
115—123 页。

[299] Goldenberg, "Russian Cartography to ca. 1700", p.1880.

[300] 吴孟雪：《南怀仁和西伯利亚通道始末》，《北京图书馆馆刊》，1993 年（Z1），
第 149—155 页。

[301] Gregory Afinogenov. *Chinese Secrets and Imperial Russia's Quest for World Power*,
Cambridge：Belknap Press, 2020, pp.40-41.

[302] В·С·米亚斯尼科夫、В·Н·塔拉索夫：《尼古拉·斯帕法里出使中国及其著作
（下）》，宋嗣喜译，《黑河学刊（地方历史版）》，1987 年（Z1），第 119 页。

[303] Goldenberg. "Russian Cartography to ca. 1700," p.1880.

[304] 同上。

[305] Zhao Gang. "Reinventing China：Imperial Qing Ideology and the Rise of Modern
Chinese National Identity in the Early Twentieth Century", *Modern China,* Vol. 32,
No. 1 (2006)：3-30.

[306] Bagrow. "The First Russian Maps of Siberia and Their Influence on the West-
European Cartography of N. E. Asia", p.90. 此外，出版了《徐日升日记研究》的
约瑟夫·塞比斯也认为，尼布楚谈判中，俄方地图"很可能就是尼古赖地图的翻
版，或者至少是根据那张图制成的"。见《耶稣会士徐日升关于中俄尼布楚谈判
的日记》，商务印书馆，1973 年，第 229 页注 161。

[307] Jean-Baptiste Du Halde. *The General History of China,* 3rd ed., Brookes, Richard
(ed.), London：J. Watts, 1741, p.186-187.

[308] Peter C. Perdue. *China Marches West：The Qing Conquest of Central Eurasia.*
Cambridge：Belknap Press, 2005.

[309] 笔者关于列梅佐夫的叙述，多来自关于他的英文研究，除芝加哥大学《地图学
史》外，尚有 Leo Bagrow, "Semyon Remezov. A Siberian Cartographer", *Imago
Mundi*, Vol. 11 (1954)：111-125. L. A. Goldenberg, "The Atlases of Siberia by S.
U. Remezov as a Source for Old Russian Urban History", *Imago Mundi,* Vol. 25
(1971)：39-46. Valerie A. Kivelson, "'Between All Parts of the Universe'：Russian
Cosmographies and Imperial Strategies in Early Modern Siberia and Ukraine",
Imago Mundi, Vol. 60, No. 2 (2008)：166-181. Daniel C. Waugh, "The View from
the North：Muscovite Cartography of Inner Asia", *Journal of Asian History,* Vol. 49,
No. 1-2 (2015)：69-95. 另有关于他的日文研究，有米家志乃布（2013）：「レー
メゾフの『公務の地図帳』と描かれたシベリア地域像」.『法政大学文学部紀
要』.(66)：41—61.

[310] 值得一提的是，列梅佐夫的《手绘图集》、斯帕法里地图和其他一些重要的俄
罗斯早期地图，在 1917 年革命后，被列奥·巴格罗夫带出俄国，最终落脚美
国。巴格罗夫利用这些地图展开他的古地图史研究，并创办了世界最权威的地

图学史期刊《世界图像》(Imago Mundi)。见 Michael Heffernan and Catherine Delano-Smith. "A Life in Maps: Leo Bagrow, 'Imago Mundi', and the History of Cartography in the Early Twentieth Century", *Imago Mundi*, Vol. 66 (2014): 44-69.

[311] Kivelson. *Cartographies of Tsardom*, p.134.

[312] Remezov, Semën Ul'ianovich, 1642-ca. 1720. *Khorograficheskaya kniga*, seq.6. https://iiif.lib.harvard.edu/manifests/view/drs: 18273155$6i, (accessed 2022/12/03).

[313] 见 Kivelson. *Cartographies of Tsardom*, pp.182-190.

[314] 网上有此图集的电子版：https://kp.rusneb.ru/item/reader/atlas-sibiri-semena-remezova, (accessed 2023/7/26)

[315] Bagrow. "The First Russian Maps of Siberia and Their Influence on the West-European Cartography of N. E. Asia", pp.91-92.

[316] 施越:《俄罗斯草原征服史：从奥伦堡到塔什干》,东方出版中心,2023年,第50页。

[317] Leo Bagrow. "Ivan Kirilov, Compiler of the First Russian Atlas, 1689-1737", *Imago Mundi,* Vol. 2 (1937): 78-82.

[318] Perdue. "Boundaries, Maps, and Movement," pp.263-286.

[319] 席会东:《清代地图中的西域观：基于清准俄欧地图交流的考察》,《新疆师范大学学报（哲学社会科学版）》,2014年第6期,第16页。

[320] 这两幅地图现存于瑞典乌普萨拉大学。其复制件于1878年在瑞典皇家图书馆被发现,并于1881年在俄国出版。发现者是后来成为著名剧作家的奥古斯特·斯特林堡（August Strindberg）。

[321] Lewis and Wigen. *The Myth of Continents*, pp. 27-28.

[322] Valerie A. Kivelson. "'Between All Parts of the Universe': Russian Cosmographies and Imperial Strategies in Early Modern Siberia and Ukraine",*Imago Mundi*, 2008, Vol. 60, No. 2 (2008): 166-181.

[323] 关于彼得大帝的训令,由于原始文件不存,各个版本的记录在引用上多有出入,俄罗斯史学家也有不同的理解。但我们可以了解的是,训令大约在1725年1月,内容是探索亚洲与美洲相连部分。中国学者邢媛媛认为,彼得大帝有意寻找一条便捷地前往中国和印度的通途,见《俄国"大北方探险"的帝国叙事》,《俄罗斯东欧中亚研究》,2022年第3期,第155页。

[324] 叶艳华、韩宇婷:《18世纪俄国在北太平洋海域的地理考察与科学研究》,《西伯利亚研究》,2021年第3期,第87页。

[325] 樊国梁:《燕京开教略（中篇）》,徐家汇馆藏书,第39页,转引自张西平:《跟随利玛窦到中国：1500—1800年中西文化交流史》,中国社会科学出版社,2020年。

[326] 王继庆、王闯:《17世纪张诚日记之尼布楚行程与谈判》,《学术交流》,2013年第2期,第211—214页。

[327] 张诚等绕过葡萄牙控制的澳门，于 1687 年 7 月在宁波登岸，等了半年，终于获准进京，于 1688 年 2 月初抵达北京。他第一次随使团出使，是当年的 5 月 30 日。见博西耶尔夫人等：《耶稣会士张诚——路易十四派往中国的五位数学家之一》，辛岩译，大象出版社，2009 年，第 8—13 页。

[328] 蓝莉：《路易十四 1685 年派往中国的数学家》，张放译，《国际汉学》，2016 年第 1 期，第 44 页。

[329] 韩琦：《通天之学：耶稣会士和天文学在中国的传播》，生活·读书·新知三联书店，2018 年，第 58—61 页。

[330] 吕颖：《清代来华"皇家数学家"传教士洪若翰研究》，《清史研究》，2012 年第 3 期，第 119—125 页。

[331] 蓝莉：《路易十四 1685 年派往中国的数学家》，第 33 页。

[332] 同上，第 30 页。

[333] 关于柏应理，见孙丽莹：《柏应理与中西文化交流》，《世界历史》，2000 年第 4 期。吴孟雪：《柏应理和〈中国哲学家孔子〉》，《中国文化研究》，1996 年第 3 期。马东海、董粉和：《杰出的汉学家、神学家——柏应理》，《铁道师院学报》，1987 年第 2 期。

[334] 蓝莉：《路易十四 1685 年派往中国的数学家》，第 29 页。

[335] Peter Sahlins. *Boundaries: The Making of France and Spain in the Pyrenees*, Berkeley: University of California Press, 1989. 关于此次边界谈判中测绘制图与新型国家的关系，见于京东：《"边界"的诞生：制图技术如何塑造国家主权的领土化》，《探索与争鸣》，2022 年第 2 期，第 6—26 页。

[336] 蓝莉：《路易十四 1685 年派往中国的数学家》，第 28 页。

[337] 同上，第 32 页。译文略有改动。

[338] 同上，第 34—35 页。

[339] 孙喆：《〈中俄尼布楚条约〉与〈康熙皇舆全览图〉的绘制》，《清史研究》，2003 年第 1 期。

[340] 关于康熙测绘的研究汗牛充栋，不能一一列举。综合性研究可参考：白鸿叶、李孝聪：《康熙朝〈皇舆全览图〉》，国家图书馆出版社，2014 年。孙喆：《康雍乾时期舆图绘制与疆域形成研究》，中国人民大学出版社，2003 年。Laura Hostetler. *Qing Colonial Enterprise: Ethnography and Cartography in Early Modern China*, Chicago: Chicago University Press, 2000. Mario Cams. *Companions in Geography: East-West Collaboration in the Mapping of Qing China (c.1685-1735)*, Leiden: Brill, 2017.

[341] 孔令伟：《钦差喇嘛楚儿沁藏布兰木占巴、清代西藏地图测绘与世界地理知识之传播》，《"中央"研究院历史语言研究所集刊》，第 92 本第 3 分，2021 年。

[342] Mario Cams. "Not Just a Jesuit Atlas of China: Qing Imperial Cartography and Its European Connections", *Imago Mundi*, Vol. 69, Part 2 (2017): 194.

[343] 卡西尼家族主导的法国测绘分两期，分别是 1688—1744 年和 1747—1789 年。见于京东：《现代国家治理中的地图绘制与国家建构——卡西尼地图与近代法兰西的国家测绘工程》，《南京大学学报（哲学社会科学版）》，2020 年第 6 期。

[344] 康熙皇帝编著，陈生玺、贾乃谦注释.《庭训格言》，《庭训格言 几暇格物编》合刻本，浙江古籍出版社，2013 年版，第 94 页，转引自冯尔康：《康熙帝多方使用西士及其原因试析》，《安徽史学》，2014 年第 5 期，第 23 页。

[345] 比如，清朝与安南、朝鲜解决边界争端，采用的就是宗藩机制，而非是与俄罗斯的那种国际法机制。

[346] Matthew Mosca, *From Frontier Policy to Foreign Policy: The Question of India and the Transformation of Geopolitics in Qing China*, Stanford University Press, 2013.

[347] Ribeiro and O'Malley, eds., *Jesuit Mapmaking in China*.

[348] Mario Cams. "The China Maps of Jean-Baptiste Bourguignon d'Anville: Origins and Supporting Networks", *Imago Mundi*, Vol. 66, Part 1 (2013): 62.

[349] 程龙：《〈中华帝国全志〉所附中国地图的编绘》，《中国文化研究》2014 年第 2 期，第 119 页。

[350] 张松：《〈17～20 世纪初西伯利亚及远东地理学研究和制图学的历史与俄中边界形成的关系〉述评》，《中国边疆学（第十辑）》，2018 年，第 279 页。

[351] Mario Cams. "Jean-Baptiste Bourguignon D'anville and the Nouvel Atlas de la Chine", in Roberto M. Ribeiro and John W. O'Malley, eds., *Jesuit Mapmaking in China: D'anville's Nouvelle Atlas De La Chine (1737)*, Philadelphia: Saint Joseph's University Press, 2014, p.47.

[352] James Millward. "'Coming onto the Map': 'Western Regions' Geography and Cartographic Nomenclature in the Making of Chinese Empire in Xinjiang", *Late Imperial China*, Vol.20, No. 2 (1999): 61-98.

[353] 汪晖：《中国现代思想的兴起（上卷 第二部）》，生活·读书·新知三联书店，2015 年，第 624—665 页。

[354] 莱布尼茨：《〈莱布尼茨中国书信集〉选译》，杨紫烟译，《国际汉学》，2016 年第 1 期，第 172 页。

[355] J. F. Baddeley. *Russia, Mongolia, China, 1602–1676*. Vol 2. New York: Burt Franklin, 1916, pp. 214—215；于京东：《跨境地图：一个全球史的故事》，《读书》，2020 年第 11 期，第 126 页。但此说是否确实，还需更多考证。

[356] 金时德：《不平静的半岛：海洋与大陆势力的五百年竞逐》，林珮绪译，马可孛罗文化，2019 年，第 145 页。

[357] Jean Baptiste Bourguignon d'Anville. *Nouvel atlas de la Chine, de la Tartarie chinoise et du Thibet*, The Hague: H. Scheurleer, 1737. 转引自 Gari Ledyard (1994), p.299.

[358] 《朝鲜王朝实录》，肃宗三十九年六月二日。

[359] Du Halde. *The General History of China*, 3rd ed, Brookes, Richard ed., London: J.

Watts, 1741, p.383.

[360] Ledyard. "Cartography in Korea", p.303-304.

[361] 《清圣祖圣训》卷52。《清实录·圣祖实录》，卷246，康熙五十年五月，中华书局，1985年。

[362] 杨昭全、孙玉梅：《中朝边界史》，吉林人民出版社，1993年。

[363] 李花子：《朝鲜王朝的长白山认识》，《中国边疆史地研究》，2007年第2期，第126—135页。

[364] Song Nianshen. "Imagined Territory: Paektusan in Late Chosŏn Maps and Writings," *Studies in the History of Gardens and Designed Landscapes,* Vol. 37, No. 2 (2017): 157-173.

[365] Ledyard. "Cartography in Korea", p.305.

[366] 出处同上，pp.313—329. 之所以说是最大之一，因为理论上，金正浩本人的《青丘图》如果拼接成整图，则更为巨大：高8.7米，宽4.62米。只是恐怕无人如此观看《青丘图》。

[367] 《大东舆地全图》，韩国国立中央博物馆网站，https://www.museum.go.kr/site/chn/relic/search/view?relicId=646, (accessed 2023/7/27).

[368] Wang Yuanchong. *Remaking the Chinese Empire: Manchu-Korean Relations, 1616-1911,* Ithaca: Cornell University Press, 2018.

[369] John Bell. *Travels from St. Petersburg In Russia to Diverse Parts of Asia: In Two Volumes.* Glasgow: R. and A. Foulis, 1763, p. 243.

[370] 井上胜生：《开国与幕末变革：江户时代后期》，杨延峰译，文汇出版社，2021年，第2—4页。

[371] 关于日本虾夷探险与地图制作，参见：米家志乃布（2021）『近世蝦夷地の地域情報：日本北方地図史再考』．法政大学出版局。

[372] 陈秀武：《幕末日本的海洋国家论》，《日本学论坛》，2007年第4期。

[373] 林子平：「海國兵談自序」，『海國兵談』，図南社，大正5年。

[374] 丸山真男：《日本政治思想史研究》，王中江译，生活·读书·新知三联书店，2000年，第228—233页。

[375] 船越昭生（1986）：『鎖国日本にきた「康熙図」の地理学史的研究』，法政大学出版局，第91—96页。

[376] 张馨原：《间宫林藏与〈东鞑纪行〉》，《黑龙江史志》，2012年第10期。另见卜键：《库页岛往事》，生活·读书·新知三联书店，2021年，第147—151页。

[377] 萨日娜、宝锁：《江户时期日本的测量技术研究——以伊能忠敬为例》，《自然科学史研究》，2014年第2期，第223—238页。

[378] 小林茂：《外邦图：帝国日本的亚细亚地图》，林咏纯译，光现出版，2019年。

[379] 海野一隆：《地图的文化史》，第176页。

[380] 围绕此事件亦有不同传说。曾一度流行的说法是，荷兰船只带着动植物标本离

开日本，但船遇风浪触礁，地图等违禁品被冲上岸边，导致泄密。但今天更为通行的理论是，西博尔德在江户致信间宫林藏，请求获得间宫采集的标本。间宫碍于不能与外夷私相往来的禁令，并未打开就将信交给了幕府。幕府指令长崎当局搜查西博尔德并发现了地图。

[381] Yonemoto. "The European Career of Ishikawa Ryūsen's Map of Japan", in Wigen etc., eds., (2016), pp.39-40.

[382] 于京东：《地图上的"绝对主义"——画像、空间与政治权力的再生产》，《文艺研究》，2021 年第 8 期。

[383] 关于唐维尔与伦内尔印度测绘的比较研究，参见 Lucy P. Chester. "The Mapping of Empire：French and British Cartographies of India in the Late-Eighteenth", *Portuguese Studies,* Vol. 16 (2000), pp. 256-275.

[384] Edney. *Mapping an Empire*, p. 9.

[385] 关于印度鸦片和茶叶产地分布，参见仲伟民：《茶叶与鸦片：十九世纪经济全球化中的中国》，中华书局，2021 年，第 181—184 页。

[386] Brotton. *A History of World in 12 Maps,* pp.294-295.

[387] James Hevia,*The Imperial Security State:British Colonial Knowledge and Empire-Building in Asia,* Cambridge: Cambridge University Press, 2012, p.91.

[388] 关于谢缵泰（或瓒泰、赞泰），可参考陈忠信：《〈时局图〉的作者——谢瓒泰》，《历史教学问题》，1984 年第 5 期，第 22—24 页。

[389] 英国人喜爱斗牛犬（bulldog），以致苏格兰作家 John Arbuthnot 曾写有讽刺英国人的政治小说 *The History of John Bull*，主人公就是形似斗牛犬的矮胖绅士。后来约翰牛即成为英国的自我人格化形象。

[390] 程方毅：《语境交织与媒介跨越——清末〈时局图〉再探》，《史林》，2021 年第 4 期，第 73—86 页。

[391] 王云红：《有关〈时局图〉的几个问题》，《历史教学》，2005 年第 9 期，第 71—75 页。

[392] 조광: '근역강산맹호기상도'를 통해 본 고려대의 미래，고대 TODAY 2010 년 겨울，39 호.

[393] Ashley Baynton-Williams. *The Curious Map Book,* Chicago：University of Chicago Press, 2015.

[394] Branch. *The Cartographic State*, p.77.

[395] 通猜·威尼差恭：《图绘暹罗》。

[396] Schmitt. *The Nomos of the Earth*, p.140.

[397] Alexis Dudden. *Japan's Colonization of Korea：Discourse and Power*, Honolulu：University of Hawaii Press, 2006.

[398] 关于近年对"领土陷阱"的批判理论，见刘云刚、刘玄宇、王丰龙、胡寻寻：《领土 VS 主权：政治地理学领土陷阱理论研究进展》，《地理科学进展》，2022

年第 8 期，第 1492—1503 页。

[399] 柏文蔚：《柏文蔚自述》，人民日报出版社，2011 年，第 21 页。

[400] Song Nianshen. *Making Borders in Modern East Asia: the Tumen River Demarcations, 1881-1919,* Cambridge: Cambridge University Press, 2018.

[401] 宋念申：《发明"无人地带"：帝国、殖民与国际法语境下的中朝边境》，《区域（第七辑）》，社会科学文献出版社，2019 年，第 155—174 页。

[402] [단독] 독도 그려진 대동여지도 필사본 국내 첫 발견, 동아일보, , 2011-05-13, https：//www.donga.com/news/article/all/20110513/37187574/1, (accessed 2023/7/28).

[403] 参考孙喆：《以沿革地理学重构边疆：顾颉刚及〈禹贡〉半月刊对边疆问题的研究》，《求是学刊》，2013 年第 3 期，第 164—170 页。

[404] 于京东认为："将'国家'概念同'领土'相关联的做法无疑是一种误解，或者说是'时代错置'（Anachronism）。"见《历史社会学视野下近代西欧领土型国家的兴起》，《广西师范大学学报（哲学社会科学版）》，2022-12-08，网络首发：https：//kns.cnki.net/kcms/detail/45.1066.C.20221207.1446.001.html。

[405] Dominic Lieven. *Empire, The Russian Empire and its Rivals from the Sixteenth Century to the Present.* London：Pimlico, 2002, p.76.

[406] James R. Akerman ed., *Decolonizing the Map：Cartography from Colony to Nation,* Chicago：University of Chicago Press, 2017, p.8.

[407] 除贝瑞保和卜正民围绕这幅地图出版过专著外，香港的陈佳荣、钱江，内地的龚缨晏、林梅村、周运中等学者都写过研究这幅地图的论文。Batchelor. *London：The Selden Map and the Making of a Global City, 1549-1689,* Chicago：University of Chicago Press, 2014; 陈佳荣：《〈明末疆里及漳泉航海通交图〉编绘时间、特色及海外交通地名略析》，《海交史研究》，2011 年第 2 期；《〈东西洋航海图〉绘画年代上限新证——〈二十八宿分野皇明各省地舆全图〉可定"*The Selden Map of China*"（〈东西洋航海图〉）绘画年代的上限》，《海交史研究》，2013 年第 2 期。钱江：《一幅新近发现的明朝中叶彩绘航海图》，《海交史研究》，2011 年第 1 期。龚缨晏：《一幅明末航海图的未解之谜》，《地图》，2012 年第 1 期；《国外新近发现的一幅明代航海图》，《历史研究》，2012 年第 3 期。龚缨晏、许俊琳：《〈雪尔登中国地图〉的发现与研究》，《史学理论研究》，2015 年第 3 期。林梅村：《〈郑芝龙航海图〉考——牛津大学博德利图书馆藏〈雪尔登中国地图〉名实辩》，《文物》，2013 年第 9 期。周运中：《牛津大学藏明末万老高闽商航海图研究》，《文化杂志》，2013 年第 87 期；《"郑芝龙航海图"商榷》，《南方文物》，2015 年第 2 期。此外，博德利图书馆在 2019 年也出版过介绍书籍，Hongping Annie Nie. *The Selden Map of China：A New Understanding of the Ming Dynasty,* Bodleian Library Oxford University, 2019.

[408] 本书英文有两版：Timothy Brook, *Mr. Selden's Map of China：Decoding the Secrets of a Vanished Cartographer.* Lodon：Bloomsbury Press, 2013 以及 *Mr Selden's Map of China：*

The Spice Trade, a Lost Chart & the South China Sea, London：Profile Books, 2015。简体版中译本为：卜正民：《塞尔登的中国地图：重返东方大航海时代》，刘丽洁译，中信出版社，2015 年。繁体版中译本为《塞尔登先生的中国地图：香料贸易、佚失的海图与南中国海》，黄中宪译，联经出版事业公司，2015 年。

[409] 卜正民：《塞尔登的中国地图》，第 119 页。

[410] 这两幅海图现存中国第一历史档案馆。见李孝聪：《清康熙朝绘制的两幅海路舆图初探》，中国国家档案局、北京大学编《锦瑟万里 虹贯东西：16—17 世纪初"丝绸之路"档案文献集萃》，中华书局，2019 年，第 8—16 页。

[411] 中国传统罗盘中，将一周 24 等分，每格以天干、地支或八卦中的名称命名，分别是：甲、卯、乙，辰、巽、巳；丙、午、丁；未、坤、申；庚、酉、辛；戌、乾、亥；壬、子、癸；丑、艮、寅。其中"卯"为东，"午"为南，"酉"为西，"子"为北，"坤"为西南，"巽"为东南，"乾"为西北，"艮"为东北。

[412] 卜正民：《塞尔登的中国地图》，第 179—180 页。Batchelor. London, p.17.

[413] 此图载于《武备志》卷 240，成书于崇祯元年（1628）。

[414] 《两种海道针经》，向达校注，中华书局，1961 年。

[415] 卜正民：《塞尔登的中国地图》，第 123—124 页。

[416] 同上书，第 190 页。

[417] 同上书，第 127—128 页。

[418] 此猜想在陈宗仁先生的近著中亦得到印证：《Selden Map 与东西洋唐人：地理知识世界景象的探索（1500—1620）》，"中研院"。该书详细讨论了塞尔登图各局部图像的来源，证明制图者受到的多元制图传统的影响。

[419] 同上书，第 184 页。

[420] Batchelor. London, pp.104-114.

[421] 卜正民：《塞尔登的中国地图》，第 190 页。

[422] 陈佳荣（2011）将成图时间定于 1624 年，龚缨晏在《历史研究》上的文章（2012）认为是在"1607—1624 年之间"，贝瑞保（2014）认为此图作于 1619 年。但郭育生、刘义杰则认为此图"不会早于明嘉靖末的 1566 年，也不会晚至明万历中叶的 1602 年"。见郭育生、刘义杰：《〈东西洋航海图〉成图时间初探》，《海交史研究》，2011 年第 2 期。

[423] 关于早期全球化时代围绕南海的东亚及全球贸易网络，有非常多的作品。包括并不限于：滨下武志：《近代中国的国际契机》，朱荫贵、欧阳菲译，中国社会科学出版社，1999 年。贡德·弗兰克：《白银资本：重视经济全球化中的东方》，刘北成译，中央编译出版社，2005 年。李伯重：《火枪与账簿：早期经济全球化时代的中国与东亚世界》，生活·读书·新知三联书店出版社，2017 年。Blusse, Leonard. Visible Cities：Canton, Nagasaki, and Batavia and the Coming of the Americans, Cambridge：Harvard University Press, 2008。

[424] 魏源：《海国图志》卷 4，第 1848 页。

[425] Henri Lefebvre. "Reflection on the Politics of Space (1970)", trans. Neil Brenner and Stuart Elden, in Neil Brenner and Stuart Elden, eds., *Space, State, World: Selected Essays,* Minneapolis: University of Minnesota Press, 2009, pp. 170-171.

[426] 汪晖:《亚洲想象的政治》,见氏著:《亚洲视野:中国历史的叙述》,牛津大学出版社(香港),2010 年,第 1—60 页。

[427] 埃里克·沃尔夫:《欧洲与没有历史的人》,贾士蘅译,民主与建设出版社,2018 年。

[428] 孙歌:《寻找亚洲》,第 343 页。

[429] 和辻哲郎:《风土》,陈力卫译,商务印书馆,2020 年。

[430] 孙歌:《寻找亚洲》,第 329 页。

制造亚洲：一部地图上的历史

ZHIZAO YAZHOU: YIBU DITU SHANG DE LISHI

图书在版编目 (CIP) 数据

制造亚洲：一部地图上的历史 / 宋念申著 . -- 桂林 : 广西师范大学出版社 , 2024.5（2025.5 重印）

ISBN 978-7-5598-6901-2

Ⅰ . ①制… Ⅱ . ①宋… Ⅲ . ①亚洲—历史 Ⅳ . ① K3

中国国家版本馆 CIP 数据核字 (2024) 第 081953 号

广西师范大学出版社出版发行

广西桂林市五里店路 9 号　邮政编码：541004
网址：http://www.bbtpress.com

出　版　人：黄轩庄

责任编辑：张丽娉

助理编辑：李　馨

装帧设计：尚燕平

内文制作：张　佳

全国新华书店经销

发行热线：010-64284815

北京盛通印刷股份有限公司印刷

北京市经济技术开发区经海三路 18 号　邮政编码：100023

开本：920mm×1270mm　1/32

印张：11.75　图：128 幅　字数：270 千

2024 年 5 月第 1 版　2025 年 5 月第 3 次印刷

审图号：GS（2023）4697 号

定价：79.00 元